Susanna Kubelka

Ich fange noch mal an

Glück und Erfolg in der zweiten Karriere

Droemer Knaur

1. bis 60. Tausend

© Droemersche Verlagsanstalt Th. Knaur Nachf.,
München/Zürich, 1981
Satz: Hagedorn, München
Druck und Einband:
Richterdruck Würzburg
Printed in Germany
ISBN 3-426-26044-1

Für meinen Bruder

Inhalt

Vorwort 11

1. Wir leben nicht nur einmal 13
Zu spät ist es nie 13 Falsche Maßstäbe im Hinblick auf die Sexualität 15 Schluß mit der Beamtenmentalität 17 Die Kraft haben wir alle 19 Das teuerste Modell der Welt 21 Deutsche Auswanderer in Kanada 22 Viel Geld und wenig Heimweh 26 Silber aus alten Filmen 28 Mit fünfundvierzig zum Fernsehen 30 Von Indien zurück nach Europa 31 Von Delhi zurück nach Frankfurt 34 Geld und die Heilige Schnur 38 Der Schock brachte die Entscheidung 40 Mit fünfzig fängt das Leben an 44 Erfolg trotz Wirtschaftskrise 45 Raymond Loewy erobert die Welt 47

2. Der Kampf mit der Umwelt 51
Die Monroe nahm heimlich Gesangstunden 53 Die anderen sollen sich anpassen 54 Joan Crawford und die breiten Schultern 56 Die erste Ärztin Amerikas 58 Eine tüchtige Frau kann alles 61 Als Mann verkleidet nach Paris? 63 Rückschläge sind da, um überwunden zu werden 65 Eine Bratpfanne fing Feuer 68 Ohne Selbstmitleid geht alles besser 69 Wie interviewt man eine Königin? 71 Der private Zeitplan 75 Ein Gespräch in letzter Minute 78

3. Mein langer Weg von der Lehrerin zur Journalistin 83
Ein guter Einstieg – und doch nicht zufrieden 84 Ein Monats-

gehalt für schöne Unterwäsche 85   Alles ging auf Nummer Sicher 87   Nie wieder um Geld bitten 89   Paris oder Stockholm 91   Mut wird immer belohnt 92   Die elegante Berlitzschule an der Oper 94   Eine Lektion in Abenteuerlust 96   In Australien mit einem Millionär verlobt 97   Die letzten Tage des glorreichen *British Empire* 99   Zähne zählen in Australien 102   Viele Männer und wenige Frauen 105   Von Sydney nach London 107   Der warme Mantel war zu teuer 110   Die erste erfolgreiche Prüfung 112   Das Ende einer Ehe 113   Ein seltsamer Abschied von Paris 115   Ein neues Leben als Studentin 117   Erwachsene studieren besser 118   Das erste Jahr in der Redaktion 121   Terror für die Neuen 123   Endlich, endlich Erfolg 124

4. Ein Hoch den Erfinderinnen 127
Wichtiger als Geld: die Phantasie 128   Marie Curie, eine aktuelle Geschichte 130   Im »ersten Leben« Gouvernante 132   Das langersehnte Heilmittel 135   Frauen in der Medizin 136   Ein Menschenkörper aus Wachs 140   Die Erfinderin der Krankenschwester 142   Die erste rote Seide 147   Erntemaschinen aus Amerika 148   Im Kampf gegen Rachitis und überflüssige Pfunde 150   Dr. Aslan entschärft das Alter 150

5. Neu beginnen? Weg vom Trampelpfad! 153
Von der Arbeiterin zur Unternehmerin 154   Eine alte Dame und die Geister 156   Von den Sternen kann man leben 157   Astrologie, um sich selbst zu schützen 160   Woher kommt Erfolg? 162   Der beste Lehrer bin ich selbst 164   Vorsicht bei Künstlern! 166   Vom Kellner zum Zeremonienmeister 167   Abgeschossen von einer Messerschmitt 168   Ohne Angst selbständig 171   Französische Kamine brachten viel Geld 173   Diamanten statt Knöpfe 174   Gold, Ideen und Puppen 175   Erfolg auf dem Dorf 177   Ideen entstehen langsam 180   Ein Mann vermietet sich selbst 182   Ein lebendes Kunstwerk 183   Weg vom Mittelmaß 184   Der Perlenkönig 186

6. Keine Angst vor den Reichen! 189
Unter den Privilegierten ist noch sehr viel Platz 189   Seien Sie

neugierig!' 192   Frauen verdienen nicht nur Hungerlöhne 194
Der oberste Chef ist mein bester Freund 197   Lotte aus der
Schweiz 200   Der Kampf ums Überleben 202   Ein verborgenes Talent kommt zum Vorschein 204   Dem Luxus widerstehen lernen 206   Das Schicksal hatte bessere Pläne 208   Herrlich, gemeinsam etwas aufzubauen 212   Erfolg muß von innen
kommen 213   Ehrlichkeit ist unumgänglich 216

7. Machen Sie sich lächerlich! 219

Die anderen lachen? Dann sind Sie in guter Gesellschaft 219
Weltberühmt durch die zweite Karriere: die Fotografinnen 221
Frances Johnston, die erste Journalistin mit Kamera 223   Gertrud Käsebier, nach einer schlechten Ehe weltberühmt 225   Der
höchste Preis für ein Foto 228   Aktiv bis vierundneunzig:
Imogen Cunningham 230   Skandal um einen nackten Mann
231   Fasziniert von »der Maschine« 234   Eine Einladung nach
Rußland 235   Auf Umwegen zum Ziel 237   Startversuch bei
der Zeitung 239   Babyflaschen, Hochzeiten und Schuhschachteln 241

8. Tausche Bequemlichkeit gegen Glück – ein neuer Anfang auf dem Lande 243

Alt ist noch lange nicht gebrechlich 243   Ländliche Idylle mit
Ziegen und Traumhaus 246   Ein Plan, der funktionierte 250
Renate Ross schafft einen Wald 253   Carla Rettenbach, ein unvergeßliches Schicksal 255   Sterben auf Zeit 259   Mit den Kindern zurück in die Heimat 261   Ein neuer Anfang zu zweit 263
Ein Brief als Beweis 266

9. Wer noch einmal liebt, lebt besser 269

Unglückliche Liebe ist keine Schande 269   Altes Unrecht überwinden lernen 271   Urlaub mit dem falschen Mann 273   Die
Mutigen haben bessere Chancen 274   Nie wieder ohne Grund
verletzen 276   Erfolg im Beruf, bis der Richtige kommt 278
Veronika macht Karriere 281   Applaus für die Sängerin 283
Wer Liebe braucht, wird Liebe finden 285

Ausblick 287

Vorwort

Mit fünfzehn war ich unselbständig, unsicher und unglücklich. Mit zwanzig brachte ich kleinen Kindern das Abc bei. Mit fünfundzwanzig habe ich in Australien jeden Pfennig gezählt. Aber heute, mit knapp vierzig, bin ich frei und glücklich: Die Welt steht mir offen. Wie ich das geschafft habe? Ich bin keine Schönheit, und ich habe nie eine Erbschaft gemacht. Aber ich habe immer dann, wenn es notwendig war, ganz neu angefangen.
Was ist das Interessanteste am Leben? Nicht die Jugend, sondern das, was nachher kommt. Dieses Buch handelt von Leuten, die ihr Leben änderten und Erfolg hatten, ganz gleich, wie alt sie waren. Spricht man mit diesen Menschen, so wird deutlich, daß keiner zu verzweifeln braucht, wenn er mit zwanzig oder dreißig »seine Chance« noch nicht gefunden hat. Chancen, lernt man, gibt es immer. Aber man muß sie erkennen. Ich habe positive Beispiele gesammelt, um Mut zu machen, um zu beweisen, daß man es auch ohne Geld zu etwas bringen kann, wenn man wirklich will.
Dieses Buch ist für alle, die sich in keine Form pressen lassen; die ihr eigenes Leben leben wollen und nicht bereit sind, das Gute, das in ihnen steckt, von der Umgebung zerstören zu lassen.

Lernen wir unsere Kräfte kennen! Orientieren wir uns an denen, die es geschafft haben! Betrachten wir die Welt nicht mehr aus der Ameisenperspektive!
Und merken wir uns eines: Solange wir leben, sind die Türen offen. Aber durchgehen müssen wir selbst.

1. Wir leben nicht nur einmal

Im Leben gibt es Situationen, da denkt man: Jetzt geht es nicht mehr weiter, jetzt ist alles verloren, jetzt kann ich nur noch resignieren, jetzt will ich nicht mehr. Es gibt Momente, in denen gesundheitlich, finanziell und gefühlsmäßig alles verfahren erscheint, in denen man entdeckt, daß es mit der Ehe bergab geht oder daß in dem Beruf, in den man die letzten zwanzig Jahre seines Lebens investiert hat, garantiert nicht weiterzukommen ist.

Zu spät ist es nie

Was soll man tun? Die Hände in den Schoß legen und um die verlorene Zeit weinen? Nie und nimmer. Dadurch vergeuden wir auch noch den Rest unseres Lebens. Und dafür sind wir nicht gemacht. Solange wir atmen und klar denken können, so lange gibt es Möglichkeiten, die Probleme zu bewältigen. Im Leben, das lernt man, geht es immer weiter.
Manchmal genügt schon ein Wort von einem, der es gut mit uns meint, um uns aus der Misere zu reißen. Manchmal ist es ein langer Prozeß, der sich über Jahre hinzieht. Abgeschlossen ist er erst, wenn wir erkennen, daß wir uns

trotz allen Beistandes von außen selbst helfen müssen, und bereit sind, dies zu versuchen. Auf diesen Entschluß kommt es an. Auf nichts anderes. Wer ihn faßt, hat schon gewonnen. Das ist das ganze Geheimnis.
Neu anfangen kann man heutzutage immer. Wir leben länger, haben mehr Freizeit und mehr Bildungsmöglichkeiten, wir verausgaben uns körperlich viel weniger als früher und bleiben länger jung. Wir sind auf dem besten Weg, die Altersangst und den Jugendkult zu überwinden. Die Werte pendeln sich endlich wieder auf normal ein, und der reife Mensch, der sein Leben selbst in die Hand nimmt, ist gefragt.
Im Berufsleben ist man von dem Übermaß an Jugend desillusioniert. Die wirklichen Probleme haben die Schulabgänger, denn die will keiner mehr ausbilden. Die Vorurteile gegen den reifen Menschen, die noch vor zehn, fünfzehn Jahren florierten, werden rapide abgebaut. Was heute zählt, sind Erfahrung, Reife, Ausdauer und Einsatz. Warum? Weil man erkannt hat, daß diese Werte zum Erfolg führen.
Überhaupt hat sich einiges geändert. Seit immer mehr Leute aufhören, über ihr Alter zu lügen, weiß man, daß Frauen mit fünfzig, sechzig, siebzig und darüber schön und Männer im selben Alter dynamisch und jugendlich sein können. Man hat endlich eingesehen, daß man sich vor einer abstrakten Zahl als Lebensalter nicht zu fürchten braucht. Jeder Mensch ist eine Persönlichkeit, die man losgelöst vom Geburtsdatum akzeptieren muß.
Moderne Menschen lassen sich nicht mehr in Alterskategorien pressen. Man kann nicht alle, die im selben Jahr geboren sind, in einen Topf werfen. Manche Leute bleiben jugendlich, solange sie leben. Ärzte staunen immer wieder,

wie verschieden Gleichaltrige sein können. Sicher gibt es ältere Menschen, die nicht mehr voll auf der Höhe sind. Andere aber sind attraktiv und voll Schwung, und diese sind heutzutage in der Mehrzahl.
Warum haben wir immer noch die überholten Vorstellungen im Hirn? Ganz einfach deshalb, weil man den Leuten nicht ansieht, wie alt sie wirklich sind. Nur ein Bruchteil der sehr Alten ist auf irgendwelche Heime angewiesen. Der Großteil führt ein ganz normales Leben. Wir begegnen diesen Menschen auf der Straße, beim Einkaufen, im Urlaub. Aber weil wir ihr Geburtsdatum nicht kennen, schätzen wir sie um zwanzig Jahre jünger.

Falsche Maßstäbe im Hinblick auf die Sexualität

Das Unrecht, das man jahrzehntelang dem reifen Menschen angetan hat, beginnt man erst jetzt wiedergutzumachen. Man sieht zum Beispiel endlich ein, wie lächerlich gewisse Methoden waren, anhand derer man beweisen wollte, daß ein erwachsener Mann sexuell einem Schuljungen unterlegen sei. Man scheute sich in den fünfziger und sechziger Jahren nicht zu verkünden, daß die männliche Potenz nur mit Quantität, nicht aber mit Qualität zu messen sei. Wer möglichst oft, in möglichst rascher Folge Orgasmen produzieren konnte, der galt als »stark«.
Wie sich vernünftige Männer jahrelang diesem Fehlurteil beugen und sich die Freude an ihrem gesunden Körper verleiden lassen konnten, ist ein Rätsel. Um so mehr, als jede Frau diese Art der Sexualität unerträglich findet. Es geht doch nicht darum, im Schnellsiedeverfahren einen ganzen Harem zu schwängern. Wirklich stark ist doch der,

der seinen ungestümen Drang beherrscht, seinen Körper im Griff hat und imstande ist, seinen Höhepunkt so lange hinauszuzögern, bis auch die geliebte Frau soweit ist. Daß sehr junge Männer dazu oft nicht fähig sind, ist zumindest unter Mitgliedern des weiblichen Geschlechts Allgemeinwissen.

Nichts ist frustrierender als Liebe mit Unterbrechungen. Ein Jüngling, der eine zweiminütige, einseitige Ekstase offeriert und einem die Wiederholung derselben womöglich noch die ganze Nacht hindurch aufdrängt, ist kein erfreuliches Erlebnis. Er ist überhaupt kein Mann. Und würde diese Art der Sexualität die Norm, wären sämtliche Frauen in kürzester Zeit frigide. Jugendliches Ungestüm kann die Erfahrung, das Einfühlungsvermögen und das Wohlwollen eines reifen Mannes nicht aufwiegen. Jede Frau kann das bestätigen.

Aber auch in anderer Hinsicht hat man den Erwachsenen geschändet. Sämtliche Tests waren auf Spontaneität und kurzfristige Leistung aufgebaut. Wer die erbrachte, galt als »vorbildlich«. Heute weiß man und gesteht es auch ein, daß mit diesen Kriterien allein im Leben nicht viel anzufangen ist. Kein reifer Mensch reagiert so spontan wie ein junger. Warum? Weil er sich der Gefahren bewußt und daher vorsichtiger ist. Er hat auch die pubertären Energieausbrüche überwunden und offeriert dafür Ausdauer und stetige Leistung. Macht er Fehler, korrigiert er sie rascher als ein junger Mensch, ganz einfach deshalb, weil er mehr Erfahrung besitzt. Ohne Erfahrung aber geht gar nichts. Das hat man endlich eingesehen.

Schluß mit der Beamtenmentalität

Niemand wird heutzutage mehr gezwungen, sein ganzes Leben lang ein und denselben Beruf auszuüben. Die Beamtenmentalität, die uns so lange regiert hat, ist im Aussterben begriffen. Wir brauchen sie nicht mehr. Unsere Gesellschaft hat sich verändert. Klassenunterschiede sind weitgehend abgebaut, und der allgemeine Fortschritt hat eine Unmenge von neuen Berufen entstehen lassen. Wir sind mobiler geworden, flexibler und toleranter.
Fast niemand glaubt mehr daran, daß man mit sechzehn oder achtzehn Jahren seine Stärken kennt und auf Anhieb den Beruf fürs Leben findet. Oft weiß man erst mit dreißig oder vierzig, was man wirklich will und kann. Eltern akzeptieren, daß ihre Kinder die Studienrichtung ändern oder nach einer abgeschlossenen Berufsausbildung in die Stadt ziehen, um das Abitur nachzumachen. Gott sei Dank sind wir aufgeschlossen genug, jemandem, der einsieht, einen Fehler begangen zu haben, zu helfen, ihn wiedergutzumachen. Niemand sagt heute: »Mit sechzehn wolltest du Schlosser werden. Du hast dich geirrt. Zur Strafe wirst du dein Leben lang Schlosser bleiben.« Man weiß, daß man nur in einem Beruf, den man gerne hat, ausgezeichnete Leistungen vollbringt. Es ist kein Verbrechen, so oft neu anzufangen, bis man das, was man sucht, gefunden hat. Im Gegenteil. Es ist sogar Pflicht.

Fast allen Menschen, die es zu etwas gebracht haben, ist eines gemeinsam: Sie haben sich nicht gescheut, sooft es notwendig war, ihr Leben zu ändern. Fast alle erfolgreichen Unternehmer, tüchtigen Geschäftsleute, Politiker, Wissenschaftler, Schriftsteller und Schauspieler, fast alle

Männer und Frauen, von denen man heute spricht, haben immer wieder von vorne angefangen, bis sie das, was sie wollten, auch erreicht haben. Und sie haben es getan, ganz unabhängig davon, wie alt sie waren.

Manche von ihnen haben zwei, drei, vier verschiedene Leben geführt. Wußten Sie, wie der berühmte Stumm- und Tonfilmregisseur Raoul Walsh begonnen hat? Als Angestellter in einem Begräbnisinstitut. Anschließend ritt er für die US-Kavallerie Pferde ein. In seinem späteren, seinem wichtigsten Leben, drehte er an die zweihundert Filme und machte mit seinem »High Sierra« Humphrey Bogart zum Weltstar.

Ein Ausnahmefall? Keineswegs. Billy Wilder, dem wir Filmklassiker wie »Manche mögen's heiß«, »Sunset Boulevard« und »Das verflixte siebente Jahr« verdanken, war in seiner Jugend Eintänzer. Die phantastischen Urwälder, die der Franzose Henri Rousseau zu Beginn unseres Jahrhunderts malte, waren nie so populär wie gerade jetzt. Was war Rousseau in seinem »ersten Leben«? Er war Zollbeamter. Und William Faulkner war Anstreicher, Tischler und Bauer, bis er später einer der berühmtesten Schriftsteller der neueren amerikanischen Literatur wurde.

Auch Faulkner ist keine Ausnahme. Die meisten Schriftsteller haben die verschiedensten Leben gelebt, bis sie zu ihrem wahren Beruf gefunden haben. Ein paar modernere Beispiele: Cronin war Arzt, Musil war Offizier und Staatsbeamter, John Le Carrè (»Dame, König, As, Spion«) sogar britischer Konsul in Deutschland.

Und Peggy Guggenheim? Sie war jahrzehntelang höhere Tochter und *femme fatale,* ehe sie in Venedig ihr Museum gründete und damit der modernen Malerei zum Durchbruch verhalf. Die deutsche Schauspielerin Marianne

Koch wurde in ihrem »zweiten Leben« Ärztin und der amerikanische Schauspieler Ronald Reagan mit 70 Jahren gar Präsident der Vereinigten Staaten.

Die Kraft haben wir alle

Was will man mehr? Wer fürchtet sich da noch vor dem Älterwerden? Mit den Jahren kommt auch der Erfolg. Das Leben, das man sich mit zwanzig erträumt hat, kann man mit siebzig genießen. Man darf nur eines nicht: resignieren. Man darf nicht faul auf seinem Hintern sitzen und auf den Goldregen warten. Man muß sich rühren; nach vorn blicken; mutig werden. Man muß die Zeichen erkennen. Wenn man zu denken beginnt: »Das kann doch nicht alles sein«, dann wird es Zeit.
Immer mehr Menschen haben das auch begriffen. Und sie ändern ihr Leben: nach einer Enttäuschung im Beruf oder in der Liebe, nach einem schweren Schicksalsschlag oder nur deshalb, weil ihnen ihre langweilige Existenz zum Halse heraushängt und sie fühlen, daß sie mit fünfzig, sechzig, siebzig oder achtzig Kraft genug haben, um etwas ganz Neues auf die Beine zu stellen.
Anton Bruckner begann erst mit vierzig Jahren zu komponieren. (In seinem »ersten Leben« war er ein armer Schulgehilfe.) Sokrates lernte mit zweiundachtzig Flöte spielen. Tizian malte seine Meisterwerke, als er über achtzig war. Wer nach Wien kommt, kann sich selbst davon überzeugen und im Kunsthistorischen Museum sein berühmtes Bild »Nymphe und Schäfer« bewundern. Es gibt nur eine Regel, und die lautet: Wenn der Wille stark genug ist, dann ist es auch die Kraft.

Der Mensch ist ein eigenartiges Wesen. Er steckt voll Energie, wird sich seiner Kraft aber oft erst bewußt, wenn er in eine Krise gerät. Wird er gezwungen, etwas zu unternehmen, dann entwickelt er oft Kräfte, von denen er zwei Wochen vorher nicht wußte, daß er sie besaß. Die Kraft des einzelnen wird heute viel zuwenig gefördert. Es ist immer nur »die Gruppe«, der man etwas zutraut, oder »die Gesellschaft«. Daß die Gesellschaft jedoch aus Einzelwesen besteht, wird nur zu gern vergessen. Ich glaube an die Kraft des einzelnen Menschen. Ich hatte immer wieder Gelegenheit, sie zu bewundern. Man kann sie nicht wegleugnen. Und jeder, der beruflich viel mit Menschen zusammenkommt, wird sich hüten, diese Kraft zu unterschätzen.
Die Kraft des einzelnen ist so groß, daß sie auch die schwersten Schicksalsschläge überwinden kann. Ein Paradebeispiel ist Paul Wittgenstein, der Bruder des berühmten Philosophen Ludwig Wittgenstein. Paul wurde 1887 in Wien geboren. Er war Pianist, äußerst talentiert und hatte schon in relativ frühen Jahren Erfolg. Im Ersten Weltkrieg aber verlor er seinen rechten Arm. Für einen Musiker ist das nichts Geringeres als ein Todesurteil. »Resignieren«, würde man sagen, »was bleibt ihm schon anderes übrig?« Aber Paul Wittgenstein resignierte nicht. Er übte weiter – mit der linken Hand. Er spielte bald so gut, daß er bekannte Komponisten beauftragen konnte, spezielle Stücke für ihn zu schreiben. Richard Strauss, Maurice Ravel, Benjamin Britten und Sergej Prokofjew lieferten ihm Kompositionen für eine Hand, die er mit großer Virtuosität meisterte. Nach dem Krieg gab er sogar wieder Konzerte. Er ließ sich in Amerika nieder und wurde weltberühmt. Auch heute ist er noch nicht vergessen. Man sieht dies schon

daran, daß seine Etüden für die linke Hand immer wieder neu aufgelegt werden.

Das teuerste Modell der Welt

Viele Menschen lassen sich zu leicht entmutigen. Sie haben oft Talent und sind intelligent, aber sie versuchen erst gar nicht, ihr Leben zu verbessern, weil sie überzeugt davon sind, von der Norm abzuweichen und deshalb keine Chance zu haben. Sagt ihnen jemand, sie seien für den ersehnten Beruf zu klein, zu groß, zu häßlich oder zu alt, so glauben sie dies blind und versuchen es erst gar nicht.
Dem amerikanischen Topmodell Lauren Hutton sagte man jahrelang, daß ihre Schneidezähne zu weit auseinanderstünden, daß sie außerdem, um es in dieser Branche zu schaffen, mit blutjungen Mädchen konkurrieren müsse, daß sie also praktisch wenig Chancen habe. Aber Lauren Hutton ließ die Leute reden und schaffte das, wovon die anderen nur träumten: Sie schloß mit der Kosmetikfirma Revlon einen Exklusivvertrag ab, der ihr eine siebenstellige Gage in Dollars einbrachte. Resultat: Die knapp Vierzigjährige ist heute das teuerste Fotomodell der Welt.
Aber zurück zu den wirklichen körperlichen Handikaps und zu dem, wie der menschliche Wille sie überwinden kann. Django Reinhardt hatte verkrüppelte Hände – und trotzdem wurde er einer der gefeiertsten Jazzgitarristen der Welt. Oder nehmen wir Domenico Dragonetti, den bekannten italienischen Kontrabassisten, der 1763 in Venedig geboren wurde. Ein Kontrabaßspieler, heißt es, muß eine gewisse Körpergröße haben. Zumindest größer als sein Instrument sollte er sein. Domenico Dragonetti

aber war winzig. Und er wollte Baßgeige spielen. Was tat er? Er stellte sich auf eine Fußbank – und wurde der erste Kontrabaßvirtuose der Welt.

Dragonetti spielte sogar Violinsonaten auf seinem Rieseninstrument. (Jeder, der einmal versucht hat, einen schönen Ton aus einem Baß herauszulocken, weiß, was das heißt.) Da er stehend die richtigen Griffe nicht meistern konnte, legte er den Baß quer über zwei Stühle und spielte so großartig, daß er bald in ganz Europa berühmt war. 1799 spielte er Beethoven vor, der nach dieser Begegnung den Bässen mehr Aufmerksamkeit schenkte und dem Instrument einen gefälligeren Part bei der Orchestrierung einräumte. Es war Dragonettis Idee, daß man einem Kontrabaß auch andere Töne entlocken könne als »schrumm-schrumm«. Er wollte Baßsoli spielen, und niemand sollte ihn daran hindern.

Nun existierten aber keine Konzerte für dieses Instrument. Es gab Solostellen für Cello und Gambe, aber etwas Ähnliches für den Kontrabaß zu schreiben, hatte bis dahin niemand der Mühe wert gefunden. Was tat Dragonetti? Er setzte sich hin und schrieb seine eigenen Stücke. Sein »Andante und Rondo« wird noch heute von allen Studierenden des Kontrabasses gespielt. Aber zurück zu unserer Zeit.

Deutsche Auswanderer in Kanada

Es ist immer wieder ein Hochgefühl, zu entdecken, welche Kraftreserven der Mensch besitzt und welche Möglichkeiten er hat, wenn er sich aufrafft, mehr als nur das unbedingt Notwendige zu leisten. Kürzlich flog ich nach Kanada. Es

war eine sehr interessante Reise, deren Zweck es war, deutschsprachige Auswanderer zu besuchen und herauszufinden, wie es ihnen erging. Ich reiste im ganzen Land herum, von Ottawa nach Winnipeg, flog über die prachtvollen Gipfel der Rocky Mountains nach Vancouver, zurück nach Toronto und abschließend nach Montreal.
Diese Reise möchte ich nicht missen, denn sie hat mir gezeigt, daß das, was wir in Europa fast verloren haben, nämlich der gesunde Pioniergeist, die Freude am Abenteuer, die Lust an der Arbeit und am Erfolg, der Entschluß, noch einmal ganz neu anzufangen – daß all das noch existiert; auch wenn man ohne Startkapital beginnen muß und die Mitte des Lebens bereits hinter sich hat.
Fast alle Auswanderer, die ich in diesen drei Wochen kennengelernt habe, waren ohne Geld nach Kanada gekommen. Manche von ihnen besitzen heute drei Restaurants, mehrere Häuser, eigene Firmen. Eine Dame, die in ihrer zweiten Karriere, nach vielen Jahren als Hausfrau und Mutter, Pressechefin von Price Waterhouse wurde, hat es sogar zu einer eigenen Insel gebracht. Ein typisches Beispiel ist auch Manuela Schulte, eine Vorarlbergerin, die ohne den geringsten finanziellen Rückhalt nach Kanada kam, als Kellnerin begann und heute Unternehmerin ist.
Manuela Schulte, Absolventin einer Hotelfachschule, wanderte in den frühen siebziger Jahren nach Vancouver aus und arbeitete anfangs in einem Hotel im Stadtzentrum. Wenn sie Heimweh hatte, ging sie in die Robson Street ins Kaffee Mozart. Dort trafen sich die deutschsprachigen Auswanderer und tauschten Erfahrungen aus. Besonders an Wochenenden war das Lokal brechend voll. Wenn die Tür aufging und einer mit weißem Hemd und Krawatte hereinmarschierte, dann wußte jeder: Aha, das

ist auch wieder einer von drüben. Die Kanadier trugen nämlich am Sonntag grundsätzlich nur Bluejeans.

Manuela ist heute Besitzerin des florierenden Restaurants Chesa im eleganten Stadtteil West-Vancouver. Das Geld für dieses Lokal hat sie selbst verdient. Es gab Monate, da hatte sie drei Jobs zur selben Zeit. Tagsüber servierte sie Fisch im besten Sea-Food-Restaurant der Stadt, abends kredenzte sie Cocktails in einem seriösen Nachtlokal, und am Wochenende arbeitete sie in einem Ausflugszentrum. Und sie sparte. Sie hätte sich schon früher selbständig machen können, mit Krediten, welche die kanadische Regierung sehr freigebig gewährt, aber sie wollte schuldenfrei sein, und sie wartete.
Eines Tages war es dann soweit. Ein kleines Lokal, das bereits viermal den Besitzer gewechselt hatte, war wieder einmal zum Verkauf ausgeschrieben. Manuela hatte das Restaurant schon lange im Auge, denn die Lage war gut: Es gab Büros, Banken und Geschäfte in unmittelbarer Nähe und damit genug Angestellte, die zu Mittag gut, schnell und billig essen wollten. Manuela wußte, daß sie dies bieten konnte. Also holte sie sich die Konzession (kein so umständliches Verfahren wie in Europa), unterschrieb den Kaufvertrag, begann zu renovieren und sperrte eine Woche später auf: Mit sehr viel Herzklopfen und einem Kloß im Hals, denn es war immerhin ihr gesamtes erspartes Geld, das sie da riskierte.
Bereits zwei Minuten nach zwölf war das Lokal bis auf den letzten Platz voll. Jetzt kam die Feuerprobe. Manuela wußte, wenn sie die Leute auch nur eine Minute zu lange warten ließ, war sie ruiniert. Diese Gäste, die nur eine halbe Stunde Mittagspause hatten, wollten sofort bedient wer-

den, sofort essen und möglichst in einer Viertelstunde wieder auf der Straße sein. Wohlweislich hatte sie außer einer Köchin noch zwei Serviererinnen eingestellt. Und zu viert rannten sie sich in den nächsten zwei Stunden die Füße aus dem Leib. Aber es war nicht vergebens. Die Gäste waren zufrieden und erzählten ihren Kollegen, daß man im neueröffneten Chesa ausgezeichnet essen könne. Inzwischen ist auch Manuelas Mann, ein Deutscher und langjähriger Chefkoch in einem großen Hotel in Vancouver, in die Küche seiner Frau eingezogen. Das Lokal ist auch abends voll, und Manuela denkt bereits daran, es zu vergrößern. »Was hier anders ist als zu Hause«, erklärt die robuste, dunkelhaarige Manuela Schulte, »ist vor allem die Einstellung. Wer sagt daheim einem Menschen: ›Warum machst du dich nicht selbständig? Warum traust du dich nicht? Warum übernimmst du nicht dieses Lokal, das in Konkurs geht, kochst anständig, senkst die Preise, arbeitest am Wochenende und baust dir etwas auf?‹ Hier hört man das alle Tage. Hier tut sich was. Wenn ich dagegen nach Hause fliege, gibt es nie etwas Neues. Alle haben noch die gleiche Arbeit, und alle jammern über ihr langweiliges Leben. Auch wenn ich nur alle fünf Jahre zurückkomme, hat sich nichts geändert. Warum haben die so eine Angst? Wenn es beim erstenmal nicht klappt, geht doch die Welt nicht unter. Dann versuche ich es eben später noch einmal. Aber zu Hause, da rührt sich nichts. Sogar die Zwanzigjährigen reden nur von der Pension. Das ist langweilig. Deshalb fliege ich jetzt nicht mehr nach Europa. Urlaub mache ich in Hawaii. Da komme ich wenigstens braungebrannt zurück.«

Viel Geld und wenig Heimweh

Manuela Schulte ist keine Ausnahme. Alle Deutschen, Österreicher und Schweizer, die ich in Kanada interviewt habe, dachten nicht im Traum daran, zurückzukehren. Sie hatten ihre Feuerprobe bestanden, hatten oft mit vierzig, fünfzig oder sechzig den ersten wirklichen Erfolg gehabt, hatten sich in einem fremden Land mit einer fremden Sprache durchgesetzt und dadurch jene positive Lebenseinstellung gewonnen, die zukünftige Erfolge garantiert.
Zum Auswandern gehört sehr viel Mut. Aber viele haben ihn, sonst hätte sich die Menschheit auch nicht über die Erde verbreitet. Wer auswandert, muß die Kraft, die in ihm steckt, mobilisieren. Denken wir doch vierzig Jahre zurück! Es ist unglaublich, was die Emigranten im Zweiten Weltkrieg alles geleistet haben, in Ländern, deren Sprache sie zunächst nicht einmal verstanden. Und die vom Krieg Vertriebenen in Europa? Ganz gleich, wie alt sie waren, sie haben sich eine neue Existenz aufgebaut und sind heute oft wohlhabender als je zuvor.
Warum den Pioniergeist unterdrücken? Unser Leben wird dadurch um so vieles ärmer. Herbert Feischl, in seinem »ersten Leben« ein Koch, wanderte nach Westkanada aus. Dort verpflichtete er sich in ein Kupferbergwerk an der Grenze zu Alaska. Anschließend arbeitete er in einem Holzfällercamp. Dort und im Bergwerk lernte er den Ernst des Lebens kennen. Der Verdienst war zwar gewaltig, aber dementsprechend waren die Anforderungen. Das einzige Vergnügen, das diese Arbeiter kennen, ist nämlich das Essen. Rund um die Quartiere ist Wald oder Wildnis. Weit und breit gibt es keine Frau. Alkohol ist verboten. Was bleibt? Essen!

»Wenn den Arbeitern das Essen nicht schmeckt«, erinnert sich Feischl, »dann schlagen sie das Lager kaputt. Und wenn die Suppe Punkt zwölf nicht auf dem Tisch steht, gibt es eine Meuterei. Dort Koch zu sein ist eine lebensgefährliche Angelegenheit.«
Einmal wäre es auch ihm beinahe an den Kragen gegangen. Er hatte sich mit dem Mittagessen verspätet. Ein riesiger Kessel mit Suppe mußte zum Kochen gebracht werden. Feischl wußte: Mit dem Küchenherd schafft er das nie. Was tun? Not macht erfinderisch. Er lief in die Werkstatt, holte einen Schweißbrenner, begann den Topf damit zu erhitzen, und Schlag zwölf, als die Arbeiter hereinströmten, stand die dampfende Suppe auf dem Tisch.
Sicher war die erste Zeit nicht angenehm. Aber auch sie hat Feischls Leben bereichert. Heute denkt er amüsiert an seine Abenteuer zurück. Er hat viel Interessantes zu erzählen und ist dadurch selbst interessanter geworden.
Als Feischl in der Wildnis genug Geld verdient hatte, stand er vor der Entscheidung: ein eigenes Restaurant eröffnen oder zurück nach Hause? Das Heimweh siegte. Er packte seine Sachen und flog in die Alte Welt. »Das war im Jahr 1973«, erinnert er sich, »und Europa steckte gerade mitten in der damaligen Ölkrise. Das erste, was ich sah, waren lange Schlangen von Menschen, die sich an den Tankstellen um einen Kanister Heizöl anstellten. Da hatte ich schon genug.«
Drei Monate später war er wieder in Vancouver, denn wer sich einmal in die Westküste verliebt, der kommt nicht mehr von ihr los. Feischl hat seinen Entschluß nicht bereut. Er besitzt heute das beste Restaurant in Fort Langley, Bedford House genannt, hat eine Farm gekauft und baut so nebenbei in einem Nachbarort ein englisches Pub.

Reist man mit offenen Augen und ohne das europäische Überlegenheitsdenken in der Neuen Welt herum, so wird einem erst richtig klar, wozu der Mensch fähig ist, wenn man ihn nicht wie bei uns durch zu hohe Steuern, unnütze Vorschriften und Verbote unterdrückt. Fast alle Auswanderer, die man trifft, stecken voller Pläne. Kaum ist eine Hürde überwunden, haben sie schon eine neue im Visier. Angst scheinen sie nicht zu kennen, denn das Land, das sie sich erwählt haben, gibt ihnen die Garantie, daß derjenige, der ehrlich arbeitet, nicht zugrunde gehen wird.

Silber aus alten Filmen

Was den Leuten alles einfällt, die Vielfalt der Unternehmen, in die eine einzige Person oft verwickelt ist, erscheint Europäern wirklich erstaunlich. Ein vierzigjähriger Berliner, seit kurzem angesehener Gastronom, führt abends sein gutgehendes französisches Restaurant. Unter Tags leitet er ein großes Delikatessengeschäft, das er unlängst gekauft hat. Er spekuliert an der Börse, hat eine Sammlung teurer Weine angelegt und einen Betrieb gegründet, der alten Filmen das Silber entzieht. Zu diesem Zweck schloß er mit der örtlichen Obrigkeit einen Vertrag, bekommt alte Röntgenaufnahmen und unbrauchbares Filmmaterial geliefert und produziert kleine Silberbarren, die er an Juweliere verkauft. Als Gegenwert akzeptiert er Opale und Brillanten, weil diese seiner Meinung nach weiter im Wert steigen werden.

Alle Auswanderer lernen auch innerhalb kürzester Zeit, die wirtschaftliche Lage auszunützen. Als der Vulkan Mount St. Helens ausbrach, der südlich von Vancouver in den Vereinigten Staaten liegt, baute Feischl auf seiner Farm Futterklee an. Warum? Die Vulkanasche hatte riesige Weidegebiete zerstört, und man konnte annehmen, daß die Preise für Klee steigen würden. Unbehindert durch arrogante Behörden, feindselige Beamte, Amtsschimmel und hohe Abgaben scheinen alle einen gesunden Erfolgssinn zu entwickeln. Die Blochbauers kamen schon im Jahre 1939 nach Kanada. Heute gehören sie zu den reichsten Familien und – umgetauft in Bentley – zu den Aristokraten der Holzindustrie. Frank Stronacher kam nach dem Krieg als armer Werkzeugmacher nach Toronto. Heute ist er Besitzer der Firma Magna International, produziert Autoteile und beschäftigt an die viertausend Angestellte. Viel Geld und wenig Heimweh hat auch ein fünfzigjähriger Deutscher, der in seinem »ersten Leben« Autoverkäufer war. Als Grund, weshalb es so viele erfolgreiche Einwanderer gibt, führt er folgendes an: »Um sich in Kanada selbständig zu machen, braucht man viel weniger Kapital als in Europa. Die Banken geben oft schon auf eine gute Idee hin Kredite. Die Regierung unterstützt die Selbständigen und gewährt Steuervergünstigungen. Höchster Steuersatz sind vierundvierzig Prozent. Außerdem ist das tägliche Leben hier viel einfacher. Braucht man ein Telefon – kein Problem: In zwei Tagen hat man es. Man will einen Minister sprechen? Keine Affäre: Anruf genügt. Es gibt keine Meldepflicht, man braucht keine Diplome, nur tüchtig muß man sein. In Europa haben es nur die Unselbständigen leichter. Die haben vierzehn Monatsgehälter, billige Kranken- und Rentenversicherungen. Das gibt es hier nicht. Dafür aber stehen dem, der etwas aufbauen will, alle Türen offen.«

Aus dem Autoverkäufer mit seinem kleinen, jedoch sicheren Gehalt ist in Kanada ein Firmeninhaber geworden. Er importiert Stahlteile aus Europa, hat ein zweites Unternehmen aufgebaut, das Immobilien verwaltet, und ein drittes gegründet, das Baumaschinen verkauft, vermietet und repariert. Angefangen hat er mit einem Einfamilienhaus, das er auf Kredit kaufte, renovierte und mit Gewinn veräußerte. Heute beschäftigt er einhundert Leute.

Mit fünfundvierzig zum Fernsehen

Was in der Neuen Welt zählt, sind – wie gesagt – nicht Diplome oder Titel. Natürlich schaden sie nicht. Aber was die Leute drüben in erster Linie interessiert, ist, ob man das, was man zu können vorgibt, auch wirklich kann. Herbert Dissauer aus der Steiermark wollte immer zum Fernsehen. In Kanada hat er es erreicht. In Europa, in seinem »ersten Leben«, war er Sekretär einer konservativen Partei gewesen. In Toronto wurde er Herausgeber, Chefredakteur und Besitzer der deutschsprachigen Zeitung »Der Österreicher«, die zweimal im Monat erscheint. Er ist auch Präsident des Austrian Club Edelweiß sowie Sprecher und Gestalter des »Alpenjournal«, einer wöchentlich gesendeten deutschsprachigen TV-Show.
Begonnen hat Dissauer sein neues Leben vor zehn Jahren, als er mit viertausend Mark Erspartem nach Kanada kam. Ein Jahr lang arbeitete er auf einer Farm, dann gründete er ein Andenkengeschäft. Als es gut ging, eröffnete er ein zweites, verkaufte beide mit Gewinn und investierte das Geld in seine Zeitung.
Wer wagt, gewinnt. Als Dissauer sich um seine Anzeigen Sorgen machte, bekam er Hilfe in Gestalt der hübschen,

blonden Gerlinde Mausch, einer Landsmännin, die seit zweiundzwanzig Jahren in Kanada war und eben ihr »erstes Leben« als Ehe- und Hausfrau abgeschlossen hatte. Auch Gerlinde wollte etwas ganz anderes tun, und da sie fröhlich und kontaktfreudig ist, kümmerte sie sich um das Anzeigengeschäft beim »Österreicher«.
Gerlinde kennt inzwischen sämtliche deutschsprachigen Geschäftsleute in und um Toronto, und meist genügt schon ein freundlicher Anruf, auf deutsch natürlich, und schon ist das Inserat gesichert. Ein paradiesisches Arbeiten, wenn man weiß, wie die Anzeigenbranche in Europa zu kämpfen hat.
Auswandern ist eine Sache – nach Jahrzehnten in die Heimat zurückzukommen, eine andere. Aber auch das kann man schaffen, wie die folgenden Beispiele überzeugend zeigen werden.

Von Indien zurück nach Europa

Die meisten Auswanderer, die ich in Kanada interviewte, haben ihren Entschluß wegzugehen im Alter zwischen dreißig und fünfzig Jahren gefaßt. Wer aber sagt, daß man nicht auch mit sechzig ein ganz neues Leben anfangen kann? Niemand. Als Beweis dafür dient einer der interessantesten Männer, die ich in den vier Jahren, die ich in Wien lebte, getroffen habe. Er ist vierundsiebzig Jahre alt, und ich traf ihn zum erstenmal bei einem Abendessen, zu dem auch unsere ehemalige Botschafterin in Indien geladen war. Rudy von Leyden fiel mir sofort auf. Er ist groß, von herrschaftlicher Statur, mit einem eindrucksvollen, intelligenten Gesicht. Wenn er den Mund aufmacht, weiß man: Er ist nicht nur vom Aussehen her, sondern auch im Wesen ein echter Gentleman.

Rudy ist ein Deutscher, der sechsunddreißig Jahre in Indien gelebt hat. Nach der Pensionierung – er war Angestellter einer internationalen Firma – entschloß er sich, nach Wien zu ziehen. Dort besitzt er jetzt am Stadtrand eine sehr schöne Wohnung mit indischen Antiquitäten im Salon und Rosenbäumchen im Garten. Er empfängt viele Gäste, kocht einen wunderbaren marinierten Schweinsbraten und sammelt interessante Leute um sich.
Es ist ihm aber nicht nur gelungen, alleine einen ganz neuen Freundeskreis aufzubauen – seine erste Frau starb, von seiner zweiten ist er geschieden –, er schaffte auch das, wovon andere immer nur träumen: Es gelang ihm, aus seinem Hobby eine zweite, noch dazu internationale Karriere zu machen.

Als Rudy noch in Asien lebte, sammelte er indische Spielkarten. Die erste entdeckte er ganz zufällig in einem Bazar. Die runde Karte faszinierte ihn. Sie war kunstvoll bemalt, und da Rudy nicht wußte, aus welcher Zeit und welcher Gegend sie stammte, begann er, in seiner freien Zeit Bücher über indische Karten zu lesen.

Indische Spielkarten sind eine Wissenschaft für sich. Reiche Familien ließen sich von hochbezahlten Künstlern kostbare Kartenspiele anfertigen, die oft sogar aus Silber, Elfenbein oder Schildpatt hergestellt wurden. Manche Spiele haben über einhundert Karten. Besonders wertvoll sind die alten, die in reich verzierten, eingelegten Kästchen aufbewahrt wurden. Jene Spiele, die man im Norden verwendete, sind ganz anders als jene des Südens. Und wenn man einmal anfängt, sich für die Feinheiten zu interessieren, kann man bald nicht mehr aufhören. Auch Rudy erging es so. Im Laufe der Jahre brachte er es daher nicht nur zu einer ansehnlichen Privatsammlung, er wurde allmählich auch zum Experten, der Alter, Bedeutung und Herkunft einer Karte sofort mit ziemlicher Sicherheit angeben konnte.

Als sich Rudy entschloß, nach Europa zurückzukehren, merkte er bald, daß solche Kenntnisse hier praktisch nicht vorhanden waren. Bewußt wurde es ihm, als er zufällig in Wien mit der Direktion des Museums für Völkerkunde in Kontakt kam und man ihn nicht mehr losließ. Das Museum besaß nämlich Spielkarten aus Indien, aber bisher war niemand imstande gewesen, festzustellen, ob diese Karten wertvoll waren. Also beschloß man, Rudy zu engagieren. Und man hat es nicht bereut. In kürzester Zeit arbeitete er sich durch die Bestände, klassifizierte, katalogisierte, und da so viele seltene und interessante Karten vorhanden waren, stellte er auch gleich eine Ausstellung zusammen.

Sämtliche vorbereitenden Arbeiten erledigte Rudy selbst. Er arrangierte die Schaukästen, verfaßte die erklärenden Texte, verschickte Einladungen sowie Unterlagen und führte am Eröffnungstag die Ehrengäste durch das Museum. Die Ausstellung wurde ein Erfolg. Die Besucherzahl war groß, und sofort sprach sich in Museumskreisen herum, daß in Wien ein Experte für indische Spielkarten aufgetaucht sei.

Und damit war Rudys zweite Karriere gemacht. Aufträge aus dem Ausland trafen ein, und als ich ihn das letzte Mal sah, war er auf dem Weg nach London, um die Kartenbestände des berühmten Victoria and Albert Museum zu ordnen. Er war dort Gast der Regierung, wohnte vier Wochen lang in einem eleganten Hotel, und als er nach Wien zurückkam, stürzte er sich sofort auf ein neues Projekt: die Vorbereitungsarbeiten zu einem umfassenden Katalog über indische Spielkarten.

Von Delhi zurück nach Frankfurt

Ähnlich erfolgreich in ihrem »zweiten Leben« ist auch Hedy Keil aus Frankfurt. Sie lebte ebenfalls jahrzehntelang in Indien, war mit einem wohlhabenden Geschäftsmann verheiratet, ist Mutter von vier Kindern und ein lebender Beweis dafür, daß man auch als Frau mit fünfzig ohne Geld, Protektion oder Beziehungen noch einmal ganz neu anfangen kann.

Als Hedy mit einundzwanzig heiratete und nach Delhi zog, sprachen alle nur von der guten Partie, die sie gemacht habe. Ihr Mann war fünfzehn Jahre älter, Chef einer eigenen Firma und Herr über einhundert Angestellte. Nach außen hin war auch alles so, wie es sich ein junges Mädchen erträumt. Die Wohnung war riesengroß, elegant und teuer möbliert; es gab vier Hausangestellte, und von den drei Firmenchauffeuren war immer einer für Hedy abrufbereit.

Der Koch stand in der Küche, der Butler servierte, der Hausdiener putzte Böden und Fenster, und das Kindermädchen kümmerte sich um den Nachwuchs. Die Wäsche wurde von einem Zugeher geholt und frisch gebügelt zurückgebracht. Ein *sweeper,* der jeden Morgen ins Haus kam, trug den Abfall hinunter und putzte sowohl Bad als auch Toiletten.

Was hatte Hedy zu tun? Sie überwachte die Dienstboten und lernte die Intrigen zu durchschauen, mit denen sie einander das Leben schwer machten. Sie stellte Einkaufslisten und Arbeitseinteilungen auf. Sie lernte Hindi, perfektionierte ihr Englisch, gebar vier Kinder und gab elegante Abendeinladungen. Sie ging in den europäischen Club und las alte Zeitungen von zu Hause. Und natürlich versuchte sie, die vollkommene Ehefrau zu sein.

Das war nicht leicht. Hedys Mann war schwierig. Er war verwöhnt und anspruchsvoll, arrogant und pedantisch. Er war Brahmane und als Mitglied der obersten Kaste Indiens gewohnt zu befehlen. Er tyrannisierte seine Frau und seine Untergebenen. Er war erzpatriarchalisch. Dazu kamen noch, bedingt durch seine Religion, gewisse Reinlichkeitsriten und Sexualtabus, die Hedy das Leben schwer machten.
»Das erste, was ich in Indien lernte«, erzählt Hedy, »war die Tatsache, daß man dort von seinen Körperfunktionen besessen ist. Ein zivilisierter Mensch geht dort zum Beispiel nur zu bestimmten Zeiten auf die Toilette und reinigt sich nachher gründlichst. Längere Sitzungen erledigt man grundsätzlich nur am Morgen, und anschließend badet man mindestens eine halbe Stunde. Alles mögliche ist unrein. Wenn ich beim Frühstückstisch saß, der Chauffeur den Autoschlüssel brachte und ich diesen in die Hand nahm, war ich für meinen Mann so gut wie aussätzig. Erst

wenn ich mir im Bad die Hände geschrubbt hatte, durfte ich ihn wieder berühren. Aber das ärgste war das Bett.«
Hedys Mann bestand von Anfang an auf getrennte Schlafzimmer – und von Anfang an zerstörte er ihr Selbstbewußtsein als Frau. Hedy, die streng katholisch erzogen und unberührt in die Ehe gegangen war, glaubte ihm, wenn er ihr sagte, daß sie körperlich reizlos und »kalt wie ein Eisberg« sei. Trotzdem verkraftete sie es nicht, daß er sie nur alle vier bis sechs Wochen in ihrem Schlafzimmer besuchte. Noch schlechter bewältigte sie, was sich dann abspielte. Ihr Mann nämlich kam ohne Küssen, Streicheln oder Sichaneinanderdrücken sofort zur Sache, stürzte, kaum war sein Höhepunkt geschafft, in Panik ins Bad und begann sich dort wie besessen zu duschen. Ohne einen Kuß, ohne ein Wort verschwand er anschließend in sein eigenes Zimmer. Am nächsten Morgen beim Frühstück sah er sie an und sagte: »Du bist blaß. Es ist wahr, Liebe steht dir nicht.«

Hand in Hand mit dem Liebesentzug aber ging seine krankhafte Eifersucht. Hedy durfte grundsätzlich keinem anderen Mann in die Augen schauen. Daß sie ihn nicht anlachen durfte, versteht sich von selbst. Nur Huren zeigen fremden Männern ihre Zähne, erklärte ihr Mann, der von ihr auch verlangte, daß sie sich matronenhaft kleidete, im Zeitalter der Miniröcke ihre Waden bedeckte und das hübsche Haar straff nach hinten kämmte.
Kein Wunder, daß Hedy Keil bereits im ersten Jahr ihrer Ehe bis ins Mark frustriert war. Auch der »Trost« ihres Mannes, daß körperliche Liebe ohnedies ungesund und schlecht sei, daß sie ihn im Grunde auch gar nicht interessiere, überzeugte sie nicht. Irgend etwas ist falsch, dachte

sie. Viel später erst fand sie heraus, daß er sie zwanzig Jahre lang mit einer älteren Frau, einer verheirateten Inderin, betrogen hatte.

Jahrelang versuchte Hedy Keil, ihre Ehe zu festigen. Als sie merkte, daß alle Bemühungen um Liebe und Zärtlichkeit erfolglos blieben, nahm sie den Kampf um eine menschengerechte Behandlung auf. Nicht nur sie, auch die Hausangestellten zitterten jeden Abend vor dem *Sahib*. Wenn der Herr nach Hause kam, mußte alles perfekt sein. Niemand wußte den genauen Zeitpunkt, wann er erscheinen würde. Manchmal blieb er ohne Erklärung ganze Nächte fort. Aber sobald er kam, mußte alles wie am Schnürchen klappen. Im selben Moment, in dem er sich zu Tisch setzte, mußten die Speisen aufgetragen werden. Und wenn sie nicht genug dampften, schickte er sie zurück in die Küche und machte eine Szene. Der Rest des Abends verlief dann in eisiger Kälte.

Als Hedy fünfunddreißig Jahre alt war, hielt sie es nicht mehr aus. Sie nahm die Kinder, die noch klein waren, flüchtete in ein Hotel und bereitete dort ihre Abreise nach Deutschland vor. Kurz vor dem Abflug aber entdeckte ihr Mann das Versteck und entführte die Kinder. Als Hedy verzweifelt ihre Botschaft anrief, riet man ihr, trotzdem zu fahren. »Er wird die Kinder schon nachschicken«, meinte man, »sie werden ihm bald zuviel werden.« Hedy flog zu ihrer Schwester nach Berlin. Die Kinder kamen nicht. Ihr Mann hüllte sich in Schweigen. Erst nach Wochen schickte er den ersten Brief. Die Kinder, schrieb er, würden Indien nie verlassen. Aber wenn sie zurückkommen würde, würde sich alles ändern. Sie könnten ein neues Leben beginnen, alles würde besser, schöner und liebevoller werden. Die Kinder seien krank vor Sehnsucht nach ihr. Wenn

sie zurückkäme, würde er sogar Urlaub mit der Familie machen.
Hedy flog wieder nach Indien. Die Familie fuhr gemeinsam in den Himalaja. Es war der einzige Urlaub während ihrer langen Ehe, den sie mit ihrem Mann verbrachte. Es war kein Erfolg. Der *Sahib* war ständig schlecht gelaunt, klagte über Langeweile und zählte die Tage bis zur Rückkehr in die Stadt. Und kaum war Hedy mit den Kindern in der vertrauten Wohnung etabliert, war alles wieder genauso wie früher.
»Von dem Moment an«, erinnert sich Hedy Keil, »habe ich resigniert. Ich habe begriffen, daß mich mein Mann nicht liebt und daß ich als Europäerin für ihn nur ein Statussymbol bin. Ich wurde völlig apathisch. Das einzige, was ich denken konnte, war: Die Kinder dürfen nicht darunter leiden. Und so vergingen weitere zehn Jahre.«

Geld und die Heilige Schnur

Hedy Keil war Teilhaberin an der Firma ihres Mannes. Aber sie war es nur auf dem Papier. Jeder Versuch, im Büro mitzuarbeiten, wurde sofort abgeblockt. Bei geschäftlichen Besprechungen wurde sie aus dem Zimmer geschickt und nur zum Unterschreiben wieder hereingerufen. Was sie unterschrieb, erklärte ihr keiner.
Als ihr Mann anfing, immer seltener ins Büro zu gehen, wußte sie nicht, was das bedeuten sollte. Fragte sie ihn, bekam er einen Tobsuchtsanfall. Auch warum er sich immer mehr veränderte, konnte sie sich nicht erklären. Nachdem er Jahre im europäischen Stil gelebt hatte, nahm er plötzlich wieder seine Heilige Schnur. Priester kamen ins Haus,

zwanzig Tage lang wurde getafelt, gesungen und gebetet. Als die Zeremonien vorbei waren, zog er sich in sein Zimmer zurück, nahm seine Mahlzeiten alleine ein, aß nur vegetarische Kost und sprach mit Frau und Kindern kein einziges Wort. Nächtelang besuchte er Tempel, streute Asche auf seine Stirn, brachte Opfer. Es war, als wohne ein Fremder im Hause. Ein ganzes Jahr ging das so. Dann zog er aus.
Kaum war ihr Mann verschwunden, erfuhr Hedy, daß es mit der Firma bergab ging und daß ihr Mann es Gott überließ, das Geschäft zu retten. Im Büro zeigte er sich überhaupt nicht mehr. Dafür kamen täglich Gläubiger in die Wohnung. Ohne es zu wissen, hatte Hedy Bürgschaften unterschrieben. Der Wohnsitz ihres Mannes war unbekannt. Er schickte keinen Pfennig.
Hedy Keil war plötzlich auf sich selbst gestellt. Vierundzwanzig Jahre lang war jede Entscheidung von ihr ferngehalten worden. Vierundzwanzig Jahre lang hatte sie von ihrem Mann gehört: »Du bist eine Null. Zu nichts bist du zu gebrauchen. Du hättest einen Hilfsarbeiter heiraten sollen. Ohne mich würdest du nicht einmal genug zu essen haben.« Es hatte Zeiten gegeben, da hätte sie ihm fast geglaubt.
Aber jetzt konnte sie sich diesen Luxus nicht mehr leisten. Sie mußte in einem fremden Land den Haushalt finanzieren, kostete es, was es wolle. Genau zu diesem Zeitpunkt suchte eine wohltätige Stiftung eine Halbtagskraft. Hedy erfuhr davon und bewarb sich sofort, obwohl sie seit ihrer Heirat keine Büroarbeit mehr gemacht hatte. Sie war entschlossen, das, was man von ihr verlangte, zu können. Sie hatte keine andere Wahl.
Aufgrund ihrer Sprachkenntnisse wurde Hedy genommen. Das Gehalt war ausgezeichnet. Es reichte zum Leben,

aber es bedeutete noch viel mehr. Es war ihr erstes selbstverdientes Geld seit vierundzwanzig Jahren. Es war der Beweis dafür, daß sie *doch* zu etwas zu gebrauchen war.
Anfangs arbeitete Hedy als Sekretärin. Bald aber entdeckte sie ihr Organisationstalent, vor allem, als ein Hotel gekauft und in ein Bildungszentrum für Erwachsene umgebaut wurde. Hedy entwickelte ungeahnte Energien und parallel dazu einen gesunden Sinn für finanzielle Dinge. Dies blieb nicht unerkannt. Bald trug sie auch die Verantwortung für die Abrechnung. Hedy war in ihrem Element. Sie wurde gelobt. Sie war tüchtig. Sie übersetzte, organisierte, verrechnete, schrieb Berichte an die Direktion im Ausland. Das Leben machte plötzlich wieder Spaß.
Noch etwas geschah. Sie verliebte sich. Und mit fünfundvierzig Jahren entdeckte sie, daß körperliche Liebe schön sein kann. Es war eine ungeheure Erlösung zu erkennen, daß sie als Frau begehrenswert war. Ihr Freund war Inder, Witwer, gebildet, künstlerisch veranlagt. Er half ihr mit den Behörden und kümmerte sich um ihre Scheidung. Vier Jahre waren sie beisammen. Als Hedy endlich geschieden war – heiratete er über Nacht eine andere.

Der Schock brachte die Entscheidung

Zunächst war Hedy wie gelähmt. Als aber ihre Energien wieder erwachten, entschloß sie sich von einem Tag zum andern, nach Europa zurückzukehren. Sie wußte eines: Wenn sie ein neues Leben beginnen wollte, dann war das nur in einer ganz anderen Umgebung möglich. »Ich hatte Glück«, sagt Hedy heute. »Ich habe nämlich den Kontakt mit Europa nie ganz verloren. Alle zwei Jahre bin ich min-

destens sechs Wochen lang zu Hause gewesen. Hätte ich das nicht getan, so wäre es mir kaum geglückt. Ich habe das an anderen Frauen immer wieder beobachten können. Wenn man zu lange in Asien lebt, beginnt man, anders zu denken. Man wird weltfremd und am Schluß völlig hilflos. Das beginnt schon in der eigenen Wohnung. Man holt sich nicht einmal mehr ein Glas Wasser, denn wenn man es tut, ist der Diener beleidigt. Man kann sich auch nichts mehr selbst kochen, sonst ist der Koch gekränkt, der es ohnedies nicht gern sieht, wenn man seine Küche betritt. Alles, was zum täglichen Leben gehört, ist einem umständlichen Ritual unterworfen. Ständig muß man seine Würde als Dame des Hauses wahren. Wenn man das zwanzig Jahre macht, glaubt man bald selbst, daß es unter seinem Niveau ist, zu arbeiten. Man kultiviert einen falschen Stolz und ist in Europa zu nichts mehr zu gebrauchen.«
Hedy wußte, daß sie sich in Deutschland durchsetzen würde, aber sie wußte nicht, wie. Dazu kam noch die Reaktion ihrer Umgebung, die alles andere als ermutigend war. Ihre eigene Familie hielt sie für verrückt. »Nach fast dreißig Jahren willst du zurück?« schrieb man ihr. »Bei *der* Wirtschaftslage? Du bist fünfzig, du hast kein Studium, keine Ausbildung, nicht einmal das Abitur. Hier findest du nie einen Job. Von uns kannst du keine Unterstützung verlangen. Auch deinen Kindern können wir kein Geld geben.«
Und in Indien sagte man ihr ähnliches.
Trotzdem begann Hedy, Antiquitäten, Bilder, Möbel und Teppiche zu verkaufen. Im Herbst 1978 übersiedelte sie mit den Kindern nach Deutschland. Nicht zu Verwandten, sondern in ein Bauernhaus, das ihr eine Bekannte zur Verfügung gestellt hatte. Dort blieb sie drei Monate lang, um nachzudenken. Schwindende Geldreserven zwangen sie

aber noch vor Weihnachten, etwas zu unternehmen. Sie mietete in der Stadt eine winzige Wohnung und begab sich auf Arbeitssuche. »Ohne Beziehungen«, sagte der Mann jener Bekannten, die ihr das Bauernhaus überlassen hatte, »findest du nichts. Aber ich werde dir helfen.« Und wirklich fand er für sie eine Stelle in der Exportabteilung eines großen Chemiekonzerns.
Daß Hedy den Mut hatte, diese Stelle auszuschlagen, hat er ihr bis heute nicht verziehen. Und woher sie den Mut nahm, ist ihr selbst nicht klar. Sie besaß nur noch viertausend Mark. Davon mußten fünf Personen leben. Die Feiertage kamen, es war das traurigste Weihnachtsfest seit langem. Niemand hatte sie und die Kinder eingeladen. Nach ihrer Rückkehr hatte sie zwar ihre Verwandten besucht, aber als man ihr sagte: »Du und deine vielen Kinder, ihr macht uns nervös«, hatte sie sich zurückgezogen.
Aber auch die Feiertage vergingen. Und nach Dreikönig begann Hedy, systematisch die Anzeigen in den Zeitungen zu studieren. Einmal las sie folgendes: »Chefsekretär und Manager für Künstlerhaushalt gesucht.« Das gefiel ihr. Sie rief an und wurde zu einem Termin gebeten. Der Künstlerhaushalt bestand aus einem wohlhabenden, homosexuellen Schauspieler und seinen fünf Pekinesen. Hedy gefiel ihm. Daß sie fünfzig war, verhalf ihr zu der Stelle. »Junge Leute«, sagte der Künstler, »haben mich immer enttäuscht. Sie aber wirken verläßlich.«
Ein Jahr lang führte Hedy den verrücktesten Haushalt, den sie je gesehen hatte. Sie verdiente gut, konnte sich eine größere Wohnung und sogar ein Auto leisten, aber nach Ablauf dieses Jahres hielt sie es nicht länger aus. Sie wollte ein geregeltes Leben, und außerdem wollte sie vorwärtskommen.

Aus der Zeitung erfuhr sie, daß ein internationales Kulturinstitut eine Leiterin suchte. Sprachkenntnisse, vor allem perfektes Englisch, waren erwünscht. Hedy stellte sich vor, führte stundenlange Gespräche und wurde schließlich unter achtzig Bewerbern, die alle jünger waren als sie, ausgewählt. »Wäre ich zwanzig gewesen«, sagt Hedy heute, »hätte ich die Stelle nie bekommen. Ich hätte die Sprachen nicht so gut beherrscht und nicht dieses Auftreten gehabt. Meine Verwandten hatten unrecht. Als junges Mädchen findet man schnell einen schlechten Job, aber wenn es sich um einen Posten mit Verantwortung handelt, dann haben ältere Frauen die größere Chance.«
Hedy Keil leitet das Institut gut, und sie tut es zur vollsten Zufriedenheit sämtlicher Beteiligten. Als ich sie kennenlernte, kam sie gerade von Salzburg. Dort hatte sie ein Musikfestival organisiert. Sie hatte Honorare ausgehandelt, Säle gemietet, Programme drucken lassen, Interpreten betreut. Alles war gutgegangen. Hedy selbst war in bester Laune. Die Arbeit machte viel Freude, außerdem hatte sie einen Fünfjahresvertrag in der Tasche. Inzwischen ist sie auch in ein Haus am Stadtrand übersiedelt. Dort haben die Kinder endlich genug Platz, und es gibt auch einen Garten. Und die Verwandten? »Wir haben gewußt, daß du tüchtig bist«, sagen sie heute. Zu allem Überfluß schickte ihr geschiedener Mann plötzlich sogar Geld für die Kinder aus der Schweiz.
Vergleicht man die matronenhafte Frau, die einst vor dem Tadsch Mahal resigniert in die Kamera blickte, mit der Hedy Keil von heute, so glaubt man kaum, daß es sich um ein und dieselbe Person handelt. Hedy ist schlanker geworden, lebhafter, sie wirkt um Jahre jünger. Langsam kommt ihr Mädchengesicht wieder zum Vorschein. Sie kann auch

wieder lachen. Kaum zu glauben, daß seit ihrer Rückkehr aus Indien nicht mehr als drei Jahre vergangen sind.

Mit fünfzig fängt das Leben an

Hedy Keil ist kein Einzelfall. Immer mehr Frauen machen heute die Erfahrung, daß es mit fünfzig für nichts zu spät ist. Weder für einen neuen Beruf noch für die Liebe. Auch das Selbstbewußtsein kann man nicht auf Dauer zerstören. Man hat eine so große Portion davon mitbekommen, daß es auch nach Jahren völliger Unterdrückung plötzlich wieder zum Vorschein kommt, und zwar mit ungeahnter Kraft.
Heute, mit dreiundfünfzig, weiß Hedy Keil, was sie wert ist. Sie weiß, was sie sich zutrauen darf, und seither freut sie sich auf jedes neue Jahr. Sie hat große Pläne. Über kurz oder lang will sie sich selbständig machen. Nicht nur, weil sie keinen Pensionsanspruch hat, sondern weil ihr auch das Angestelltsein im Grunde nicht liegt. Sie will aus eigener Kraft etwas aufbauen. Was es ist, weiß sie noch nicht genau. Aber es wird etwas sein, bei dem sie ihre Sprachkenntnisse und ihr Organisationstalent voll einsetzen kann. Vielleicht wird später einmal eines ihrer Kinder die Arbeit weiterführen. Aber darüber macht sie sich jetzt noch keine Sorgen.
Und so muß man es machen. Keine Angst vor der fernen Zukunft! Die kann man ohnehin nicht vorausbestimmen. Was kommt, das kommt. Lieber alle Kraft auf die Gegenwart konzentrieren. Jetzt habe ich den Überblick, jetzt weiß ich, was ich tun kann, jetzt ist Zeit, zu handeln. Außerdem habe ich einen Trost: Selbständige, die schul-

denfrei arbeiten, haben sich immer durchgebracht, auch in Zeiten der größten Wirtschaftskrisen. Superstrukturen können zusammenbrechen, Riesenunternehmen durch schlechte Führung pleite gehen. Wer sich aber auf sich selbst verläßt, fleißig und ehrlich ist, der wird überleben. Dazu noch ein Beispiel.

Erfolg trotz Wirtschaftskrise

Ein weiteres Auswandererschicksal, ein weiterer Beweis, daß man keine Hochkonjunktur braucht, um etwas aufzubauen, stellt der Franzose Raymond Loewy dar. Loewy wanderte nach dem Ersten Weltkrieg nach Amerika aus. Sein einziger Besitz war eine Tapferkeitsmedaille. Er hatte keine Diplome, keine Berufspraxis, aber er hatte Zeichentalent, und so arbeitete er vierzehn Jahre lang bei einer New Yorker Firma als Designer.

Während der gefürchteten dreißiger Jahre, der Zeit der großen Depression, die nach dem Börsenkrach von 1929 begann, entschloß sich Raymond Loewy, seinen gutbezahlten, sicheren Job aufzugeben und sich selbständig zu machen. »Du bist wahnsinnig«, sagten die Kollegen, »du kündigst in dieser unsicheren Zeit? Rechts und links gehen alle pleite, die Arbeitslosen sind nicht mehr zu zählen, und du wirfst dich freiwillig vor die Hunde?«

Aber Loewy ließ sich nicht entmutigen. Er wußte, was er wollte, und er eröffnete sein Designstudio in der Fifth Avenue. Kredit bekam er keinen. Bis seine Ersparnisse aufgebraucht waren, mußte er genug Aufträge haben, um zu

überleben. »Amerikanische Waren«, erinnert sich Loewy, »waren damals alles andere als konkurrenzfähig. Alles war schäbig, es gab keine einheitliche Linie. Kaufte man ein neues Radio, so fielen in kürzester Zeit die Knöpfe herunter, ließ man ein Badezimmer installieren, so tropften die Wasserhähne. Alle Leute, die Geld hatten, kauften in Europa ein. Diesen Zustand wollte ich ändern.«
Also begann Loewy zu entwerfen: Kühlschränke ohne Stelzenbeine, Matratzen ohne Furchen, Zahnbürsten ohne Kanten, Autos ohne hohes Fahrgestell und Speichenräder. »Glaubst du wirklich, daß sich Leute in einen Wagen setzen werden, der so tief am Boden fährt? Zu jedem Pferdefuhrwerk müssen sie aufblicken, von den Autobussen gar nicht zu reden«, meinten die Zweifler. Aber Loewy ließ sich nicht beirren, und ein Blick auf unser heutiges Straßenbild zeigt, daß er recht hatte.

Raymond Loewy wurde zu einem der berühmtesten Designer unseres Jahrhunderts. Er entwarf die Stromlinienform. Von Anfang an war er erfolgreich. Er zeichnete nicht nur, er sorgte auch dafür, daß seine Entwürfe erstklassig ausgeführt wurden. »Mehr Qualität für den Kunden«, war sein Wahlspruch. Er wußte, daß schlechte Zeiten keinen Firlefanz dulden. Nur gute, solide, ehrliche Arbeit hat in Krisenzeiten Überlebenschancen.
Raymond Loewys Entwürfe waren schlicht, einfach und elegant. Daher ließen sie sich auch billiger ausführen. Hersteller und Käufer waren also gleichermaßen zufrieden, und Loewy konnte sich bald vor Aufträgen nicht mehr retten. Diese kamen von allen Seiten. Und er entwarf: den Studebaker Avanti II, stromlinienförmige Lokomotiven und Autobusse, das Innere des Raumschiffes Skylab. Es

war Loewys Idee, in das Raumschiff Fenster einzubauen. Die NASA-Techniker hatten dies nicht für notwendig gehalten. Aber Loewy wußte: Der Lebensraum ist sonst zu begrenzt. Ohne Sicht nach draußen geht es nicht. Und die Astronauten gaben ihm recht. »Ohne die Fenster«, schrieben sie in ihrem Dankesbrief, »wären wir mit Sicherheit verrückt geworden.«

Raymond Loewy erobert die Welt

Nach dem Zweiten Weltkrieg eroberten die stromlinienförmigen Güter aus Amerika Europa. Und nicht nur das: Japan hatte ein Auge auf die eleganten Produkte geworfen, und die kaiserliche Familie schickte Loewy eine Einladung. Er solle doch die japanischen Erzeugnisse begutachten und vorschlagen, wie man sie für den Export attraktiver gestalten könne.
Loewy, damals knapp sechzig, flog nach Japan. Dort gab es zahlreiche Empfänge, ein zeremonielles Abendessen, und anschließend führte man ihn zu einem langen Tisch, auf dem dreihundert japanische Produkte ausgestellt waren. Der Gast wurde nun gebeten, jedes Stück mit »gut«, »schlecht« oder »scheußlich« zu benoten. Die Japaner haben sich Loewys Rat zu Herzen genommen, und es gibt nicht wenige Fachleute, die behaupten, daß dies mit ein Grund sei, weshalb es Japan plötzlich gelang, die Weltmärkte mit ansprechenden Produkten zu überschwemmen.
Als Loewy sechzig war, eröffnete er sein Pariser Büro. Heute hat es vierzig Angestellte. Auch in London unterhält er eine Zweigstelle. Loewy besitzt inzwischen ein wunder-

schönes Schloß südlich von Paris, ein Apartment in New York und ein Haus in Kalifornien, wo er die Wintermonate verbringt.
Steht man dem knapp neunzigjährigen Loewy gegenüber, bummelt man mit ihm durch die eleganten Cafés und Restaurants von Paris, hört man ihm zu, wenn er aus seinem faszinierenden Leben erzählt, dann wird man sich hüten, je wieder einen Sechzigjährigen als »alt« zu bezeichnen.
Loewy ist der beste Beweis dafür, daß das Geburtsdatum keine Bedeutung hat. Wichtig ist nur, immer wieder neu anzufangen, sich zu sich selbst zu bekennen und die Ideen, die man hat, zu verwirklichen, ganz gleich, wie alt man ist.
Und für den, der immer noch glaubt, daß man nur mit zwanzig kreativ sein kann, noch schnell eine kleine Geschichte:
Jeder kennt die Restaurantkette McDonald's. Kaum eine Großstadt der westlichen Welt, in der es keine Filiale gibt. Wissen Sie, wie alt der Besitzer war, als er in das Geschäft einstieg? Er zählte fünfundfünfzig Lenze. Und er hatte keine Angst, mit fünfundfünfzig ein neues Leben zu beginnen. Vorher war Ray Kroc Vertreter für Küchenmaschinen gewesen. Er verkaufte Multimixgeräte. Vor fünfundzwanzig Jahren lernte er die Gebrüder McDonald kennen, die in Illinois eine Imbißstube hatten und Hackfleischtörtchen verkauften. Ray Kroc gefiel das Geschäft, und obwohl damals allgemein behauptet wurde, daß mit Hackfleisch kein Geld zu machen sei, wurde Ray Kroc Partner der McDonalds und später Eigentümer der Firma. Den Rest der Geschichte kennt jeder. Ray Kroc lebt heute zufrieden in Chicago. Er hat die Genugtuung, vom Vertreter zu einem der größten und erfolgreichsten Geschäftsmänner der Welt aufgestiegen zu sein, ohne fremde Hilfe;

aus eigener Kraft. Und wenn einer zu ihm kommt und behauptet, daß es zu spät sei, mit fünfundfünfzig sein Leben zu ändern, dann kann er nur weise vor sich hin lächeln.

2. Der Kampf mit der Umwelt

Ist das Leben auch noch so schön, ist es doch ein ständiger Kampf: mit sich selbst, mit den anderen; und läßt man sich gehen, so ist man auch schon geschlagen. Wer aber sein Leben leben will, muß lernen, mit der Umwelt fertig zu werden. Wie man das macht? Am besten mit Individualität.
Individualität heißt der Geheimtip unserer Zeit. Je mehr es uns gelingt, in diesem Jahrhundert der Vermassung ein Individualist zu bleiben, desto besser sind unsere Aussichten auf Erfolg. Früher hieß es immer: »Mein Gott, was werden die Leute sagen?« Heute ist das anders. Man beginnt endlich für sich selbst zu leben und nicht mehr für den Nachbarn. Sein Leben nicht zu leben, weil es der Umwelt mißfallen könnte, ist zwecklos. Anpassungsversuche an die »allgemeine Meinung« sind nicht mit Erfolg gesegnet. Man kann es der Umwelt gar nicht recht machen, denn woraus besteht sie? Aus Tausenden von Einzelmenschen, und jeder hat andere Ansichten.
Hingeworfene Bemerkungen aus dem Freundes- und Bekanntenkreis: »Wann suchst du dir endlich einen neuen Freund?« – »Wann läßt du dir endlich die Haare schneiden?« sind nicht ernst zu nehmen. Die Umwelt redet, weil sie reden will, aber nicht, weil sie etwas zu sagen hat. Denn

gibt man nach, wechselt den Freund und ist dann unglücklich, so heißt es sofort: »Kein Außenstehender weiß, wie es in einer Beziehung wirklich aussieht – im Endeffekt muß jeder selbst wissen, was er tut.« Kommt man nach einer qualvollen Stunde beim Friseur mit dem Bewußtsein, einen Fehler gemacht zu haben, zu den »lieben« Bekannten zurück, so wird man zur Belohnung womöglich mit einem »Eigentlich hat dir die andere Frisur doch besser gestanden« begrüßt. Die Umwelt ist stets bereit zu kritisieren, aber nie bereit, die Verantwortung zu übernehmen. Zu allem Überfluß ist sie auch noch von erstaunlicher Gleichgültigkeit. Dessen wird man sich spätestens dann bewußt, wenn man irgendeine Hilfe braucht und einen echten Einsatz, ein echtes Interesse voraussetzt. Fast immer wird man enttäuscht werden. Einem vernünftigen Menschen bleibt also nur eines übrig: Sich auf sich selbst zu verlassen.

Was viele nicht wissen: Jeder muß kämpfen. Auch jene, die in unseren Augen ganz oben stehen; auch die Schönen, die Talentierten, die Reichen; auch jene, die es geschafft haben, müssen sich Tag für Tag gegen ihre Umwelt durchsetzen. Vor einigen Jahren zeigte man in einem kleinen Pariser Kino eine Retrospektive der Filme Marilyn Monroes. Abend für Abend konnte man sich, auf den unbequemen, roten Plüschsesseln sitzend, davon überzeugen, daß das, was Monroe-Experten behaupten, auch wirklich stimmt, daß nämlich mit dem Tod der Schauspielerin auch ein großes musikalisches Talent sein Ende gefunden hatte.

Die Monroe nahm heimlich Gesangstunden

Spätestens bei »Machen wir's in Liebe« mit Yves Montand wird man sich bewußt, daß die Monroe ausgezeichnet singen konnte. »*My Heart Belongs to Daddy*« ist sehr gut, doch bei »*I'm Incurably Romantic*« merkt man, daß sie auch improvisieren kann. Nun muß man aber wissen, daß man die Monroe in Hollywood eigentlich nicht singen lassen wollte. Die Umwelt war der Meinung, daß Busen, blonde Locken, Lächeln sowie Augenaufschlag genügten, und gab ihr keine Chance. Die gesungenen Stellen, beschloß die Umwelt, sollten von einer fremden Stimme synchronisiert werden.

Und nun begann die Monroe ihren Kampf. Sie sagte weder ja noch nein, aber sie nahm heimlich Gesangstunden. Dann lud sie ein paar wirklich gute Freunde ein und sang ihnen vor. Einer von ihnen war Robert Mitchum. Er hörte ihr zu und wußte: Hier ist ein wirkliches Talent. Und Talente wollte er fördern. Also beschloß er, ihr zu helfen. Er gab ein riesiges Fest, lud »die Umwelt«, sprich die wichtigsten Filmleute Hollywoods ein, Louis Armstrong spielte, die Stimmung wurde immer besser, man applaudierte, lachte, amüsierte sich – und als wirklich alle in bester Laune waren, stellte sich die Monroe ans Klavier und begann zu singen. Das Resultat dieses Überraschungsangriffs? Es ist, wie schon gesagt, in ihren Filmen zu hören.

Man kann nachforschen, bei wem man auch will – jeder mußte kämpfen. Eine gewisse Berühmtheit macht es für den Betroffenen vielleicht leichter, aber in Frieden gelassen wird keiner. Auch Ingrid Bergman mußte sich tapfer schlagen. Als sie zum erstenmal nach Hollywood kam, wollte man alles an ihr ändern: ihren Namen, ihre Zähne und ihre schönen dichten Augenbrauen. Man war entsetzt über ihre Größe, denn damals waren kleine Weibchen modern, die hilfesuchend zu ihrem Partner, der mindestens einen Kopf größer zu sein hatte, aufblickten. Eine große Frau auf der Leinwand? Unmöglich!

Ganz und gar nicht fassen aber konnte die Umwelt, daß die blonde Schwedin für drei Monate dauernde Aufnahmen in Hollywood nur einen Koffer und *keinen* Schminkkoffer mitgebracht hatte. Als sie sich am ersten Morgen im Studio auch noch weigerte, ihr Gesicht dem Maskenbildner auszuliefern, wußte die Umwelt weder aus noch ein. Wie die Bergman in ihrer Autobiographie humorvoll berichtet, war man allgemein der Meinung, daß man sich da »eine große, gesunde, fette Kuh aus Schweden geholt hatte«. Daß der Versuch, aus ihr einen Star zu machen, reiner Wahnsinn sei und daß man mit Freuden ein paar tausend Dollar dagegen wetten würde.

Die anderen sollen sich anpassen

Nun, Ingrid Bergman ist trotzdem ein Star geworden. Und warum? Nur weil sie unerschrocken den Kampf mit ihrer Umwelt aufnahm. Sie wußte, daß sie sich selbst treu bleiben mußte, sonst würde sie wie die einstmals großen Stars, die während des Krieges aus Polen, Frankreich oder Bulgarien nach Hollywood gekommen waren, nur kurz aus der Versenkung auftauchen und dann für immer verschwinden. So neu sie in Amerika war, so entschlossen war sie auch, sie selbst zu bleiben. Und sie siegte. Von ihrem Beharren fasziniert, beschloß ihr Produzent David O. Selznick, aus ihr »die erste natürliche Schauspielerin Hollywoods« zu machen und *nichts* an ihr zu ändern. Gerade *das* aber verhalf ihr zum Durchbruch.

Resultat: Man kann gegen die Umwelt ankämpfen. Und man wird, wenn man lange genug durchhält, feststellen, daß sich auch die anderen anpassen können. Jeder hat im Grunde die Macht, den Geschmack der Umwelt zu beeinflussen. Bei unwichtigen, kleinen, alltäglichen Angelegenheiten kann man nachgeben. Soll die Kollegin ruhig den besten Parkplatz kriegen oder der Kollege den Vortritt durch die Tür. Solche Zugeständnisse kann man machen, soviel man will. Aber dort, wo es wichtig ist, da darf man nicht kriechen.

Man ist als Einzelwesen absolut nicht gezwungen, den Geschmack, den die Umwelt diktiert, bedingungslos zu akzeptieren. Wer daran zweifelt, der denke doch an die Schwarzen in Amerika. Generationenlang imitierten sie die Weißen. Die Frauen schämten sich ihrer Kräuselhaare und trugen Perücken. Manche ließen sich in qualvoller Prozedur die Löckchen »ausbügeln«, was oft zu massivem Haarausfall führte.

Hatte ein schwarzes Mädchen glatte Haare, so wurde es glühend darum beneidet. Glatte Haare waren begehrenswerter als helle Haut. Vor Jahren kannte ich in London ein hübsches Mädchen namens Dorothy. Sie war Sekretärin und kam aus Hawaii. Ihre Haut war ziemlich dunkel, aber sie hatte wunderschöne, lange, nur leicht gelockte Haare. Auf diese Locken pflegte sie auch immer wieder stolz hinzuweisen: »Meine Schwester Mary«, sagte sie mit Vorliebe,

»hat die hellste Haut in unserer Familie. Aber die geraden Haare, die habe nur ich.«
Wie aber ist es heute? Kaum eine Schwarze, die noch eine Perücke trägt. Fast von einem Tag zum andern hörten sie auf, die Weißen zu imitieren. Und warum? Weil sie vom Diktat der anderen genug hatten. Weil sie plötzlich den Mut fanden, sich zu sich selbst zu bekennen. Weil ein paar Tapfere, die in der Öffentlichkeit standen – Schauspieler und Sänger voran –, laut und deutlich verkündeten: »*Black is beautiful*«, und unverfroren ihre kurzgeschorenen Kräuselhaare spazierenführten.
Und was geschah? Siehe da, die Umwelt ließ sich bekehren. Als die Schwarzen dank ihres gestiegenen Selbstbewußtseins ihre Haare wachsen ließen und als wilde Struwwelpeter – sprich im Afrolook – herumliefen, waren die Weißen die ersten, die sie imitierten. Auch die Rückkehr zu den traditionellen Stammesfrisuren, der vielen kleinen Zöpfchen, den Schachbrettmustern und den Glasperlen, wurde von der Umwelt begeistert aufgenommen. Das Blatt hat sich also gewendet. Die Schwarzen imitieren nicht mehr die Weißen, sondern die Weißen die Schwarzen. Und warum? Nur weil ein paar Individualisten und Engagierte den Mut hatten zu sagen: »Schaut her, so wie ich bin, so bin ich schön!«

Joan Crawford und die breiten Schultern

Was ein einziger Mensch mit Selbstbewußtsein erreichen kann, sieht man auch am Beispiel der amerikanischen Filmschauspielerin Joan Crawford. Erinnern Sie sich noch an die Mode zwischen den zwanziger und vierziger Jahren? Plötzlich war eine recht unweibliche, ja geradezu männliche Figur modern. Die Hüften hatten schmal, die Schultern dafür um so breiter zu sein. Versagte die Natur, so half man mit Achselpolstern nach. Die Schneider ganz Europas hüllten die Frauen in Blusen, Kostüme und Mäntel, welche die Schultern derart betonten, daß sie zum Blickpunkt der ganzen Gestalt wurden.

Was die meisten nicht wissen: Diese Mode kam aus Hollywood. Joan Crawford hatte von Natur aus überbreite Schultern, und sie stellte sie mit einer solchen Selbstsicherheit zur Schau, daß man sie bald nachahmte. Die amerikanische Schriftstellerin Anita Loos, die in den zwanziger Jahren nach Paris reiste, konnte sich nicht genug darüber amüsieren. Mit Erstaunen stellte sie fest, daß die eleganten Franzosen alles imitierten, was aus Hollywood kam. So trugen sie auch bei schlechtestem Wetter dunkle Brillen. Warum? Nur weil Douglas Fairbanks immer mit dunklen Brillen fotografiert wurde. Dieser aber brauchte sie wirklich – um sich vor der grellen kalifornischen Sonne zu schützen.

Daß die eleganten Pariser Couturiers sämtlichen Kundinnen, egal ob groß, klein, dick oder dünn, überbreite Schultern verpaßten, war eine Quelle ständiger Erheiterung für die Loos. (Ihr verdanken wir unter anderem die Vorlage zu »Blondinen bevorzugt«.) Als sie einmal fragte, woher diese Mode käme, wurde ihr erklärt: »Von nirgendwoher. Breite Schultern sind einfach schön.«
Und die Moral von der Geschicht? Die Umwelt ist viel schwächer, als man denkt. So vieles im Leben ist eine Frage des Selbstbewußtseins. Menschen, die sich nur anpassen

und ducken, die nur mitlaufen, haben es noch nie zu etwas gebracht, höchstens zu einem unausgefüllten, unglücklichen Leben. Man muß sich dies immer wieder sagen, denn das Argument »Alle machen es so, also wirst du keine Ausnahme sein« hat schon genug Schaden angerichtet. Wären im letzten Krieg nicht so viele Menschen »mitgelaufen«, so wäre die Liste der Kriegsverbrechen bedeutend kürzer. Auch die Behauptung »Wenn *du* nicht den Chef betrügst, den Freund übervorteilst oder den Nachbarn verrätst, dann tut es ein anderer«, auch sie ist falsch. Wenn ich mich nämlich weigere, fällt es einem zweiten schon viel leichter, auch nein zu sagen. Und wenn der, welcher schmutzige Geschäfte vorschlägt, an mehrere Leute ohne Erfolg herangetreten ist, dann wird er es höchstwahrscheinlich lassen. »Es ist doch völlig gleich, ob *du* es machst oder ein anderer« ist kein Argument. Man hat nämlich eines außer acht gelassen: den Seelenfrieden. Wenn ich mich zu dem zwielichtigen Handel hergebe, dann bin ich es, der sein Leben lang die Schuld zu tragen hat. Weigere ich mich, so bin ich frei.

Die erste Ärztin Amerikas

Um sich erfolgreich gegen die Umwelt durchzusetzen, braucht man nicht nur Individualität. Man braucht auch Ausdauer – und je mehr man hat, desto besser. Ausdauer kann man mit den Jahren lernen. Aus diesem Grunde haben reife Menschen mehr Chancen, die Umwelt zu verändern, als junge. Ausdauer und Individualität – diese Kombination ist nicht zu schlagen. Wie man sie einsetzt, kann man am Beispiel Elizabeth Blackwells lernen.

Elizabeth Blackwell war die erste Ärztin Amerikas. Sie studierte Medizin, als dieses Studium für Frauen noch verboten war. Als sie lebte, vor rund einhundertdreißig Jahren, war die Umwelt der Meinung, daß Frauen kein Blut sehen können, beim Sezieren in Ohnmacht fallen und zu dumm sind, um sich die lateinischen Namen von Muskeln und Knochen zu merken. Der wahre Grund aber war, daß Ärzte schon damals sehr gut verdienten und keinerlei weibliche Konkurrenz wünschten.

Elizabeth Blackwells Lebensgeschichte liest sich wie ein Roman: ein Erfolgsroman mit geschichtlicher Bedeutung. Geboren wurde sie in England. Ihr Vater besaß eine Zuckerraffinerie in Bristol. Er war jedoch ein bekannter Gegner der Sklaverei und konnte sich nicht damit abfinden, daß das Rohr, das er verarbeitete, von Sklaven angebaut und geerntet wurde. In seinem Keller führte er aus diesem Grunde Experimente durch. Er war überzeugt davon, daß man Zucker auch aus englischen Rüben herstellen könne. Alle lachten über ihn. Aber er wußte, daß es möglich sein würde. Seine Erfindung sollte der Sklavenhaltung auf den Zuckerinseln einen empfindlichen Schlag versetzen. Leider war es ihm nicht mehr vergönnt, sein Projekt zu verwirklichen.

Noch etwas glaubte Samuel Blackwell: daß Frauen ebenso intelligent seien wie Männer. Aus diesem Grunde schickte er seine Kinder auch nicht in die Schule, wo sie getrennt nach Geschlechtern unterrichtet wurden und Mädchen nur halb soviel lernten wie Knaben. Er ließ seine Töchter zusammen mit seinen Söhnen von Hauslehrern betreuen und gab ihnen selbst Nachhilfestunden, wann immer dies nötig war.

Samuel Blackwell war im Gegensatz zu seiner Umwelt

nicht davon überzeugt, daß die Ehe die einzige Bestimmung eines Mädchens sei. Er erzog seine Töchter in dem Glauben, daß eine tüchtige Frau in der Welt alles erreichen könne. Und damit legte er den Grundstein für ihren zukünftigen Erfolg.
Im Jahre 1832 wanderte die Familie Blackwell nach Amerika aus. Es hatte wirtschaftliche Schwierigkeiten gegeben, außerdem hatte ein Brand die Raffinerie zerstört. In ihrer neuen Heimat wurde Elizabeth zuerst einmal Lehrerin.
Ihrer Erziehung gemäß wollte sie jedoch keine Angestellte sein. Außerdem brauchten die Brüder Geld, um das Studium zu finanzieren. Zusammen mit ihren zwei Schwestern eröffnete Elizabeth deshalb in Cincinnati eine Schule. Sechs Jahre lang gab sie Unterricht, warb neue Schüler und verwaltete die Einkünfte. Die Schule war erfolgreich, aber die Umwelt bedauerte Frauen, die außer Haus arbeiten mußten, und die Brüder teilten diese Meinung. Kaum waren sie mit dem Studium fertig, boten sie ihre finanzielle Unterstützung an und verlangten die Schließung der Schule.

Die beiden älteren Schwestern waren überglücklich, sich ins Privatleben zurückziehen zu können. Aber Elizabeth hatte zuviel Energie, um stillzusitzen. Heiraten, das wußte sie, kam nicht in Frage. Eine Frau mußte sich damals ihrem Mann völlig unterwerfen. Auch wenn sie ihm an Bildung, Verstand und Charakter überlegen war, hatte sie zu ihm »aufzublicken«. Kein Mann in Amerika, der Elizabeth um ihre Hand bat, konnte sich mit ihr und ihrer englischen Erziehung messen, und da sie nicht einsah, weshalb sie bewundern sollte, wo nichts zu bewundern war, schlug sie einen Heiratsantrag nach dem anderen aus.

Eine tüchtige Frau kann alles

Als Elizabeth eines Tages nach Hause kam und verkündete, daß sie Ärztin werden wolle, war man nicht sonderlich überrascht. Die Familie wußte zwar so gut wie jeder andere, daß Frauen keine Ärztinnen werden konnten, da nur Männer zu diesem Studium zugelassen waren, aber das störte sie nicht. Das Familienmotto lautete: »Eine tüchtige Frau kann alles.« Wenn Elizabeth sich in den Kopf gesetzt hatte, Ärztin zu werden, dann würde sie es schon irgendwie schaffen.
So positiv die Reaktion der Familie war, so negativ war die der Umwelt. Gleich der erste Fremde, dem sich Elizabeth anvertraute, entpuppte sich als ihr Feind. Der Mann war ein berühmter Arzt in Cincinnati. Frauen, erklärte er ihr, seien zwar gesetzlich nicht vom Studium der Medizin ausgeschlossen, andererseits aber gebe es keine Vorschrift, welche die Universitäten zwingen würde, Frauen aufzunehmen. Die Tradition sei gegen sie. Niemals würde Elizabeth, eine einzelne Frau, imstande sein, sie zu überwinden.

Von da an ließ er keine Gelegenheit verstreichen, um Elizabeth zu entmutigen. Er erzählte ihr unappetitliche Details aus seinem eigenen Studium, sprach von der Unschicklichkeit des Umgangs mit nackten Körpern, beschwor Elizabeth, die Idee aufzugeben, da die Art des Unterrichts derart schockierend sei, daß es keine Frau mit gesundem Schamgefühl länger als zwei Wochen ertragen würde.

Elizabeth ließ sich nicht überzeugen. Sie begann, an verschiedene Ärzte zu schreiben, und bat um Informationen.

Einige schrieben zurück, aber nur, um sie von ihrem Vorhaben abzubringen. Es gebe keine einzige Ärztin in ganz Amerika. Sei das nicht Beweis genug? Andere schrieben von den großen Kosten, die ein Medizinstudium verursache. Dieses Argument machte Elizabeth zu schaffen. Sie wollte ihre Brüder nicht derart belasten. Was sollte sie tun? War wirklich alles so aussichtslos, wie es dargestellt wurde? Um Zeit zu gewinnen, beschloß sie, wieder als Lehrerin zu arbeiten. Sie wollte jeden Pfennig sparen und in ihrer Freizeit alle medizinischen Bücher lesen, die ihr in die Hand fielen. Latein und Griechisch konnte sie; daran sollte es nicht scheitern.

Also machte sich Elizabeth Blackwell auf und fuhr in den Süden. Dort wohnten die reichen Pflanzerfamilien, und die zahlten die besten Gehälter. Das Schicksal aber kam ihr zu Hilfe. Der Posten, den sie fand, war nicht auf dem Land, sondern in einer Schule in einer kleinen Stadt in North Carolina. Der Schuldirektor war aufgeschlossen und hielt Elizabeth nicht für verrückt. Viele Frauen, meinte er, würden sich lieber von Ärztinnen als von Ärzten behandeln lassen, das sei ihm schon klar, aber wie sollte sie einen Studienplatz finden? Um sie zu unterstützen – er war nicht nur Schuldirektor, sondern auch Arzt und Besitzer einer umfangreichen Bibliothek –, half er ihr bei der Auswahl der Bücher, lehrte sie die Grundzüge der Chemie und Physik und schickte sie nach einem Jahr zu seinem Bruder, der ebenfalls Arzt war und nichts dagegen hatte, eine Frau als Privatstudentin auszubilden.

Elizabeth war glücklich. Tagsüber unterrichtete sie Musik, abends studierte sie Medizin. Bereits nach zwei Jahren wußte sie mehr über den Arztberuf als ein regulärer Student im dritten Semester. Ihr Einsatz, ihr Fleiß und ihr

Optimismus hatten ihr Freunde gewonnen, darunter mehrere Ärzte, die versprachen, ihr Empfehlungsschreiben auszustellen. Als sich Elizabeth aufmachte, um einen Studienplatz zu finden, konnte sie zuversichtlich sein. Sie wußte nun, daß sie Talent hatte, die Brüder hatten finanzielle Unterstützung zugesagt, sie hatte sich zudem die Grundkenntnisse der Medizin angeeignet und besaß Empfehlungsschreiben. Also pilgerte sie von einer Universität zur anderen – und wurde von allen abgewiesen.

Als Mann verkleidet nach Paris?

Zu diesem Zeitpunkt beschloß Elizabeth, nach Hause zu fahren. Dort holte sie sich neue moralische Unterstützung. Obwohl man ihr immer wieder gesagt hatte, daß sie, wenn überhaupt, nur in Europa Chancen hätte – in Paris vielleicht, aber auch dort nur, wenn sie sich als Mann verkleidete –, begann sie eine Liste sämtlicher amerikanischer Universitäten zusammenzustellen, an denen Medizin gelehrt wurde. Und dann setzte sie sich hin und schrieb an alle.

Ihre größte Hoffnung setzte Elizabeth auf die Bundesstaaten im Norden. Dort hatte man seit jeher mehr Toleranz gezeigt als im Süden. Und im Norden hatte sie auch Glück. Nachdem sie neunundzwanzig Absagen erhalten hatte, kam ein Brief aus Geneva, einer kleinen Stadt an der kanadischen Grenze. Der Direktor schrieb, daß er prinzipiell nichts gegen eine weibliche Studierende einzuwenden habe. Er würde aber gern auch die Studenten fragen. Seien sie einverstanden, dann sei Elizabeth willkommen.

Mit dreißig Jahren war Elizabeth Blackwell fertige Ärztin.

Sie zog nach New York, praktizierte mit Erfolg und gründete schließlich sogar ihr eigenes Krankenhaus. Im Jahre 186, sie war knapp sechsundvierzig, rief sie, um anderen Frauen ihren Leidensweg zu ersparen, das Women's Medical College of New York Infirmary ins Leben, wo Frauen zu Ärztinnen ausgebildet wurden. Darüber hinaus schrieb sie viel, hielt Vorträge, und bald wurde man in Europa auf sie aufmerksam.

Die erste Einladung kam aus England. Ein Jahr lang reiste sie in ihrer alten Heimat von Stadt zu Stadt und sprach über Frauen in der Medizin. Es gefiel ihr so gut in Europa, daß aus der geplanten kurzen Reise ein zehnjähriger Aufenthalt wurde. Während dieser Zeit lebte sie in London sowie in Hastings und praktizierte. Stets verfolgte sie dabei ihr Lebensziel: den Frauen in der Medizin die gleichen Chancen wie den Männern zu verschaffen. So wurde sie Gründungsmitglied der Londoner School of Medizin for Women und stellte zu guter Letzt auch noch die National Health Society auf die Beine.
Elizabeth Blackwell wurde fast neunzig Jahre alt. Bis zu ihrem Lebensende blieb sie aktiv. Sie schrieb Bücher über ihre Arbeit und über die richtige Art der Mädchenerziehung. Hätte sie sich von der Umwelt einschüchtern lassen, sie hätte nie zuwege gebracht, den Frauen die Tore zur Medizin zu öffnen. Auch wenn es ihr nicht immer leicht fiel, erreichte sie, was sie wollte, und ein ausgefülltes, interessantes und nicht zuletzt ruhmreiches Leben hatte sie obendrein.

Rückschläge sind da, um überwunden zu werden

Aber zurück zur Gegenwart! Zum erfolgreichen Durchsetzungskampf gegen die Umwelt gehört auch der Wille, Mißerfolge einzustecken und trotzdem weiterzumachen. Wer bei der ersten Panne schon die Freude verliert, hat wenig Chancen. Vor allem darf man eines nicht: schon beim ersten Fehlschlag glauben, daß man vom Schicksal verfolgt wird.

Die schlechteste Voraussetzung für einen neuen Anfang, eine zweite oder dritte Karriere ist die Einstellung: Es ist nichts geworden, ich habe kein Glück. Wahrscheinlich ist es mir nicht bestimmt, Erfolg zu haben. Wer so denkt, kann nicht gewinnen. Rückschläge sind im Leben unvermeidbar. Jeder wird mit ihnen konfrontiert, auch der Erfolgreichste. Niemandem bleiben sie erspart. Man darf nur nicht aufgeben. Man muß es noch einmal versuchen und noch einmal. Außerdem: Rückschläge sind da, um überwunden zu werden.

Ein interessantes Beispiel dafür, wie man Schläge pariert, bietet der Österreicher Berndt Filzer. Ich lernte ihn in Montreal kennen. Filzer ist Mitte Dreißig, blond, schlank und sensibel. Er stammt aus Kitzbühel und ist gelernter Koch und Kellner. Eigentlich wollte Filzer nicht auswandern. Er wollte nur die Welt sehen und es dann in Österreich zu etwas bringen. Einhundert Dollar hatte er gespart, als er beschloß, nach Montreal zur Weltausstellung zu fahren. Irgendeine Arbeit, das wußte er, würde er schon finden. Er fand sie auch. Und er war von der Neuen Welt so fasziniert, daß er darüber vergaß, nach Hause zu fahren. Nach drei Jahren hatte Berndt Filzer genug Geld gespart, um ein eigenes Restaurant aufzumachen. In Erfolgsstim-

mung und jugendlichem Übermut beschloß er nun, das Schicksal herauszufordern. Er begann, an der Börse zu spekulieren, um sein Startkapital zu vergrößern – aber er verlor alles. Eine Zeitlang war er wie gelähmt. Dann stellte er fest, daß der Wunsch, sein eigener Herr zu sein, so stark geworden war, daß er an nichts anderes mehr denken konnte. Er wollte nicht mehr angestellt sein, also beschloß er, es trotzdem zu versuchen. Diesmal aber mit großen Krediten und einem deutschen Freund als Partner.
Zusammen übernahmen und renovierten die beiden Männer ein kleines, eher schäbiges Lokal im Zentrum Montreals. Um konkurrenzfähig zu sein, nahmen sie sich vor, keinen Ruhetag zu machen und bis in die Morgenstunden offenzuhalten. An einem Montag wurde das Lokal eröffnet – und die Tragödie nahm ihren Lauf: Um drei Uhr morgens, kurz vor der Sperrstunde, kamen drei bewaffnete Jugendliche in das Restaurant und verlangten die Tageskasse. Als sich der deutsche Partner weigerte, das Geld herauszugeben, erschossen sie ihn.
Wie sich herausstellte, hatten die drei ursprünglich ein ganz anderes Lokal berauben wollen. Im letzten Moment aber hatten sie ihren Plan geändert. In dem teuren Restaurant waren zu viele Leute gewesen, und sie hatten sich nicht durch die Tür gewagt. Um nicht unverrichteter Dinge nach Hause zu gehen, entschlossen sie sich kurzerhand, das nächstbeste Lokal zu überfallen, und das gehörte eben Filzer. Übrigens wurden die drei geschnappt und verhaftet; sie sitzen noch heute im Gefängnis.
Die erste Reaktion Filzers auf diese Katastrophe war: Nur weg! Nur zurück nach Österreich! Aber dann beschloß er, nicht davonzulaufen. Er hatte Kredite aufgenommen, die er zurückzahlen mußte, und wollte es noch ein einziges

Mal versuchen. Und er stürzte sich, um nicht ständig an das, was geschehen war, denken zu müssen, in die Arbeit. Wann immer er nicht schlief, war er im Restaurant. Oft sechzehn Stunden am Tag. Er hielt die ganze Nacht hindurch offen. Während die Konkurrenz schon längst im Bett lag, servierte Filzer noch warme, frisch zubereitete Mahlzeiten. Natürlich sprach sich das bald herum – um so mehr, als Filzer wirklich kochen kann.
Anfangs waren die Gäste recht durchschnittlich. Aber sie zahlten ihre Zeche, und das war die Hauptsache. Nach und nach aber kamen interessantere Leute, darunter auch Schauspieler, Musiker, Sänger und Journalisten. Das Lokal wurde zum Künstlertreff: Nach dem Konzert, nach dem Theater ging man zu Berndt, um bei ihm eine Kleinigkeit zu essen. Auch Charles Aznavour kam, und andere internationale Künstler, die in Kanada auf Tournee waren, taten das gleiche.
Filzer machte nicht den Fehler zu denken: Jetzt bin ich jeden Tag ausgebucht, jetzt kann ich mit der Qualität heruntergehen. Er kochte am letzten Tag so gut wie am ersten, und dadurch hielt er seine Kunden. Ehrliche Arbeit macht sich bezahlt. Nach drei Jahren war er schuldenfrei.
Kaum war das letzte Geld überwiesen, wurde ihm bewußt, wie erschöpft er war. Er hatte drei Jahre lang Tag und Nacht schwerstens gearbeitet. Davon hatte er nun genug. Außerdem war es schon immer sein Wunsch gewesen, ein gutbürgerliches Lokal zu besitzen. Er wollte etwas ganz Neues anfangen: ein Restaurant, das ihn und seine Landsleute an Österreich erinnern sollte. Also begann er zu suchen. Und als er ein geeignetes Lokal in der Nähe des Universitätsviertels gefunden hatte, verkaufte er sein Geschäft mit gutem Profit.

Eine Bratpfanne fing Feuer

Das nunmehrige Lokal hieß »Das alte Kitzbühel«. Liebevoll baute Filzer es nach seinem Geschmack um, verkleidete die Wände mit Holz, kaufte rotweiß karierte Vorhänge und dazu eine Kuckucksuhr. Er stellte eine umfangreiche Speisekarte zusammen, offerierte unter anderem auch ein paar französische Gerichte, vor allem eine wunderbare Zwiebelsuppe.
Am Tag nach der Eröffnung war das Lokal voll. Die Gäste, ganz gleich, ob es sich um Auswanderer handelte oder nicht, waren von der gemütlichen alpenländischen Atmosphäre begeistert und kamen immer wieder. Aber auch hier gab es Rückschläge. Gleich im ersten Jahr brannte das Lokal zweimal ab. Das erste Mal an einem Vormittag, als in einer Bratpfanne Fett Feuer fing, das zweite Mal während der Nacht, als vergessen wurde, die Mülltonnen hinauszutragen und sich in einer ein glimmender Zigarettenstummel befand. Beide Male versagte die automatische Löschanlage. Der Prozeß mit der Firma, die sie installiert hatte, ist heute noch nicht abgeschlossen.
Was tat Berndt Filzer? Er baute wieder auf. Und weitgehend ohne fremde Hilfe. Er tapezierte die Wände, tischlerte neue Holzbänke, schloß Lampen an, baute die Küche um und machte sie, so gut es ging, feuersicher. Seitdem sind sieben Jahre vergangen. Sieben sehr gute, erfolgreiche Jahre. Filzer hat in der Zwischenzeit auch geheiratet: eine große, blonde, elegante Amerikanerin, die für ihn etwas ganz Besonderes ist. Während seiner Jugend in Österreich hatten alle berühmten Skifahrer amerikanische Frauen oder Freundinnen. Also wollte auch er eine haben. Die Ehe ist kinderlos und glücklich; die beiden wohnen in

einem gemütlichen Haus mit Kuckucksuhr in der Küche und Spinnrad im Wohnzimmer. Abends arbeiten beide zusammen im Restaurant, und sie haben inzwischen genug Geld verdient, so daß sie, sooft sie dazu Lust haben, nach Europa fliegen können.

Ohne Selbstmitleid geht alles besser

Warum war Berndt Filzer erfolgreich? Nicht nur, weil er durchhielt. Er hat es auch verstanden, einen Kapitalfehler zu vermeiden, der darin besteht, daß man sich vom Selbstmitleid auffressen läßt. Niemand hätte es ihm übelgenommen, wenn er nach der anfänglichen Pechsträhne nach Hause gefahren wäre und nie wieder einen Versuch unternommen hätte, sich selbständig zu machen. Er hätte ohne schlechtes Gewissen am Stammtisch sitzen und sich von den anderen bemitleiden lassen können. Aber glücklich wäre er dabei nicht geworden.
Selbstmitleid ist ein sehr tiefes Wasser. Wer einmal hineinfällt, kommt so schnell nicht wieder heraus. Wer sich zu lange bemitleidet und die Schuld immer nur bei den anderen sucht, der verliert bald die Fähigkeit, kritisch zu denken. Daß man so nicht weiterkommt, ist klar. Der typische Selbstmitleidkandidat entwickelt auch oft krankhafte Gier. Rafft er sich auf, und arbeitet er, so verlangt er meist mehr, als ihm zusteht. Hilft er in einem Geschäft aus, so will er nicht nur den festgesetzten Lohn, sondern ein paar Geschenke obendrein. Die Umwelt schuldet ihm dies ja, er ist doch so arm dran! Macht er sich mit dieser Einstellung auf die Dauer unbeliebt, so bestätigt das nur sein Vorurteil über die Welt: Alle sind gegen ihn.

In London lernte ich ein sehr hübsches Mannequin kennen. Sie hätte eine große Karriere machen können, wenn sie sich nicht mit ihrem penetranten Selbstmitleid Kollegen und Vorgesetzte zu Feinden gemacht hätte. Nach jeder Modenschau verlangte sie mehr, als vertraglich ausgemacht war, »denn«, pflegte sie zu sagen, »die haben mich ja doch nur ausgenützt«. Einmal bekam sie von einer Firma, für die sie Mäntel vorführte, einen wunderschönen, weichen Kaschmirschal zum Geschenk. Was tat sie? Sie ging am nächsten Tag ins Geschäft, behauptete, den Schal verloren zu haben, und verlangte einen neuen. Von dieser Firma hat sie nie wieder einen Auftrag bekommen.
Eine Bekannte in Paris ist ein noch schlimmerer Fall. Sie hatte eine sehr unglückliche Kindheit und verlangt jetzt von jedem, der mit ihr zu tun hat, daß er sie dafür entschädigt. Bei ihren Verehrern setzt sie voraus, daß sie sie mit Blumen und Schmuck verwöhnen, und als Ehemann kommt natürlich nur ein Millionär in Frage. Selbst aber will sie nichts geben, denn sie hatte doch diese entsetzliche Kindheit! Bis jetzt sind auch sämtliche Liebesgeschichten auseinandergegangen. Daß sie allein Schuld daran trägt, ist ihr nicht begreiflich zu machen.
Im Beruf ist es auch nicht viel anders. Sie ist schon fast so weit, daß sie glaubt, einem Chef einen Gefallen zu tun, wenn sie sein Geld akzeptiert. Natürlich ist bis jetzt alles schiefgelaufen. »Die andern haben alles, und ich habe nichts«, ist ihr immer wiederkehrendes Argument. »Dabei will ich doch nur einen Mann, der mich verwöhnt, und einen interessanten Beruf.« Daß man sich gerade für diese beiden Dinge, die sicherlich die wichtigsten im Leben sind, am meisten plagen muß, sieht sie nicht ein.
Ihr Selbstmitleid hat jede Logik überwuchert. Und solange

sich das nicht ändert, wird auch nichts aus ihr werden. Sie ist immer noch nicht Chefsekretärin, wechselt die Posten oft – manchmal wird sie auch hinausgeworfen –, und die Intervalle, in denen sie arbeitslos ist, werden immer länger. Sie ist auch nicht dazu zu bewegen, einen Fortbildungskurs zu machen. Einmal war sie probeweise bei einer Firma angestellt, die große Geschäfte mit Brasilien abwickelte. Man riet ihr, Portugiesisch zu lernen, um den anderen etwas vorauszuhaben. Sie weigerte sich mit dem Argument, daß ihre Kollegin, mit der sie ein Zimmer teilte, auch keinen Kurs gemacht habe und trotzdem fest angestellt worden sei. Erwiderte man, daß besagte Dame mit Freuden Überstunden gemacht und sogar mit Rücksicht auf die Firma zweimal ihren Urlaub verschoben habe, so antwortete sie: »Von der kann man das auch verlangen. Die hat einen lieben Mann und keine so unglückliche Kindheit gehabt wie ich.«
Inzwischen ist sie an dem Punkt angelangt, an dem sie gar nicht mehr versucht, ihre Lage zu bessern. Die Welt ist schlecht, alle sind gegen sie, warum sollte sie sich bemühen? Positives Denken, Ausdauer, Einsatzfreude, Lust an der Arbeit, das alles ist ihr fremd. Gerade das aber sind Eigenschaften, mit denen man sich gegen die Umwelt am besten behaupten kann. Ich habe das am eigenen Leib erlebt. Und dazu abschließend ein amüsantes Beispiel:

Wie interviewt man eine Königin

Glück, soviel ist sicher, läßt sich nicht erzwingen. Aber wenn es etwas gibt, das Fortuna auf die Beine hilft, dann ist es die Überzeugung, daß das, was man sich vorgenommen

hat, einfach gelingen muß. Wenn ich einen Plan verwirklichen will und sage: »Es ist alles so schwierig und umständlich, wahrscheinlich wird ohnehin nichts daraus werden«, dann kann ich gleich die Finger davon lassen. Wenn ich mir aber sage: »Ich will es unbedingt, ich werde mein Bestes geben, es muß einfach gelingen«, dann bin ich auf dem richtigen Weg. Denn *wie* man an eine Sache herangeht, ist fast ebenso wichtig wie die Sache selbst.
Ich war fünfunddreißig Jahre alt, als ich im Anschluß an einen elfjährigen Auslandsaufenthalt nach Wien zurückkehrte. Ich arbeitete als Journalistin. Es war mein erstes Jahr in der Redaktion jener Tageszeitung, der ich bis heute treu geblieben bin. Es war Frühling, und der Frühling ist die Zeit der Staatsbesuche. Wir erwarteten das spanische Königspaar, und mein Chefredakteur beauftragte mich, über den Besuch zu berichten. Programmgemäß begab ich mich zuerst einmal zur Pressestelle des Außenamtes, um die Akkreditierung abzuholen. Diese besteht aus einem kleinen Schild, das man an den Mantel steckt. Die Aufschrift besagt der Staatspolizei, daß es sich bei dem Träger um keinen Feind handelt, sondern um einen Journalisten, der Zugang braucht. Mit diesem magischen Attribut versehen, gelangt man durch die Polizeiabsperrungen, die einen Staatsbesuch begleiten. Man begibt sich im Gefolge des Königspaares vom Parlament zum Rathaus, von der Hofburg zu den Lipizzanern und beobachtet, ob die Königin in der Schatzkammer Stielaugen bekommt, ob der Füllfederhalter beim Eintragen in das Goldene Buch der Stadt Wien kratzt, ob das Herrscherpaar im Stephansdom niederkniet und ob die parfümierten Domherren, die an den Flügeltüren warten, wirklich vor Ehrfurcht und Aufregung stottern.

Man rennt, den Notizblock in der Hand, überallhin mit und schreibt dann einen bunten Bericht, damit der Leser zu Hause auch etwas von dem hohen Besuch hat. Wie gesagt, man schreibt – und die Kollegen von der Konkurrenz schreiben auch. Im Grunde sind alle Zeitungsgeschichten ähnlich, Unterschiede gibt's nur in den Details. Man beneidet die Journalisten von der Boulevardpresse, die auch die königlichen Laufmaschen erwähnen dürfen, und hat am Schluß meist das Gefühl, nichts Besonderes geleistet zu haben.

Leisten aber wollte ich etwas – um mir selbst zu beweisen, daß ich gut bin, und weil es nichts Aufregenderes gibt, als das Unmögliche möglich zu machen. Ich beschloß, auf alle Fälle zu einem Interview mit der Königin zu kommen. Ich wollte eine wirklich gute, exklusive Geschichte schreiben, und ich machte mich auch gleich an die Arbeit. Daß es schwierig sein würde, wußte ich. Interviews mit Monarchen werden grundsätzlich vor der Reise abgesprochen und von den Botschaften beider Länder arrangiert. Laut Protokoll bestand also keine Möglichkeit, in Wien mit der Königin zu sprechen. Dazu kam, daß die spanische Königin noch nie ein Interview gegeben hatte. »Sie wird auch keines geben«, sagte man mir, »Ihr Einfall ist ganz unmöglich.«

Jeder Staatsbesuch, der nach Wien kommt, wohnt im Hotel Imperial. Im ersten Stock liegen prachtvolle Apartments, die sogenannten Fürstenzimmer, welche mit kostbaren Antiquitäten, herrlichen Teppichen, Bildern und Kristallüstern ausgestattet sind. Zu diesen Räumen gibt es keinen Nebeneingang. Wer sie betreten will, muß zuerst durch die Hotelhalle.

Was tat ich? Ich setzte mich am ersten Tag des Staatsbesu-

ches in meinem schönsten Kleid in besagte Halle und wartete. Daß ich überhaupt dort sitzen durfte, war ein Wunder. Der Direktor, der keine Komplikationen wünschte und der Presse prinzipiell den Zutritt verweigerte, erlaubte es nur, weil ich zufällig einige Wochen zuvor eine Geschichte über das Imperial geschrieben hatte, die ihm angenehm aufgefallen war. So saß ich also im Warmen, und meine Kollegen standen draußen in der Kälte.
Aus nächster Nähe sah ich die Damen von der spanischen Botschaft, die in teuren Kleidern, großen Hüten und Krokotaschen auf und ab trippelten. Ich sah die Leibwächter und den Außenminister, ich sah das Gefolge und die hohen Gäste. Ich saß direkt auf dem Weg zum Treppenaufgang: Sie mußten an mir vorbei. Summa summarum: Ich sah sie, und sie sahen mich. Nachdem ich einen Tag so gesessen hatte, war ich ein vertrauter Anblick geworden – und das stellte einen Vorteil dar.
Vorteil Nummer zwei: Das Haus war vollgestopft mit der *crème de la crème* der österreichischen Staatspolizei. Die allerhöchsten Chargen sind übrigens derart elegant, daß man sie für Filmstars halten könnte. Nicht nur ihre Anzüge, auch ihre Hemden sind maßgeschneidert. Aber das nur am Rande. Ich nützte also meine Zeit und kam mit allen ins Gespräch. Einige der Herren waren mir bereits bekannt; es sind immer dieselben Polizeibeamten und dieselben Journalisten, die man zu den Staatsbesuchen schickt. Und während wir beobachteten, wie die berühmten Gäste kamen oder gingen, abfuhren oder abgeholt wurden, ließ ich mir Details über das selbstgebaute Segelboot des Kommandanten und alles über den letzten Adriaurlaub seines Adlatus erzählen. Meinerseits erwähnte ich das Interview, das ich haben wollte, und um es dra-

matischer zu machen, sagte ich: »Ich muß hier sitzen bleiben, und wenn es die ganze Nacht ist. Mein Chefredakteur läßt mich erst nach Hause gehen, wenn ich mit der Königin gesprochen habe.«

Der private Zeitplan

Kaum hatte ich das gesagt, regte sich allgemein Mitleid. Wenn man sich nämlich als Staatspolizist tagelang in Hotels die Füße in den Bauch steht, dann will man nur noch eines: heim. Und da man annahm, daß auch ich nichts anderes im Sinn hatte, versprach man mir, beim Chef der spanischen »Geheimen«, den man natürlich kannte, ein gutes Wort einzulegen – was auch tatsächlich geschah. Nach langem Hin und Her versprach der Spanier, beim Protokollchef, dem alle Entscheidungen oblagen, anzufragen. Wir hatten nur das Pech, daß dieser samt Gefolge irgendwo in der Stadt unterwegs und nicht erreichbar war. Um mich zu trösten, gab mir aber der spanische »Geheime« etwas, das viel mehr wert war als Gold: den privaten Zeitplan des Staatsbesuches.
Als Journalist besitzt man auch einen Zeitplan, aber nur den offiziellen. Auf diesem steht, wann die Leute wo eintreffen und wie lange sie dort bleiben. Es steht zum Beispiel vermerkt: 13 Uhr Mittagessen mit dem Bundeskanzler, 14.50 Uhr Abfahrt zum Tee in die spanische Botschaft, 19 Uhr Abfahrt vom Hotel in die Oper. Etwas Wichtiges aber fehlt: die privaten Termine und die freien Stunden der Königin. Von diesen hing mein Interview ab. Schon nach einem Blick wußte ich: Für die hohe Dame war an jedem Tag vor dem Abendessen eine Dreiviertelstunde

Ruhezeit eingeplant. Mehr brauchte ich nicht. Ich bedankte mich, fuhr in die Redaktion und sagte meinem Chef: »Spätestens übermorgen bringe ich Ihnen ein Interview mit der Königin.«

Am nächsten Morgen, es war ein strahlender, kalter Tag, saß ich wieder im Hotel Imperial und wartete. Staatsbesuche bedeuten zwar sehr viel Arbeit, aber sie machen auch einen Mordsspaß. Die ganze Stadt befindet sich in Feststimmung, das Hotel ist beflaggt, überall stehen Ehrengarden und Staatskarossen; man hat zwar stets Angst, daß etwas passieren könnte, aber in erster Linie freut man sich über die Besucher und zeigt ihnen stolz, was Wien alles zu bieten hat. Als Journalist ist man überall dabei, man bewegt sich die ganze Zeit in Prunkräumen, trifft ausländische Kollegen, wird zu Cocktails und Essen eingeladen und hat das Gefühl, daß Wien der Mittelpunkt der Welt geworden ist.

Die Stunden im Hotel Imperial verbrachte ich wie im Theater. Alle waren in Aufregung, immer war irgend etwas los. Der Besuch kam mit Unmengen von Gepäck, in dem sich Geschenke für das Gastland und für Freunde befanden, und nichts durfte verlorengehen. Der schwedische König hatte bei seinem letzten Staatsbesuch ein Abendessen inklusive Elchsuppe für einhundert Gäste mitgebracht, sogar das Geschirr und die Gläser kamen aus Stockholm.

Daß der königliche Koch dabei war, verstand sich von selbst. Die spanischen Besucher wurden von einem ganzen Schwarm von Journalisten und noch mehr Fotografen begleitet. Die internationale Presse war zwar im Hotel Ambassador untergebracht, folgte aber dem Hofstaat auf Schritt und Tritt; Direktor Heinke vom Hotel Imperial wehrte sie ab gleich einem General in der entscheidenden Schlacht.

Der zweite Morgen in der Hotelhalle verging wie im Flug. Ich saß wieder auf meinem Gobelinsessel, neben mir ein prachtvolles Blumenarrangement, und wartete. Wer sich nicht zeigte, war der spanische Protokollchef. Zu allem Unglück wußte ich nicht einmal, wie er aussah, und war auf die Hotelbewacher angewiesen, die sagten: »Nein, das ist er nicht – leider, das ist er auch nicht.«

Um irgend etwas zu unternehmen, kam ich mit der Frau des spanischen Botschafters ins Gespräch, die mit zwei vornehmen Damen in der Halle stand und wartete. Sie sollte die Königin zu einer Spazierfahrt durch Wien abholen. Sie war äußerst freundlich und versprach zu fragen, ob ich am Nachmittag mitfahren dürfe. Große Hoffnung hatte ich nicht – berechtigterweise, denn der Protokollchef blieb unauffindbar, und so rauschte die Königin mit ihren Begleiterinnen ohne mich aus dem Hotel.

Draußen klatschten und jubelten die Neugierigen, die Fotografen winkten und blitzten, die Sonne schien, es war ein strahlender Tag für alle – nur für mich nicht. Ich saß und wartete, den ganzen Nachmittag, den ganzen Abend, und wer sich nicht zeigte, war besagte Respektsperson. Inzwischen hatte sich natürlich im ganzen Hotel herumgesprochen, daß da eine arme Journalistin in der Halle kampiere und sich ohne Interview mit der Königin nicht zurück in die Redaktion wage. Österreicher und Spanier waren gleichermaßen von Mitleid erfüllt. Der Direktor sprach tröstende Worte, und um zehn Uhr abends, als ich schon fast alle Hoffnung aufgegeben hatte, geschah das Wunder. Ein großer, stattlicher Herr betrat die Halle: der langerwartete Protokollchef.

Ich wurde ihm vorgeführt. Mein Gesicht war ihm bereits bekannt, und das half. Was ich von der Königin wissen wolle, fragte er. Ob ich denn nicht wisse, daß sie keine Interviews gebe? Wie lange würde ich sie denn aufhalten wollen? Es gebe da ein Problem. Die Königin habe ein dichtgedrängtes Programm, die Zeit des Staatsbesuchs sei fast zu kurz dafür, sie verfüge über keine freie Minute. »Doch«, warf ich ein, »vor dem Abendessen hat sie eine Dreiviertelstunde.« Das half. »Nun gut«, sagte er, »ich werde sie fragen. Aber versprechen kann ich nichts. Die Entscheidung liegt einzig und allein bei Ihrer Majestät.«

Ein Gespräch in letzter Minute

Also saß ich am nächsten Morgen wieder in der Halle. Ich war äußerst nervös und ließ den Protokollchef keine Sekunde aus den Augen. Als er mir am Nachmittag immer noch kein Zeichen gegeben hatte und wegging, dachte ich schon, alles sei umsonst gewesen. Es war der letzte Tag des Staatsbesuches. Die Abreise war für den kommenden Morgen vorgesehen.
Ich war so aufgeregt, daß ich nicht mehr sitzen konnte. Ab 15 Uhr marschierte ich in der Halle auf und ab – äußerlich tief in Gedanken versunken, aber innerlich so kribbelig, daß ich kaum mehr atmen konnte. Um 18.45 Uhr wurde die Königin zurückerwartet, vom spanischen Club, in dem sie ihre Landsleute begrüßt hatte. Der Protokollchef sollte eine halbe Stunde vor ihr eintreffen. Von diesen dreißig Minuten hing alles ab.
In diesen und ähnlichen Situationen kann einen Journalisten der Herzschlag treffen. Die Spannung, der Druck,

unter dem er steht, ist so groß, daß man es kaum beschreiben kann. Man weiß, die Redaktion sitzt auf Nadeln. Wird der Artikel noch rechtzeitig für die erste Ausgabe kommen? Soll man den Platz auf der Seite freihalten? Wann kommt endlich der Anruf, der alles klärt?

Selbst steht man hilflos da und hat keine Ahnung. Wird das Interview überhaupt stattfinden? Und wenn ja, wird die Königin genug erzählen, damit die ganze Aufregung gerechtfertigt ist? Mit nur drei, vier kurz beantworteten Fragen wäre nicht viel gewonnen. Sicher, man könnte, wie man im Journalistenjargon sagt, den Artikel daran »aufhängen« und den Rest der Seite mit Material aus den Archiven füllen; das hieße, über Kindheit und Werdegang schreiben, alles Sachen, die schon hundertmal gedruckt worden sind. Genau das aber wollte ich nicht. Ich wollte eine richtige Exclusivstory. Ich wollte, daß sie mir Dinge sagt, die noch nie über sie geschrieben worden waren. Ich wollte ein wirklich gutes, lebhaftes, interessantes Gespräch, das die ganze Aufregung in der Redaktion auch rechtfertigte.
So stand ich und grübelte, als plötzlich – eine halbe Stunde vor der festgesetzten Zeit – König, Königin, Gefolge, Staatspolizei und Protokollchef in die Halle schwirrten. Alle schienen glänzend gelaunt, man lachte und gestikulierte, und ich beschloß, aufs Ganze zu gehen. Ein Schritt nach vorne – und ich stand vor dem Protokollchef. Dieser sah mich an, lächelte mir zu, und von dem Moment an verlief alles ganz einfach. Er nahm die Königin beiseite, flüsterte ihr etwas zu, sie sah zu mir herüber, mein Gesicht war ihr ja schon vertraut, und zwei Minuten später saßen wir in den tiefen, bequemen Polstersesseln in einer ruhigen Ecke

ganz hinten in der Halle und unterhielten uns, zuerst auf deutsch, dann auf englisch, über Gott und die Welt.
»Drei Minuten«, hatte der Protokollchef gesagt, »und nur Fragen über Kinder und Mode.« Aber aus den drei Minuten wurde eine gute halbe Stunde. Die Königin war äußerst freundlich, völlig unkompliziert und natürlich. Sie ist eine junge Frau, die gerne modernen Schmuck trägt, gerne lacht und an das Gute im Menschen glaubt. Wir sprachen über alles: wie sie zu Hause in Griechenland im Garten nach Tonscherben gegraben hat, wie sie nun mit neununddreißig in Madrid ihr Soziologiestudium begonnen hat, wie man sich als griechische Prinzessin mit einer deutschen Mutter als Königin von Spanien fühlt und wie sie die Zukunft Europas sieht. Königin Sophia ist die ideale Gesprächspartnerin. Sie antwortet nicht nur ausführlich, sie fragt auch selbst. »Wie ist das Leben als Journalistin?« wollte sie wissen. »Lernt man da viele interessante Leute kennen?« Als ein Mitglied ihres Hofstaates erscheint und ihr auf spanisch etwas zuflüstert, schaut sie nur kurz auf die Uhr und setzt dann unser Gespräch eine weitere Viertelstunde lang fort.
Der Felsbrocken war von meiner Brust gerollt. Ich wußte: Das wird ein Bombenartikel. Als ich mich verabschiedete, überkam mich eine Woge der Erleichterung. Ich schwebte förmlich in die Redaktion und ließ mich stürmisch feiern. Am nächsten Tag erschien der Artikel, ganz groß, mit Bild, und sämtliche Zeitungen Europas schrieben ihn ab.

Wie wichtig dieses Interview für mich persönlich war, wurde mir erst nach Tagen bewußt. Da merkte ich nämlich, daß ich einen großen Teil meiner Existenzangst verloren hatte. Ich glaube, damals, im Frühling 1977, ist mir zum erstenmal klargeworden, wie man sich als Einzelmensch gegen die Umwelt durchsetzen kann. Ich hatte zwar schon früher gute Artikel geschrieben und die Anerkennung des Chefredakteurs gewonnen, hatte aber immer das Gefühl gehabt, daß ich eben »zufällig« am richtigen Ort gewesen war, »zufällig« Glück gehabt, »zufällig« die richtigen Leute ausgefragt hatte. Dieses Interview aber, das durfte ich mir eingestehen, war mein Verdienst. Mit Zufall hatte das nichts mehr zu tun. Kaum hatte ich begriffen, daß man den Kampf mit der Umwelt gewinnen konnte, machte mir die Arbeit noch mehr Spaß. Ich hatte recht gehabt, alles aufzugeben, ich hatte recht gehabt, mein Leben zu ändern. Es ist ein phantastisches Gefühl, Erfolg zu haben.

3. Mein langer Weg von der Lehrerin zur Journalistin

Der Grund, warum ich glaube, im Leben erfolgreich zu sein, ist einfach: Ich habe gelernt, Entschlüsse zu fassen und auszuführen. Gerade letzteres ist besonders wichtig. Was bringen mir Entscheidungen, zu denen ich mich durchgerungen habe, wenn sie im Hirn steckenbleiben? Was nützt mir der beste Plan, wenn ich nur im Café darüber diskutiere? Das, was ich tue, bringt mir Erfolg, nicht aber das, was ich sage.
Ich habe gelernt, mich nicht mehr vor Entscheidungen zu fürchten. Und ich prostituiere mich nicht mehr. Wenn ich das Gefühl habe, in meinem Beruf nicht mehr weiterzukommen, wenn ich mich am Samstag bereits vor dem Montag fürchte und am Montag nicht weiß, wie ich den Tag überstehen werde, wenn ich zu allem Übel noch das Gefühl habe, zu wenig Geld zu verdienen, dann werde ich allen Mut zusammennehmen und mein Leben ändern. Getan habe ich es schon öfter. Ich war mir nicht immer sicher. Oft habe ich gezittert, ob die Entscheidung richtig war. Aber bereut habe ich nichts. Und wenn ich heute zurückblicke, dann weiß ich: So wie es war, war es zwar oft schwer, aber es war auch gut.

Ein guter Einstieg – und doch nicht zufrieden

Angefangen habe ich als Lehrerin in einem kleinen Dorf in Oberösterreich nahe der deutschen Grenze. In diesem Ort war bereits meine Großtante dreiunddreißig Jahre lang Lehrerin gewesen, und aus diesem Grunde hatte ich einen guten Einstieg. Die Eltern, deren Kinder ich unterrichtete, waren alle bei ihr in die Schule gegangen, und an Sprechtagen erzählten sie mir alte Familiengeschichten, die immer mit dem Satz endeten: »Ja, Ihre Tante, das Fräulein Monika, die war wie eine Mutter für das ganze Dorf.« Ich hatte es also leicht. Ich kam in eine Familie, hatte unter keinerlei Vorurteilen gegen »die Fremde« zu leiden, ich kannte jedes Haus, die besten Badeplätze, und jedes Gesicht war mir vertraut. Mit den Töchtern des Volksschuldirektors hatte ich schon im Sandkasten gespielt, die Wirtin, der Pfarrer und die betagten Besitzerinnen des Geschäftes neben der Kirche waren gute alte Bekannte. Ich befand mich also in einer Situation, in der ich es sehr leicht bis zur Pensionierung hätte aushalten können. Ich hätte wahrscheinlich einen Kollegen geheiratet, der Mitglied bei der Feuerwehr oder dem Sängerbund gewesen wäre. Meine Abwechslung hätte darin bestanden, sonntags im Kirchenchor zu singen und in die Stadt zum Einkaufen zu fahren. Ich hätte ein ruhiges, durchaus angenehmes Leben führen können.

Ich war auch sehr gerne Lehrerin. Meine Kinder, von denen mich die meisten körperlich überragten – sie waren zwischen zwölf und vierzehn Jahre alt und vom gesunden Schlag der Innviertler –, betrachtete ich wirklich als »meine« Kinder, und es machte sehr viel Freude, ihnen etwas beizubringen. Nur wurde ich im Gegensatz zu vielen Kollegen das Gefühl nicht los, daß ich selbst noch sehr viel zu lernen hatte. In den Ferien zu reisen genügte mir nicht. »Ich weiß nicht, was du willst«, sagte mein Onkel, der einmal kurze Zeit österreichischer Handelsminister, aber noch nie über die Grenzen Deutschlands hinausgekommen war, »ich brauche nicht ständig irgendwohin zu fahren. Ich lese, und ich habe die ganze Welt in meinem Kopf.« Auch ich habe immer gern gelesen, aber Bücher allein befriedigten mich nicht. Sie machten mich noch neugieriger: auf andere Länder, andere Menschen, andere Sprachen, Lieder, Farben, Gerüche, Gefühle. Und heute bin ich froh, daß ich damals dieses Verlangen nicht unterdrückt habe.

Ein Monatsgehalt für schöne Unterwäsche

Nach außen hin ging mir nichts ab. Ich wohnte bei meiner Großmutter, die für mich kochte und mich verwöhnte. Ich erhielt ein regelmäßiges Monatsgehalt – verglichen mit dem Taschengeld der Jugendzeit waren es ungeheure Summen; und ich leistete mir zusammen mit meiner Freundin, dem Postfräulein, sogar einmal den Luxus, das gesamte Gehalt für Unterwäsche auszugeben.
Ich erinnere mich noch genau. Es war im Winter, an einem schönen, kalten Tag, und wir fuhren mit dem Bus in die nächste größere Stadt. Dort kaufte ich im besten Geschäft einen – für damalige Begriffe – Traum aus zitronengelben Spitzen, während meine Freundin für ihren wohlgerundeten Hintern verwegene Höschen erstand. Äußerst zufrieden fuhren wir am Abend mit dem Bus wieder in unser Dorf zurück. Auto besaßen wir keines. In den frühen sechziger Jahren waren junge Leute nicht so verwöhnt wie

heute. Und als sich meine ehemalige Lateinlehrerin für dreißigtausend Schilling einen Volkswagen kaufte, war das eine aufsehenerregende Sache. So viel Geld war für uns eine ungeheure Summe. Als Volksschullehrerin verdiente ich nicht einmal ein halbes Auto im Jahr. Nie wäre es mir in den Sinn gekommen, auf ein Auto zu sparen. Und meiner Freundin auch nicht. Sie hat übrigens ebenfalls ihr Leben geändert: Sie setzte sich, als ich das Dorf verließ, wieder auf die Schulbank und ist heute wohlbestallte Englischlehrerin.

Zu meinem damaligen, meinem »ersten Leben« ist noch etwas zu sagen. Lehrerin zu sein war, vor allem in meiner Familie, etwas Besonderes. Ich war Lehrerin geworden, weil meine Großtante Lehrerin gewesen war, meine Mutter immer Lehrerin hatte werden wollen und weil mein Vater darauf bestand, daß seine Tochter einen sicheren, bürgerlichen Beruf ergriff. Ich selbst hatte eigentlich nur *einen* Wunsch: Ich wollte Künstlerin werden. Meine erste Berufsvorstellung war: Fee. Als ich merkte, daß dies unmöglich zu verwirklichen war, wollte ich zum Ballett. Mit sechzehn beschloß ich zu singen, und weil mein Vater dagegen war, nahm ich heimlich Gesangstunden. Mit neunzehn war meine Stimme so gründlich ruiniert, daß ich nur noch krächzen konnte. Also fügte ich mich den Plänen meines Vaters und wurde Lehrerin.

Mein ganzes Leben hatte ich gehört, daß ein sicherer Beruf das höchste Ziel sei, das eine Frau erreichen könne. Meine Mutter konnte nicht Lehrerin werden, weil es, als sie jung war, so wenig Planstellen gab, daß nur Lehrerskinder in die Akademie aufgenommen wurden. Aber auch die wenigen glücklichen Absolventinnen mußten oft bis zu drei Jahre auf eine freie Stelle warten. Wer heiraten wollte, verlor seinen Posten. So hart war damals der Kampf um einen sicheren Arbeitsplatz.

Alles ging auf Nummer Sicher

Sicherheit wurde meiner Generation ständig ans Herz gelegt. Unsere Eltern hatten die Zeit der großen Arbeitslosigkeit miterlebt. Meine Mutter erzählte von den langen Menschenschlangen, die ab vier Uhr früh vor Türen standen, an denen ein Schild angebracht war: »Hilfskraft gesucht.« Man erzählte mir von Betrieben, die pleite gingen, von Sekretärinnen, denen »immer als erste« gekündigt wurde; eine staatliche Stelle sei am sichersten, denn der Staat könne nicht bankrott gehen.

Ich hatte damals einen sehr netten Bekannten, einen talentierten, jungen Mann, der in meiner Heimatstadt etwas ganz Verwegenes wagte: Er gründete einen Jazzclub. Es war alles ganz harmlos; man saß in einem dunkelblau ausgemalten Kellerraum herum und hörte Schallplatten, die es in Österreich sonst nicht gab: Dixieland, Traditionals, Blues. Dabei hatte man das Gefühl, etwas Einmaliges und Besonderes zu erleben. Unser Clubleiter, mein Bekannter, wollte Schriftsteller werden. Aber daraus wurde nichts. Seine Eltern hatten während der großen Arbeitslosigkeit sehr gelitten und wünschten sich für ihn nur eines: einen sicheren Beruf. Der Sohn gehorchte schließlich und ging zur Post. Dort wurde er ein kleiner Beamter, der zuviel trank, und niemand hat je wieder von ihm gehört.

Trotzdem: Sein Schicksal schien uns ganz normal. Er hatte die sichere Zukunft gewählt, hatte Pensionsanspruch, und

keine Krise würde ihm etwas anhaben können. So dachten alle – auch ich. Und deshalb erschrak ich außerordentlich über meinen immer stärker werdenden Wunsch, aus dem sicheren Lehrerinnendasein auszubrechen und etwas ganz anderes zu tun.
Entscheidungen sind eine eigenartige Sache. Manche trifft man sofort, andere erledigen sich von allein, aber die meisten fällt man auf Raten. Auf Raten entstand auch der Entschluß, mit einundzwanzig mein Leben zu ändern.
Es war an einem wunderschönen Tag im Februar. Ich befand mich auf dem Weg zur Schule, die ein Stück außerhalb des Dorfes lag. Alles war tief verschneit, Eiszapfen hingen von den Dächern, ich trug warme Stiefel, stapfte dahin und dachte: »Warum hat mir niemand gesagt, daß es auf dem Land so schön ist?«
Wir hatten gerade drei freie Tage hinter uns – Kälteferien. Die Temperaturen waren auf minus dreißig Grad Celsius gesunken, und den Kindern war auf dem Schulweg die Tinte in den Füllfederhaltern eingefroren. Als dann auch noch die Zentralheizung ihren Geist aufgab, war beschlossen worden, die Schule zuzusperren, bis es wieder wärmer wurde.
Wärmer war es also geworden, aber es hatte immer noch minus zehn Grad Celsius auf dem Schulweg. Ich war gut aufgelegt, freute mich auf die Kinder, freute mich über die herrliche Landschaft und konnte es gar nicht fassen, als mich plötzlich folgender Gedanke durchzuckte: Ich werde das alles hier verlassen. Nächstes Jahr werde ich hier nicht mehr Lehrerin sein.
Ich kann mich noch genau erinnern: Ich erschrak derart, daß ich stehenblieb. Sofort begannen die wildesten innerlichen Zwiegespräche: »Was soll das bedeuten? Wie soll

ich das anstellen? Was werden die Eltern sagen? Das kann ich ihnen nicht antun.« Den ganzen Tag war ich beunruhigt. In der Mittagspause fragte ich eine Kollegin, ob sie je daran gedacht habe, ihren Beruf aufzugeben. »Nie im Leben«, sagte sie, »und seit ich unkündbar bin, schon gar nicht. Warum fragst du? Du wirst doch nicht aufhören wollen? In drei Jahren bist du auch so weit, dann kann dir nichts mehr passieren. Wofür willst du denn das aufgeben?« – »Keine Ahnung«, antwortete ich und zwang mich, sechs Monate nicht mehr daran zu denken.

Nie wieder um Geld bitten

Dann kam der August. Ich befand mich auf einem Lehrerfortbildungsseminar und hatte alle alten Schulkolleginnen wiedergetroffen. Es war eine lustige Zeit. Nach den Vorträgen, die sehr interessant waren, saßen wir bis spät in die Nacht beisammen und erzählten einander, wie es uns ergangen war. Eine hatte geheiratet, eine zweite war ins Ausland gegangen und hatte sich mit einem Arzt verlobt, einem schwarzen Amerikaner; wie aufregend! Andere waren während des Schuljahrs versetzt worden, jeder hatte ein paar schlimme und sehr viel liebe Kinder in der Klasse, und man gewann den Eindruck, daß alle mit dem, was sie erreicht hatten, zufrieden waren.

Auch für mich war es ein gutes Jahr gewesen. Die Schüler waren mir sehr ans Herz gewachsen, und ich wußte nun, daß Lehrer zu sein ein schöner Beruf war. Trotzdem fühlte ich mich nicht zufrieden. Ich konnte mich nicht mit der Tatsache anfreunden, daß es nun ein Leben lang so dahingehen sollte. Ich wußte nun, wie dies alles war, ich wußte, daß ich es konnte, und das genügte mir. Jetzt wollte ich etwas Neues kennenlernen.

Was dieses Neue sein sollte, war mir nicht klar. Es war mir noch nicht einmal klar, daß ich eine Entscheidung gefällt hatte. Es geschah am letzten Tag des Seminars. Wir saßen im Kaffeehaus, die Koffer waren gepackt, in drei Stunden sollte unser Zug abgehen. Wir machten gerade Pläne für das kommende Schuljahr, das drei Wochen später beginnen würde, da wußte ich plötzlich, daß ich im September nicht mehr dabeisein würde. Ich wußte auch, was ich tun wollte. Ich wollte ins Ausland gehen – nach Paris.
Am nächsten Tag, nach einer schlaflosen Nacht, schrieb ich zwei Briefe. Einen Kündigungsbrief an meinen Landesschulrat und einen zweiten an meinen Direktor, voll mit Erklärungen. Dann überlegte ich meine finanzielle Situation. Sie war nicht gerade rosig. Die ganze Nacht hindurch hatte ich mir weinende Eltern und bitterste Armut ausgemalt. Meine Eltern wollte ich nicht belasten. Sie hatten mich während meiner ganzen Kindheit und der Ausbildung zur Lehrerin umsorgt und betreut, und wir hatten eine Abmachung getroffen, daß ich sie, einmal selbständig, mit keiner Bitte um Geld mehr belästigen würde. Diese Abmachung wollte ich halten. Ich war auch viel zu stolz, auf Grund eines Entschlusses, den sie nicht gutheißen konnten, zu ihnen betteln zu gehen. Das Septembergehalt, das ich bereits kassiert hatte, würde ich zurückschicken müssen. Aber vom Augustgehalt war noch genug übrig für eine Fahrkarte nach Paris und Essensgeld für eine Woche. Das genügte.

Paris oder Stockholm

Warum ich ausgerechnet nach Paris wollte, kann ich nicht genau sagen. Ich war sehr jung, knapp einundzwanzig Jahre alt, und ich tappte, verglichen mit heute, im dunkeln. Ich wußte nicht genau, was ich wollte. Ich wußte nur, daß das, was ich bisher gesehen hatte, nicht genug war. Über New York, aber auch über Stockholm hatte ich viel gehört, denn viele Künstler und Studenten fuhren in den fünfziger und sechziger Jahren nach Schweden, um Geld zu verdienen. Man zahlte dort für niedrige Arbeiten wie Schneeräumen und Tellerwaschen ziemlich hohe Gehälter. Ich kannte Künstlerehepaare, die den Sommer über in Stockholm arbeiteten und den Rest des Jahres vom ersparten Geld in Wien lebten und malten. Rom kannte ich aus Erzählungen meines Bruders, denn er hatte vier Jahre dort studiert. Auch über London hatte ich viel gelesen. Aber aus irgendeinem Grunde faszinierte mich das, was ich über Paris gehört hatte, am meisten.

Also tat ich das Richtige: Ich verließ mich auf meinen Instinkt. Nach Paris wollte ich, und nach Paris würde ich fahren. Mit diesem festen Entschluß und der Fahrkarte in der Handtasche trat ich vor meine Mutter, um ihr alles zu erzählen.

Was mich am Leben immer wieder fasziniert, ist die Tatsache, daß man nichts voraussagen kann und daß alles anders kommt, als man zunächst denkt. Denn was sagte meine Mutter? Sie sah mich lange an und meinte dann ohne Erschütterung oder Unwillen: »Du hast eine abgeschlossene Ausbildung, du wirst dich schon durchbringen. Du kannst tun, was du willst. Wenn du meinst, daß du nach Paris mußt, dann mußt du auch hin.« Dann gab sie mir die

Adresse von Bekannten, von denen ich zwar keine Unterstützung, aber im Notfall immer ein warmes Essen erhalten würde, und sie nahm mir das Versprechen ab, mindestens einmal pro Woche zu schreiben.
Meine Mutter hätte mir die Reise verbieten können. Ich war noch nicht volljährig. Aber sie tat es nicht. Sie verstand mich vollkommen, und so begann ich meinen neuen Lebensabschnitt ohne Szenen und mit dem Segen von daheim.

Mut wird immer belohnt

Bereits im Zug wurde mein Mut belohnt. In meinem Abteil saß nämlich eine hübsche Schwedin, die, nachdem sie sich meine Geschichte angehört hatte, sagte: »Zuerst gehst du als Au-pair-Mädchen, dann lernst du Französisch und dann suchst du dir eine Stelle als Lehrerin.« In Paris angekommen, fuhr sie auch gleich mit mir zur Alliance Française, der Sprachenschule, in der sich die abenteuerlustige Jugend der Welt trifft. Dort gibt es eine Vermittlung für Au-pair-Stellen. Bereits am ersten Tag fand ich eine sehr nette Familie, und meine erste Nacht verbrachte ich bereits in jenem kleinen Zimmer mit Blick über die wunderbaren Dächer von Paris, in dem ich drei Monate lang wohnen sollte.
Genau besehen, war der Wechsel von der Lehrerin zum Au-pair-Mädchen ein Abstieg. In meinem kleinen Dorf in Österreich war ich als Lehrerin »jemand« gewesen: Ich wurde von allen respektvoll gegrüßt, ich hatte ein sicheres, wenn auch bescheidenes Einkommen, ich war ein Mensch, der in der Dorfgemeinde zählte. In Paris gehörte

ich plötzlich zum Hauspersonal: Ich wusch Berge von Geschirr, saugte Teppiche und verdiente nur ein Taschengeld. Aber das war mir egal. Paris war vom ersten Tag an meine große Liebe, von Anfang an, als ich um halb sieben Uhr früh im Jahre 1963 am Gare de l'Est aus dem Orientexpreß fiel, weil ich beim Aussteigen gestolpert war. In Paris war alles anders. Ich hasse Spaziergänge; als Kind vergällten sie mir die Sonntage. Aber in Paris lief ich stundenlang durch die Straßen, denn überall gab es etwas Aufregendes zu sehen. Die eleganten Auslagen faszinierten mich, und noch nie hatte ich so viele interessante Menschen auf einem Fleck gesehen.

Was das Beste war: Jeden Tag lernte ich mehr von dieser wunderbaren Sprache. Mit Hilfe der Kurse, die ich gewissenhaft besuchte, konnte ich schon nach einigen Wochen die Überschriften in den Zeitungen entziffern und so ungefähr verstehen, was auf den Plakatwänden stand. Hatte ich mich anfangs, in meiner Angst, Fehler zu machen, krampfhaft an mein Schulenglisch geklammert, so schlüpften mir nach und nach immer mehr französische Wörter über die Lippen. Wenn ich morgens das Radio aufdrehte, um France Inter zu hören, verstand ich bald, wovon gesprochen wurde.

Trotzdem war ich erst zufrieden, als ich imstande war, etwas Lustiges zu sagen, einen Satz so gut zu formulieren, daß er Leute zum Lachen bringen konnte. Erst wenn man in einer Sprache Witze erzählen kann, ist man in ihr wirklich zu Hause. Und nach meiner ersten humorvollen Schilderung, die ich mit Erfolg über die Runden brachte, wußte ich: Jetzt ist wirklich der Knopf gesprungen, jetzt habe ich lange genug in meinem winzigen Zimmer geschlafen, jetzt suche ich mir einen besseren Job.

Die erste Zeit über war ich in Paris ständig davon überzeugt, das Richtige zu tun. Ich wußte zwar nicht, wozu ich im Leben Französisch brauchen würde, ich wußte nur, daß ich es gut können wollte. Davon, daß mir diese Sprache in meinem zukünftigen Leben als Journalistin ungeheure Dienste erweisen würde, hatte ich keine Ahnung. Ohne Französisch hätte ich zum Beispiel nie gewagt, Prominenteninterviews zu machen. Prominente haben wenig Zeit, werden schnell ungeduldig und hören auf zu reden, wenn jemand mühselig Fragen stottert und sich die Antworten dreimal wiederholen läßt. Gerade die Franzosen leiden darunter, wenn der Gesprächspartner fehlerhaft spricht. Ohne meine Lehrzeit in Paris hätte ich nie mit Alain Delon sprechen können, mit Gilbert Becaud, mit dem ehemaligen Ministerpräsidenten Pinay und der Präsidentin des Europaparlamentes Simone Veil. Das Tellerwaschen hat sich hundertfach bezahlt gemacht, auch mein Geldmangel während der ersten Zeit. Und wenn es heute sein müßte – ich würde es wieder tun.

Die elegante Berlitzschule an der Oper

Ich wollte also einen besseren Job, und ich bekam ihn. Durch Mundpropaganda erfuhr ich, daß man an der Berlitzschule Deutschlehrer suchte. Ich zögerte keinen Augenblick, fuhr zu dem eleganten Schulgebäude in der Nähe der Oper und stellte mich vor. Geld hatte ich überhaupt keines mehr, geschweige denn Erfahrung im Unterrichten von Erwachsenen. Als erstes teilte man mir mit, daß ich einen dreiwöchigen Methodenkurs – natürlich unbezahlt – absolvieren müsse, dann würde man weitersehen.

Nun stand ich vor einem Problem: Wenn ich aufhörte, bei der Familie zu arbeiten, kam ich um das kostenlose Quartier. Ich hatte aber kein Geld, um Miete zu zahlen. Schließlich fiel mir eine Bekannte ein, die in einem katholischen Mädchenheim in der Nähe der Champs-Élysées wohnte. Dort kostete eine Übernachtung mit Frühstück fünf Franc. Daß dort Platz war, wußte ich. Also fuhr ich zur Direktrice und fragte sie, ob sie mir eine Weile Kredit geben könne. Als sie sagte: »*Bien*. Zwei Wochen«, begann ich mit meinem Methodenkurs. Zögernd und bangen Herzens entschloß ich mich auch, meinen Vater um Geld zu bitten. Ich schrieb einen langen Brief, entschuldigte mich hundertmal, aber die Reaktion von zu Hause war wunderbar. Natürlich würde man mir aushelfen. Die Idee, zu unterrichten, finde man herrlich, außerdem sei man stolz auf mich. Nach einer Woche traf das Geld ein. Es reichte bis zu meiner ersten Unterrichtsstunde, die ich mit großem Zittern hinter mich brachte. Man hatte mir einen Anfänger vorgesetzt, einen wohlhabenden Schuhfabrikanten, der mit Deutschland ins Geschäft kommen wollte und daher die Sprache lernen mußte.
Ich unterhielt mich mit ihm eine Stunde lang auf berlitzdeutsch, fragte ihn, ob das der Tisch sei oder der Sessel und wo der rote Bleistift liege, erklärte ihm oben und unten sowie eins, zwei, drei – und der Inspektor, der zuhörte, war zufrieden. Am nächsten Tag hatte ich bereits fünf Stunden zu geben, erhielt einen Vorschuß, und am Monatsende konnte ich meinem Vater das geborgte Geld zurückschicken.

Drei Jahre lang war ich Deutschlehrerin in Paris. Es war eine sehr glückliche Zeit. Ich verdiente gut, arbeitete viel, zog etliche Male um und landete schließlich in einer eleganten, kleinen Wohnung in der Nähe des Montparnasse. Ich verliebte mich in die französische Lebensart, das feine Essen, die Cafés und Restaurants und in die Art, in der die Männer dort die Frauen ansehen. In Paris verlor ich jede Altersangst, denn ich sah, wie man hier die Vorzüge der reifen Frau zu schätzen wußte und wie gut die Französin diese Vorzüge auszuspielen versteht. Was ich in Paris lernte, waren Lebenslust und Lebensart. Von der Überwindung meiner sexuellen Frustrationen habe ich schon in »Endlich über vierzig« geschrieben.

Eine Lektion in Abenteuerlust

In Paris also hätte ich bleiben können. Ich hatte eine angesehene, gut bezahlte Position, und ich fühlte mich wohl wie nie zuvor in meinem Leben. Trotzdem ließ mir irgend etwas keine Ruhe. Wenn ich an die Zukunft dachte, fühlte ich mich nicht sicher. »Berlitzlehrer ist keine Lebensstellung«, sagte ich mir. »Du hast das Abitur und einen dreiwöchigen Methodenkurs. Was ist das schon? Bei der geringsten Krise sitzt du auf der Straße.« Und obwohl ich nicht im Traum an ein Studium dachte, wußte ich doch, daß ich noch viel mehr lernen mußte.
Dazu kam noch etwas. Die Angehörigen verschiedenster Nationalitäten, mit denen man in Paris ständig in Berührung kam, die Kollegen aus Südafrika, Kalifornien, Australien, Südamerika, Kanada und England steckten einen automatisch mit Fernweh und Abenteuerlust an. Alle erzählten Geschichten von ihren Heimatländern und von den Weltreisen, die sie gemacht hatten.

Am Abend, nach der letzten Unterrichtsstunde, trafen wir uns gewöhnlich im Café Berlitz, tranken einen Aperitif, lachten und machten einander das Herz schwer vor Sehnsucht nach fernen Ländern. Alle steckten voller Pläne, man war weltoffen, optimistisch, bereit für etwas Neues. Die Abenteuerlust war geradezu greifbar.
Paris war für die meisten nur eine Durchgangsstation, in der man Kultur tankte, ehe es wieder weiterging. Wohin? Irgendwohin, in die entferntesten Länder, nach den verschiedensten Kontinenten. Manche kamen auch, um einen Partner fürs Leben zu finden. Viele fanden ihn. Und im Scherz nannten wir die Schule oft unser privates Heiratsinstitut. Aber die wenigsten ließen sich in Paris nieder. An einem Abend im Café Berlitz kam ich mit einem Englischlehrer ins Gespräch, der erst kurze Zeit an der Schule unterrichtete. Er war groß, vielleicht vierzig Jahre alt, und er war mir aufgefallen, weil er immer rosa Hemden trug. Er kam aus Amerika und konnte so spannend erzählen, daß man nur mehr gebannt dasitzen und zuhören konnte. Er schilderte seine erste Weltreise. »So etwas«, sagte ich, »würde ich auch gerne tun.« – »Dann tu's doch«, war seine Antwort. »*All you have to do is go. Just go.*«

In Australien mit einem Millionär verlobt

So einfach ist das wieder nicht, dachte ich damals. Ich hatte Freunde und ein sicheres Einkommen, ich hatte Vorgesetzte, mit denen ich mich gut verstand, die vielleicht nicht begreifen würden, warum ich weg wollte. Ich hatte eine Wohnung mit eigenen Möbeln und vielen Pflanzen. Aber heute, im Rückblick, weiß ich: Er hatte recht. Es ist so ein-

fach. Wenn man den Entschluß einmal wirklich gefaßt hat, dann ist das ganze Darumherum, an das man sich so gefesselt fühlt, bald nur mehr Detail, das sich in den meisten Fällen von selbst erledigt.
Und so war es auch. Meine beste Freundin war aus Liebeskummer nach Australien ausgewandert. Von dort schrieb sie mir faszinierende Briefe über Opossums im Garten, die sich mit Karotten füttern ließen und ihre Jungen auf dem Rücken herumschleppten. Sie berichtete von den wunderbar duftenden tropischen Bäumen vor dem Haus und dem Bananenstrauch neben dem Schlafzimmerfenster. Natürlich schrieb sie seitenweise von ihrem Verlobten, einem australischen Millionär, der mich unbedingt kennenlernen wollte. »Komm mich doch besuchen«, endete jeder Brief, »alles was du brauchst, ist das Ticket für die Überfahrt. In Sydney wohnst du bei uns. Der Aufenthalt kostet dich keinen Pfennig.«
Drei Monate nach dem Gespräch mit dem Kollegen, der immer rosa Hemden trug, machte ich mich auf den Weg. Ich hatte den Entschluß gefaßt, ich ging daran, ihn auszuführen, und schon war alles ganz leicht. Ich hob meine Ersparnisse ab und fuhr zum Büro der Schiffahrtslinie Messagers Maritimes. Ich kaufte eine Karte nach Singapur. Von dort würde ich schon irgendwie nach Sydney kommen. Meine Vorgesetzten waren sehr verständnisvoll, und da wir nicht im Bösen auseinandergingen, versprachen sie mir, mich nach meiner Rückkehr wieder einzustellen. Meine Wohnung überließ ich einem Kollegen, der schon sehnsüchtig darauf gewartet hatte. Plattenspieler und Teppiche verkaufte ich, den Rest schenkte ich her.
Etwas Sorgen machte ich mir trotzdem. Als Ausländer in Paris gut zu verdienen war keine Selbstverständlichkeit.

Diese Stadt, in der es von Fremden wimmelt, kann ein sehr hartes Pflaster sein. Die meisten Ausländer schlagen sich als Hilfsarbeiter und Hauspersonal durch. Trotz des Versprechens der Direktion war ich mir nicht sicher, ob man mich tatsächlich wieder einstellen würde. Ich wußte: Wenn man bei meiner Rückkehr weniger Schüler hatte und keine zusätzlichen Deutschlehrer brauchte, dann hatte ich keine Chance.

Hätte ich aber von meiner angesehenen Position nicht lassen wollen, so wäre mein Leben nur halb so interessant verlaufen. Auf dieser Reise lernte ich nämlich nicht nur Indien, Ceylon, Neuguinea, Malaysia und Australien kennen, sondern ich erlebte auch aus nächster Nähe die letzten Tage des britischen Weltreiches.

Als ich mich nämlich entschloß, Paris zu verlassen, bestand mein Freund, ein Engländer, den ich später auch heiraten sollte, darauf, mit mir zu fahren. Sein Vater hatte eine sehr hohe Position in der englischen Marine. Er war nach Singapur beordert worden, um den Rückzug der britischen Kriegsschiffe und die Auflösung des Marinestützpunktes abzuwickeln, da die ehemalige Kolonie in die Unabhängigkeit entlassen wurde. Mein Freund also entschied sich, mich nach Singapur zu begleiten. Er schrieb auch gleich an seinen Vater, daß er kommen und eine Freundin mitbringen werde, und von dort kam Post, daß man uns mit großen Freuden erwarte.

Die letzten Tage des glorreichen British Empire

Schon allein über die drei Wochen auf dem Schiff von Marseille nach Singapur könnte ich einen Roman schreiben. Über die drei Monate in Singapur und die Reise durch den malaysischen Dschungel ebenfalls. Aber das wichtigste war: Ich begriff zum erstenmal in meinem Leben – ich war vierundzwanzig Jahre alt –, was eine Kolonialmacht ist.

Ich hatte viel über das Commonwealth in der Schule gehört. Aber das war graue Theorie gewesen. Die Wirklichkeit verstand ich erst, als ich die eleganten Wohnviertel der indischen und chinesischen Geschäftsleute erblickte, die sauberen Schulen, die entzückenden Chinesenkinder in ihren blauen Uniformen und die City, die vor Vitalität und *big business* überschäumte. Ich hatte mir Singapur nicht als wohlhabende, westlich orientierte Großstadt vorgestellt. Alles, was ich denken konnte, war: »Das ist noch besser als der beste Geschichtsunterricht.«

Die Wirklichkeit erkannte ich auch, als ich das Haus meiner künftigen Schwiegereltern betrat und zum Cocktail in den Offiziersclub eingeladen wurde, der mit seinem Orchideengarten, seinem Schwimmbad, den zwei Bars und der weißgekleideten Kellnerschar auf mich wie aus dem Märchenbuch wirkte. Wie im Märchen kam ich mir auch vor, als ich zum *Sunday Night Cinema* auf die riesigen, festlich beleuchteten Kriegsschiffe eingeladen wurde und den Offizieren beim Erzählen ihrer Abenteuer zuhörte.

Im Haus meiner künftigen Schwiegereltern gab es sechs Angestellte. Diese arbeiteten gern für Europäer, denn sie verdienten bei ihnen ausgezeichnet und wurden von ihnen besser behandelt als von ihren eigenen Landsleuten. Das erkannte man auch an ihrem Umgang mit uns. Sie waren freundlich und bedauerten, daß die Engländer wegzogen. Neben jedem Sofa befand sich ein Klingelknopf. Drückte man darauf, so erschien der Butler, verneigte sich und fragte nach den Wünschen. Manchmal erschien er auch nicht, aber das machte nichts.

Unser erster Koch, der sein eigenes kleines Haus auf dem Grundstück hatte, hieß Kwock. Unter ihm diente noch ein Hilfskoch, und ich habe selten so gelacht wie beim Versuch meiner künftigen Schwiegermutter, die beiden zu überzeugen, das sie einmal selbst das Essen kochen wollte. Natürlich setzte sie sich nicht durch, ihr Malaysisch war viel zu schlecht, und schließlich standen alle drei lachend, gestikulierend und schwitzend in der Küche, um in Gemeinschaftsarbeit Roastbeef mit Yorkshirepudding herzustellen.

Im Haus gab es auch eine Amah, eine hübsche, wohlgenährte Person, deren Hauptaufgabe darin bestand, zweimal am Tag, streng nach Zeremoniell die Betten zu machen. Morgens nach dem Aufstehen erschien sie, um zu lüften. Nach einer Stunde kam sie wieder, stellte frische Blumen vor die Spiegel und breitete für den Tag eine schöne seidene Decke über das Bett. Am Abend vor dem Schlafengehen schlug sie die Leintücher zurück und ließ das Moskitonetz herunter, das dann wie ein weißer, geheimnisvoller Schleier das Bett umhüllte. Wenn es dunkel wurde, kam sie noch einmal, um die Nachttischlampe einzuschalten.

Außer der Amah gab es noch eine Wäscherin und natürlich einen Gärtner, der sich um den perfekten Rasen kümmerte. Die Orchideen betreute mein zukünftiger Schwiegervater selbst.

In Singapur erlebte ich, wie friedlich Malaien, Chinesen und Inder zusammenlebten. Dort betrat ich auch zum erstenmal ein Chinesenviertel, und ich war von den Farben, den Gerüchen und der exotischen Turbulenz fasziniert. Die Eßstäbchen aus Elfenbein, die ich zur Erinnerung kaufte, habe ich heute noch. Damals, im Jahre 1966, war alles noch unverfälscht. Der Massentourismus hatte noch nicht eingesetzt. Alle Weißen hielt man automatisch für Engländer, und man behandelte sie mit Achtung. Überallhin konnte man zu Fuß gehen, zu dem berühmten Raffles Hotel oder den wunderschönen, alten Tempeln, die es auf der Insel gibt.

Zähne zählen in Australien

Eigentlich wollte ich von Singapur nicht mehr weg. Aber der Grund der ganzen Reise war ja, meine Freundin in Australien zu besuchen, und so bestiegen mein Freund und ich im August ein Schiff der Australasia Line und fuhren zweieinhalb Wochen durch die Flores-See, vorbei an Neuguinea, nach Sydney.
Verglichen mit Singapur war Australien wie eine kalte Dusche. Aber auch diese Erfahrung möchte ich nicht missen, denn in schlechten Zeiten kann man sehr viel lernen. Gewisse Dinge muß man am eigenen Leib erfahren, zumindest weiß man dann, was man *nicht* will. Außerdem stärken schlechte Zeiten die Widerstandskraft. In späteren Jahren wird man sich dann leichter tun, ähnliche Situationen zu vermeiden.
Warum der Australienbesuch nicht meinen Vorstellungen entsprach? In erster Linie, weil sich meine Freundin inzwischen von ihrem Millionär getrennt hatte, was mein ganzes finanzielles Programm durcheinanderbrachte. In Port Moresby auf Neuguinea, wo wir zwei Tage lang im Hafen lagen, kam ein Telegramm an Bord: »Bin ausgezogen –

stop – hole euch vom Schiff ab – stop – besorge Zimmer.«
Es ist schwer, meine Konsternation beim Lesen des Telegramms zu beschreiben. Aber zu ändern war nichts mehr. Meine Schuld, daß ich Hals über Kopf Paris verlassen und mich ins Abenteuer gestürzt hatte. Jetzt mußte ich es ausbaden.
Der Anfang war noch relativ schön. Wie ich meine Freundin in dem Durcheinander am Hafen gefunden habe, weiß ich nicht mehr. Aber sie kam mit zwei Flaschen Wein in die Kabine, und die Wiedersehensfreude war so groß, daß uns alles andere gleichgültig war. Auch die Ankunft in Sydney war ein Erlebnis. Man fährt durch eine schmale Einfahrt, doch plötzlich weitet sich der Hafen zu einem riesigen See, und die Stadt liegt da, um kleine Buchten gruppiert, die man mit lustigen, grünen Fährschiffen erreichen kann. Überall liegen Segelboote vertäut. Man zeigte uns die berühmte Sydney Harbour Bridge und die Anfänge des Opernhauses, das damals gerade gebaut wurde.
Meine Freundin hatte, wie versprochen, Zimmer besorgt. Sie befanden sich in einem sogenannten Privathotel, das zwar malerisch, aber durch und durch schäbig war. Dafür lag es auf einem Hügel an einer romantischen Bucht namens Mosman Bay. Das Haus war ein dreistöckiger Bau mit kleinen Türmchen und Veranden, Holzbalkons und Giebeln. Es war rosa und grün gestrichen und wäre als Kulisse für einen kitschigen Wildwestfilm ideal gewesen.

Die Zimmer waren billig, aber ohne Heizung. Und da in Australien im August Winter ist, froren wir erbärmlich. Während der ersten Tage machte ich auch gleich mit dem Bekanntschaft, was man in Australien Regen nennt. Nach fünf Stunden ohrenbetäubender Wolkenbrüche hatten sich die Steintreppen, die hinauf zum Eingang führten, in rauschende Sturzbäche verwandelt. Um ins Haus zu gelangen, mußte man um den Hügel herum und dann von oben auf der Hinterseite durch ein Badezimmerfenster klettern.

Natürlich hatte das Hotel auch ein Dach, aber diesen Regengüssen war es nicht gewachsen. Im gemeinsamen Aufenthaltsraum, in dem ein Fernsehapparat stand, tröpfelte an fünf Stellen das Wasser durch – in rostige, runde Blechbehälter, welche die Empfangsdame wohlweislich aufgestellt hatte. Das TV-Programm sah man nur durch eine Art Wasservorhang.

Das ganze Haus war voller Einwanderer. Die meisten kamen aus England, und sie starben vor Heimweh. Jeder, mit dem man sprach, hatte nur einen Wunsch: zurück. Meine Freundin, die mit uns eingezogen war, zeigte sich auch nicht von der heitersten Seite. Sie vermißte ihren Millionär samt seiner schönen Villa und verkraftete den Abstieg, den der Umzug nach Mosman Bay darstellte, nur mit Mühe. Übrigens hatte sie der Mann belogen: Er war noch verheiratet gewesen, und als seine Frau nach zwei Jahren Abwesenheit unverhofft zu ihm zurückkehrte, entschied er sich gegen meine Freundin.

Jedenfalls war ich nach zwei Wochen Australien von meiner Abenteuerlust gründlich geheilt. Wenn man sich einmal bewußt wird, daß alles, was man liebt – die Eltern, die Freunde, die Heimat – am anderen Ende der Welt zu suchen ist, wenn man sich klargemacht hat, daß alle Briefe, sämtliche hübschen Kleider, sämtliche guten Zeitungen und Bücher von weit, weit her aus Übersee gebracht werden mußten, wenn man sich dann auch noch an das hielt, was damals in Australien produziert wurde, dann hatte man nur mehr einen Wunsch: zurück ins elegantere Europa.

Viele Männer und wenige Frauen

Der Hauptgrund, weshalb es mir in Australien nicht gefiel, war, wie schon gesagt, mein chronischer Geldmangel. Ich hatte mich auf einen Besuch als Gast eingerichtet und sah nun mit Entsetzen, wie das, was für die Rückfahrt und als Taschengeld vorgesehen war, für Hotel und Essen schwand. Noch dazu hatte man mir gleich in der ersten Woche fast meine gesamte Unterwäsche gestohlen, die ich nichtsahnend nach dem Waschen im Garten aufgehängt hatte. Daß meine Liebe zu diesem Land dadurch nicht größer wurde, versteht sich von selbst.
Als ich mich am nächsten Morgen bei der Empfangsdame beschwerte, mußte ich mir sagen lassen, daß keine Australierin im Vollbesitz ihrer Sinne je auf den Gedanken kommen würde, ihre Wäsche über Nacht im Freien zu lassen. »Haben Sie denn nicht bemerkt, daß es hier viel mehr Männer gibt als Frauen?« meinte sie verächtlich. »Glauben Sie wirklich, so ein armer, frauenloser Auswanderer kann an einem Büstenhalter vorbeigehen?« Und zum Trost begann sie in ihren Schubladen zu kramen, um mir einen vorsintflutlichen, schwarzen Strumpfgürtel zu leihen.
Mein Heimweh stieg, als ich die Wäschegeschäfte von Sydney absuchte. Was ich aus Paris mitgebracht hatte, war sehr hübsch gewesen, was ich aber hier fand, spottete der Beschreibung: knielange Unterhosen aus dickem, schwarzem Trikot und anderes mehr, was man in Europa vielleicht vor dem Krieg getragen hatte. Heute ist das sicher

anders, aber in den sechziger Jahren war Sydney, verglichen mit Paris, reinste Provinz. Ich gab schließlich meine Nachforschungen auf und trug wochenlang nur Badeanzüge unter den Kleidern.

Aber das schlimmste war die Arbeitssuche. Ich *mußte* Geld verdienen, ob ich wollte oder nicht. Jobs gab es in Hülle und Fülle, die Anzeigenseiten der Zeitungen waren voll davon. Aber in Australien spricht man nicht Französisch, und in Englisch hatte ich wenig Übung. Die meisten freien Stellen waren in Fabriken, auf Bauplätzen oder auf dem Lande, wo man als Farmarbeiter und Schafscherer sehr schnell zu Geld kommen konnte. Fühlte man sich dazu nicht berufen, konnte man es als Bardame im Vergnügungsviertel King's Cross versuchen, das von Matrosen nur so wimmelte. War einem auch das nicht gut genug, so blieb es einem überlassen, als Verkäuferin in einer Metzgerei zu arbeiten oder als Küchenhilfe in einem Restaurant. Ich konnte von Glück sagen, daß ich schließlich eine Stelle als Bürohilfskraft fand. Ich hätte zwar auch als Lehrerin in einer Klosterschule anfangen können und man hätte mir sogar Sprachunterricht und Umschulungskurse bezahlt, aber als Gegenleistung hätte ich mich auf zwei Jahre verpflichten müssen, und das konnte ich nicht. Ich hatte nur *einen* Wunsch: Geld verdienen und nach Hause!

Also nahm ich wieder einen beruflichen Abstieg in Kauf. Die Firma, die mich anstellte, importierte Waren aus Europa und verkaufte sie an australische Zahnärzte. Ich sollte Briefe schreiben, aber auch Nervenkanalraspeln, Bohrer und künstliche Zähne sortieren helfen. Es war ein scheußlicher Job, und jeden Morgen, wenn ich mit der Fähre und dem Autobus zur Arbeit fuhr, zitterte ich vor Angst. Der

Grund: Mein Chef war so jähzornig, daß die gesamte Belegschaft nur auf Zehenspitzen an seiner Tür vorbeizuhuschen wagte.

Wenn der Allgewaltige mit rotem Haupt aus seinem Büro stürzte, weil ihm irgend etwas nicht paßte, konnte man nur den Kopf einziehen, den Atem anhalten und hoffen, daß er es auf jemand anderen abgesehen hatte. Er war sehr leicht in Rage zu bringen, dabei stotterte er schwer, und auch wenn man sich noch so bemühte, konnte man unmöglich sofort erraten, was er meinte. Verstand man ihn aber nicht, faßte er dies als persönliche Beleidigung auf und drohte sofort mit Hinauswurf und Kündigung. Es war nicht einfach.

Ich hatte noch dazu das Pech, daß er mich gerne mochte. Dies hinderte ihn zwar nicht daran, mich anzubrüllen, aber es hielt seine Frau davon ab, an mir Gefallen zu finden. Wo sie nur konnte, machte sie mir das Leben schwer. Sie kritisierte meine Frisur, meine Kleidung und verbot mir, die Seidenstrümpfe, die ich aus Paris mitgebracht hatte, zu tragen. Wie ein Höllenhund wachte sie darüber, daß ich die zweieinhalb Minuten Kaffeepause am Nachmittag nicht überschritt, und natürlich bemängelte sie mit Recht mein Tempo beim Maschineschreiben.

Von Sydney nach London

Australien war sicherlich ein Tiefpunkt in meinem Leben. Aber ich hatte, ohne es zu wissen, für meine Zukunft gearbeitet. Als ich Sydney nach sechs Monaten verließ, konnte ich Maschineschreiben, und mein Englisch hatte ich auch verbessert. Außerdem waren die seitenlangen Briefe, die ich Tag für Tag voll Heimweh nach Hause schrieb, die besten Stilübungen, die man sich vorstellen kann.

Ich bin kein abergläubischer Mensch, aber während meiner Zeit in Australien hatte ich eine Unzahl von Spiegeln zerbrochen. Fast jeder Spiegel, den ich in die Hand nahm, fiel zu Boden und zerbrach. Nun heißt es, daß ein kaputter Spiegel sieben Jahre Unglück bedeutet – und tatsächlich war auch nach meiner Rückkehr die schlechte Zeit noch lange nicht vorbei.

Kaum kam ich nach Hause, starb mein Vater. Dieser Schock war sicherlich ein Grund, weshalb ich meinen Freund, mit dem ich mich in Singapur verlobt hatte, Hals über Kopf heiratete und nach London zog. Es gab auch keinen Anlaß, ihn nicht zu heiraten. Ich war fünfundzwanzig Jahre alt, er liebte mich (sagte er zumindest), ich schätzte ihn als ehrlichen, verläßlichen Menschen, seine gute Erziehung gefiel mir, mit seiner Mutter verstand ich mich ausgezeichnet, und England war ein Land, das ich gerne kennenlernen wollte. Aber ich machte mir nichts vor: Ich heiratete nicht, weil ich Kinder wollte oder blind verliebt war.

Über die sexuelle Misere in meiner Ehe habe ich schon in »Endlich über vierzig« geschrieben. Aber auch in anderer Hinsicht ging es mir schlecht. In meinem ganzen Leben war ich nie so allein wie während meiner Zeit als Ehefrau in London. Und nie habe ich so gefroren wie in England. Auch konnte ich mich nicht an die undichten Fenster gewöhnen und an die kalten Badezimmer. Ging man ins Kino, so wurde zu Hause die Heizung ausgeschaltet, und man kam in eine kalte, ungemütliche Wohnung zurück. Kaum wurde es etwas wärmer, riß man die Fenster auf mit der Begründung: »Es ist unerträglich schwül hier herin-

nen.« Im Haus meiner Schwiegereltern wurde mit Kaminen geheizt. Optisch ist dagegen nichts einzuwenden. Die Zimmer waren elegant, das Feuer wirkte belebend, aber warm war es nur in der Nähe des Kamins im Umkreis von einem Meter. Der Rest des Raumes war eiskalt. Auch die Möbel blieben kalt, und so setzte man sich manchmal nur mit einer Wärmflasche im Rücken in einen Fauteuil.
Zu dieser Zeit befiel mich eine unendliche geistige Leere. Je besser ich Englisch lernte, um so schlechter verstand ich mich mit meinem Mann. Wir hatten keine gemeinsamen Interessen, und ich konnte vor allem seinem Segelboot beim besten Willen nichts abgewinnen. Ich habe nichts gegen Segeln. Aber es ist ein Unterschied, ob ich im Süden bei strahlender Sonne und blauem Himmel dahingleite, oder ob ich mich inmitten eiskalter, bleifarbener Wogen im Ärmelkanal zur Wehr setzen muß. Ich kann mir Schöneres vorstellen, als trotz zweier dicker Pullover und einer Wachstuchjacke durch und durch naß zu werden, Gischt und Sturm im Gesicht zu haben und mit einem immer flauer werdenden Magen fertig zu werden. Ich hielt durch, solange ich dazu imstande war. Aber nachdem ich am Ende jeder Segelpartie regelmäßig halbtot vom Boot getragen werden mußte, blieben mir im zweiten Jahr meiner Ehe Ausflüge dieser Art erspart.
Um sich für meinen guten Willen zu revanchieren, ging mein Mann einmal mit mir in die Oper. Wir sahen in Covent Garden die »Meistersinger« in einer großartigen Inszenierung und tranken in der Pause in der Loge Champagner. Aber im zweiten Akt versank mein Mann in Tiefschlaf und ließ sich erst am Ende der Oper ins Reich der Wachen zurückholen.

Der warme Mantel war zu teuer

Oper, Champagner, Loge – es klingt besser, als es tatsächlich war. Die Karten hatte mein Mann von seinem Direktor in der Bank, in der er arbeitete, zum Geschenk erhalten. Wir hatten nämlich kein Geld. Die Familie meines Mannes hatte genug ausgegeben, um ihn in teure Schulen und auf die Universität zu schicken. Jetzt aber war er für sich selbst verantwortlich.

Die ersten Monate in London arbeitete ich in einer Exportfirma. Es ging diesmal Gott sei Dank nicht um Zähne, sondern um feine Textilien. Ich nahm den Job, weil ich gut verdiente und das Geld für den Haushalt brauchte. Alles, was mein Mann bekam, wurde investiert. Auch unsere Freunde waren äußerst sparsam. Einer von ihnen erbte an seinem dreißigsten Geburtstag von seinem Großvater ein Vermögen. Im ersten Freudentaumel kaufte er einen teuren Sportwagen, dann aber lebte er wie zuvor. Jedesmal, wenn er einen neuen Anzug brauchte, jammerte er, wie teuer alles geworden sei. »Ich kann es kaum verantworten«, sagte er, »ich muß auf mein Geld aufpassen. Ich habe an die nächste Generation zu denken.« In den Kreisen, in denen wir verkehrten, war es üblich, Geld zu besitzen. Aber Geld auszugeben war vulgär. »Was, Soundso gibt ein Fest?« fragte man und lächelte süffisant, »da hat er sich wohl entschlossen, Geld auszugeben?«

Da auch mein Mann so dachte, war es äußerst schwierig, ihn zu Ausgaben zu bewegen, die nicht absolut lebensnotwendig waren. Regelrechte Kämpfe führte ich zum Beispiel um einen neuen Wintermantel. Als ich nach England kam, war noch die lächerliche Minimode aktuell. Mein erster Winter in diesem kalten Land gestaltete sich daher

noch ungemütlicher, als es hätte sein müssen, da mein Mantel zwanzig Zentimeter über dem Knie endete. Ich war ständig erkältet, hatte Gelenkschmerzen und fror erbärmlich.
Es war daher eine richtige Erlösung, als die ersten warmen langen Mäntel und Kleider auf der Bildfläche erschienen. Begeistert erzählte ich meinem Mann davon. Und was sagte er? »Das ist nichts für dich. Kein Mantel steht dir so gut wie der kurze.« Er war nicht zu bewegen, die dreißig Pfund auszugeben, die mir einen wärmeren Winter garantiert hätten.
Als mein Mann eine Gehaltserhöhung bekam, konnte ich die Büroarbeit aufgeben. Meine geistige Verfassung war schlecht, und ich hoffte, sie durch eine Rückkehr zur Schule zu bessern. Dort verdiente ich weniger, aber die Differenz wurde von meinem Mann wettgemacht. Nun hatte ich wieder Kontakt mit Kindern. Ich war Deutschassistentin an einem Gymnasium und für Konversation, Lesen und Diktate zuständig. Es war eine angenehmere Arbeit als im Büro, aber auch sie befriedigte mich nicht mehr.
Wie schon so oft half mir meine Mutter zu einem wichtigen Schritt, den ich ohne sie vielleicht erst Jahre später gemacht hätte. »Wenn du so unzufrieden bist«, schrieb sie, »und viel Freizeit hast, warum machst du nicht ein paar Sprachprüfungen? Wer weiß, wozu du sie noch brauchen kannst.« Anfangs war ich dagegen. Ich war nie eine gute Schülerin gewesen und hatte am Gymnasium immer nur so viel gelernt, daß ich ohne Nachprüfungen durchkam. Ich wußte zwar, daß sämtliche Au-pair-Mädchen, die nach England kamen, das *Lower Cambridge* machten und das *Proficiency* versuchten, aber ich wollte diese Examen nicht ablegen. Der wahre Grund war: Ich traute es mir nicht zu.

Die erste erfolgreiche Prüfung

Da begegnete ich eines Tages in der U-Bahn meiner Freundin Monika. Es war ein unglaublicher Zufall, in London, der Millionenstadt, ein bekanntes Gesicht zu sehen. Monika kam aus meiner Heimatstadt, wir waren sogar in dieselbe Schule gegangen, aber sie hatte vier Jahre vor dem Abitur aufgehört und eine Bürolehre gemacht. Wie sich herausstellte, hatte sie einen Inder geheiratet und lebte seit Jahren mit ihm in England. »Ich komme gerade aus der Schule«, erzählte sie mir, »aus dem International House, das ist gleich um die Ecke. Dort habe ich das *Proficiency* gemacht.«

Das war meine Sternstunde. Sofort fiel mir der Brief meiner Mutter ein. »Wenn die Monika das *Proficiency* schafft«, sagte ich mir, »dann kann ich es auch.« Und am nächsten Tag schrieb ich mich an der Schule ein. Das Lernen machte mir unverhofft viel Spaß. Aber die Prüfungsergebnisse waren die größte Überraschung meines Lebens. Ich wußte, daß wir sie am Freitag erfahren würden. An diesem Tag mußte ich im Gymnasium nur eine Stunde unterrichten, und ich bat meine Vorgesetzte, die den Direktor des International House kannte, dort anzurufen und zu fragen, ob alle Kandidaten durchgekommen seien. Sie tat es auch prompt. »Sechs sind durchgefallen«, sagte sie, als sie zurückkam, »der Rest war akzeptabel, und einer hat eine Auszeichnung; der hat eine wirklich gute Arbeit geschrieben.«

Ich war ziemlich sicher, zu denen zu gehören, die nicht bestanden hatten. Um so überraschter war ich, als mir unser Lehrer schon im Korridor gratulierte. Ich konnte es kaum glauben, aber »der« mit der Auszeichnung – das war ich.

Ich kann mich noch genau erinnern: Ich stand mit meinem herrlichen Zeugnis in der Hand auf der Straße, inmitten des Trubels und Verkehrs der Shaftsbury Avenue, und lachte laut vor Freude. Ein paar Leute drehten sich um, aber das machte mir nichts aus. Es war mein erstes richtiges Erfolgserlebnis, und es war unglaublich schön. Nach dem Abitur hatte ich mich nicht so stolz gefühlt. »Man« machte eben das Abitur, aber dieses Stück Papier bewies, daß ich wirklich ausgezeichnet Englisch gelernt hatte. Aber die Geschichte hat noch ein Nachspiel. Am Abend rief ich nämlich Monika an. »Was hast du für eine Note gehabt?« wollte ich wissen. »Gar keine«, sagte sie. »Wieso, du hast doch die Prüfung gemacht?« – »Gemacht schon, aber ich habe sie nicht bestanden.« Ich legte auf und dankte Gott, daß sie mir das nicht früher gesagt hatte.

Das Ende einer Ehe

Der Entschluß, meinen Mann zu verlassen, aus England wegzugehen und ein neues Leben anzufangen, reifte innerhalb von sechs Monaten. Im Grunde erlebte ich etwas, was ich schon einmal erlebt hatte, damals, vor vielen Jahren, an jenem schönen Wintermorgen auf dem Lande in Oberösterreich. Wieder durchzuckte mich ein Gedanke, vor dem ich mich fürchtete. Wieder versuchte ich, ihn monatelang zu unterdrücken. Jemandem weh zu tun liegt mir nicht. Ich wollte meinen Mann nicht verletzen, aber ich konnte mir auch nicht länger Illusionen machen. Unsere Ehe war miserabel. Weder körperlich noch geistig stimmte etwas. Um nicht schwanger zu werden, nahm ich die Pille. Depressionen und Erinnerungsstörungen waren

das Resultat. Als ich feststellte, daß ich mir meine eigene Telefonnummer nicht mehr merken konnte, gestand ich es mir endlich ein: Ich mußte diese Ehe beenden.
Kurz danach verliebte ich mich in einen anderen Mann. Das half. Aber ich wäre auch weggegangen, wenn ich niemand anderen gehabt hätte. Auf einmal wußte ich auch, wie es weitergehen würde. Die glücklichste Zeit in England war jene Zeit gewesen, in der ich mich auf das *Proficiency* vorbereitet hatte. Seitdem hatte ich eine wahre Lesewut entwickelt. Ich wollte lesen, lernen – lernen, lesen. Ich wollte so viel wissen. Ich wollte heraus aus diesem furchtbaren Alltagstrott, weg vom Geschirrwaschen, vom Einkaufen, vom Wäscheproblem. Ich wagte mir auf einmal einzugestehen, daß ich für eine Ehe nicht geschaffen war. Eine Verbindung nach Schema F, wobei die Frau ihre kostbare Zeit damit verschwendet, einen anderen Menschen zu füttern und seine Sachen in Ordnung zu halten, konnte ich auf Dauer nicht ertragen.
Dazu kam noch etwas. Seit der Misere in Australien wußte ich, wie ich *nicht* leben wollte. Ich brauchte einen gewissen Lebensstandard, wenn ich mein Selbstbewußtsein nicht verlieren wollte. Aber ich wollte ihn mir selbst verdienen. In England, mit meiner damaligen Ausbildung, das wußte ich, wäre das nicht möglich gewesen. Aber zu Hause, nach einem abgeschlossenen Studium, vielleicht einer Promotion, würde die Sache schon anders aussehen.
Ich schickte mein Zeugnis nach Wien an die Universität. Ich war nun siebenundzwanzig Jahre alt. Man bat mich, beim Leiter des anglistischen Institutes vorzusprechen; er würde meine Sprachkenntnisse prüfen und mir vielleicht ein paar Vorlesungen erlassen. Die Unterredung verlief positiv. Ich wurde von sämtlichen Sprachübungen dispen-

siert. Dies war im Januar. Da ich keine Geldreserven mehr besaß, beschloß ich, bis zum Semesterbeginn im Oktober in Paris bei Berlitz zu arbeiten. Ich hatte angerufen, man brauchte gerade Deutschlehrer, und ich war deshalb willkommen.

Ein seltsamer Abschied von Paris

Wieder geschah etwas Seltsames. Ich hatte, um Geld zu sparen, in der Nähe von Les Gobelins eine winzige Wohnung genommen – eigentlich war es nur ein besseres Dienstbotenzimmer unterm Dach. Die Gegend war sehr hübsch, die berühmte Marktstraße Rue Mouffetard lag ganz in der Nähe, Kastanienbäume standen vor dem Haus, und zwei Cafés waren an der Ecke.

Ich war restlos glücklich. Wie sehr ich Paris vermißt hatte, merkte ich erst jetzt. Was für ein Vergnügen, wieder französisch zu sprechen, beim Einkaufen *un kilo* Äpfel zu verlangen anstatt *two pounds*, *café au lait* und *croissants* zu frühstücken und im Luxembourg spazierenzugehen. Was für eine Freude, wieder zu den besser Verdienenden zu gehören. Es gefiel mir so gut, daß ich vielleicht doch länger geblieben wäre, wenn sich nicht etwas Unvorhergesehenes ereignet hätte. Eines Tages, ich befand mich in der Schule, brannte meine Wohnung aus, und alle Erinnerungen an mein früheres Leben, darunter auch Brautkleid nebst Ehering, fielen dem Feuer zum Opfer.

Der Brand war zwar nicht von mir verschuldet worden, aber er war in meiner Wohnung ausgebrochen. Drei Tage vorher hatte ich einen neuen Heißwasserspeicher bekommen, der mir von Anfang an unheimlich gewesen war. Er

war kugelförmig, das Wasser kam siedendheiß heraus, man konnte die Temperatur nicht niedriger stellen, und am zweiten Tag knisterte es, und ich sah, daß Funken stoben. Sofort ging ich zum Hausherrn. Der schickte, während ich unterrichtete, den Elektriker, und am Abend teilte man mir mit: »Das Ding ist repariert, es funktioniert. Aber rühren Sie es um Gottes willen nicht an!« Am nächsten Tag stand alles in Flammen.
Es ist kein schönes Gefühl, plötzlich nur mehr mit dem, was man am Leib hat, dazustehen. Es war sogar furchtbar. Ich stand vor dem Hauseingang und sah zu, wie die Feuerwehrleute einen schwarzen, qualmenden Haufen vor der Tür aufschütteten. Darin entdeckte ich das Skelett meiner Schreibmaschine. Unter ein paar Brettern, die nicht ganz verbrannt, aber von den Männern zerschlagen worden waren, fand ich wunderbarerweise meine Dokumententasche und zwei Tagebücher, die nur leicht angesengt waren. Sooft ich meine Geburtsurkunde in die Hand nehme, erinnert mich der verkohlte Rand an diese Tragödie.
Meine erste Reaktion auf das Feuer war: Weg, nichts wie weg! Ich hatte das starke Verlangen, mich einfach an den Straßenrand zu stellen und per Autostop irgendwohin zu fahren, ganz gleich, in welche Richtung. Ich tat es nicht. Ich zog in ein billiges Hotel, unterrichtete bis September weiter, aber ich zählte dabei die Tage, bis ich wegkonnte. Ich hatte so siebentausend Mark gespart und wollte mein altes Leben vergessen. Ich wußte, materiell würde es schwierig werden, aber daran wollte ich nicht denken. Ich wollte endlich mit dem Luxus beginnen, sieben Jahre nur meinen Geist zu bilden. Ich war gerade achtundzwanzig Jahre alt; spätestens mit fünfunddreißig würde ich fertig sein. Jung genug, um mir alleine etwas aufzubauen.

Ein neues Leben als Studentin

In Wien, im Jahre 1970, begann ich wieder ganz von vorne. Ich mietete zwei kleine, schlauchartige Zimmer ganz oben unter dem Dach eines schönen Jugendstilhauses. Die Räume waren sonnig, aber das war auch alles. Es gab nur kaltes Wasser, kein Bad, keine Küche, und die Toilette war auf dem Gang. Mein einziger Luxus – ich ließ mir ein Telefon einrichten. Es war alles andere als eine repräsentative Unterkunft. Aber sie gehörte mir, kein Mann konnte sie mir wegnehmen, ich war unabhängig – und das genügte. In der Wohnung war es sehr ruhig: ideal zum Lernen. Ich schlief auf einem alten Biedermeiersofa, das meiner Großmutter gehört hatte, meine Mutter und mein Bruder schickten Bücher, ich kaufte eine hübsche Leselampe – und nach einem Jahr meine erste Lesebrille. Ich studierte Tag und Nacht. Nichts sonst interessierte mich. Ich war zum erstenmal seit vielen Jahren glücklich.
Belegt hatte ich an der Universität Anglistik und als Nebenfach Germanistik. Die Umwelt fand das dumm. Jeder sagte dasselbe: »Das ist ein überlaufenes, brotloses Studium.« Aber ich ließ sie reden. Es war die einzige Studienrichtung, die mich interessierte. Irgend etwas Positives würde sich schon ergeben. Das einzige, was mir Sorgen machte, waren die Prüfungen. Ich war absolut nicht sicher, ob ich sie bestehen würde. Ich war zwar immer die letzte, die aus der Institutsbibliothek nach Hause ging, und die erste bei den Vorlesungen, ich gab mein Bestes – aber vielleicht war das nicht gut genug.
Nie werde ich die Angst vergessen, mit der ich auf die ersten Noten wartete. Die Prüfungen waren Ende Januar, am Semesterende.

Einen ganzen Monat – bis Anfang März – mußten wir auf die Resultate warten. Die Zeugnisse wurden in einem Schrank mit Schubladen hinterlegt, der vor der Institutstür stand. Wochenlang träumte ich davon, daß ich verzweifelt in diesem Schrank nach meinem Zeugnis suchte und es nicht finden konnte. Als es dann tatsächlich soweit war, konnte ich vor Nervosität kaum die Schubladen öffnen. Aber die durchstudierten Nächte hatten sich gelohnt: Meine Noten waren samt und sonders ausgezeichnet.
Jetzt erst wußte ich, daß ich nicht nur auf dem richtigen Weg war, sondern daß ich ihn auch bis ans Ende gehen konnte. Von diesem Moment an schienen mir meine Geldprobleme nicht mehr wichtig. Nach dem ersten Studienjahr erhielt ich sogar ein Stipendium. In den Ferien arbeitete ich. Auch das Essen war mir gleichgültig. Eigenartigerweise ernährte ich mich wochenlang von weichen Eiern und Krautsalat. Wenn ich sehr viel zu lernen hatte, kaufte ich Haselnüsse und stopfte sie kiloweise in mich hinein. Ich besaß nur zwei Kleider, aber auch einen wunderschönen grünen Schlafrock. Ich war schlank, gesund und voll Energie. Es ging mir gut.

Erwachsene studieren besser

Ich kann es nicht oft genug wiederholen: Wer als reifer Mensch ein Studium oder eine Berufsausbildung beginnt, der hat es unvergleichlich leichter als ein Jugendlicher. Man hat mehr Erfahrung und mehr Pflichtbewußtsein. Man versteht schneller, was der Professor oder der Ausbilder meint. Man findet aus einem Haufen von Information sofort diejenige, die wichtig ist.

Natürlich hat man auch eine bessere Grundlage. Ich kannte bereits die Bücher, über die an der Universität gesprochen wurde; ich hatte sie mit Muße gelesen und mir eine Meinung darüber gebildet. Ich konnte also ganz anders über Shakespeare oder Dickens schreiben als meine jungen Studienkollegen, die an Hand von Leselisten im Schnellverfahren versuchten, die englische Literatur zu begreifen. Die Ausfallquote unter den jüngeren Studenten war auch unglaublich hoch. Die älteren dagegen blieben – und schafften das Studium innerhalb der vorgeschriebenen Zeit.

Dazu kommt noch etwas: Professoren schätzen Studenten, die etwas lernen wollen. Wie alt diese sind, ist ihnen egal. Wenn sie die Wahl haben zwischen einem Jugendlichen, der, weil er nicht weiß, was er sonst tun soll, einen Studienplatz wegnimmt, lieber demonstriert als studiert und sich bei Prüfungen auf Spickzettel oder gut Glück verläßt, und einem Erwachsenen, der weiß, weshalb er studiert, dann entscheiden sie sich immer für den Älteren, auch wenn er achtzig ist. Die Universität ist ein Ort, wo Wissen vermittelt wird. Jeder, der lernen will, ist willkommen.

Während der ersten Studienjahre hatte ich keine Ahnung, was ich werden wollte. Aber kaum begann ich mit dem Schreiben der Dissertation, war mir klar: Ich wollte mein ganzes Leben lang so weiterarbeiten. Ich wollte forschen und dann darüber berichten. Nachforschen, analysieren, was man gefunden hat, ein Stück mehr von der Welt verstehen und es so niederschreiben, daß auch andere etwas davon haben – was kann es Schöneres geben?

Ein Jahr bevor ich mit der Dissertation begann, verliebte

ich mich in einen Journalisten. Er lebte in Paris, angeblich in Scheidung, und er beschwor mich, zu ihm zu ziehen. Natürlich wollte ich wieder zurück nach Paris. Außerdem gab es dort zu meinem Thema viel bessere Bücher als in Wien. Und zudem liebte und verehrte ich diesen Mann. Daß er mich jahrelang belogen hat und fast zum Selbstmord trieb, ist eine andere Sache. Durch ihn erfuhr ich jedoch, was guter Journalismus ist, wie sehr man sich für einen wirklich guten Artikel anstrengen muß. Wie viele Recherchen notwendig sind und wie sehr man aufpassen muß, um nicht mit einem hingeworfenen Satz, einem unbestätigten Gerücht anderen das Leben zu ruinieren.
Daß ich beruflich so viel von ihm lernen konnte, war mit ein Grund, weshalb ich es so lange bei ihm aushielt. Wir gingen zusammen auf Reisen, ich half ihm zu recherchieren; wenn wir in Deutschland waren, übersetzte ich für ihn. Ich war bei allen Interviews dabei und lernte, daß man vor Prominenten keine Angst zu haben braucht.
Im zweiten Jahr in Paris begann ich, selbst Artikel zu schreiben; auf englisch – und alles, was ich schrieb, wurde gedruckt. Das war für mich eine ganz neue Erfahrung. Neben dem Studium hatte ich bereits einen unvollendeten Reisebericht und einen fertigen Roman verfaßt, den niemand haben wollte. Heute weiß ich auch, warum, denn ich machte den Fehler aller Autodidakten, viel zu schwulstig zu schreiben. Ich machte mir nicht die Mühe, die Gedanken, die im Hirn nebulös herumwogten, zu ordnen und in klaren, einfachen Sätzen niederzuschreiben. So verwirrt, wie sie entstanden waren, brachte ich sie zu Papier und dachte, weiß Gott welch künstlerischen Ausdruck ich hätte.
Heute weiß ich, daß man sich die Mühe machen muß, klar

zu schreiben. Ich kann dem Leser nicht zumuten, daß er meine Arbeit für mich erledigt. Ich bin es, die ihm etwas mitteilen will, ich bin es, die gelesen werden will, ich bin es, die seine Zeit und seine Aufmerksamkeit verlangt. Wie kann ich ihm da komplizierte Schachtelsätze mit vagen Aussagen vorsetzen und verlangen, daß er mich sozusagen besser versteht als ich mich selbst? So leicht darf man es sich nicht machen. Mit Recht hören die Leute auf zu lesen, wenn sie beim vierten Versuch den Satz noch immer nicht verstehen. All das erfuhr ich am eigenen Leib. Und im Journalismus, nicht an der Universität.

Das erste Jahr in der Redaktion

Ich promovierte am 2. Februar 1977. Zwei Monate später hatte ich eine feste Anstellung. In Paris hatte ich nämlich manche meiner englischen Artikel ins Deutsche übersetzt und an verschiedene Tageszeitungen geschickt, die sie auch druckten. Eine dieser Zeitungen war »Die Presse« in Wien. Mein Freund war inzwischen nach Amerika gegangen und wartete, daß ich nachkäme. Aber da er immer noch nicht geschieden war, wollte ich nicht. Auf gut Glück rief ich drei Tage nach der Promotion bei der Zeitung an und sagte: »Hallo, hier bin ich. Ich habe Ihnen aus Paris Artikel geschickt, wollen Sie mich nicht persönlich kennenlernen?«

Man wollte. Einen Tag nach dem Gespräch rief man an, ob ich Lust hätte, probeweise in der Redaktion mitzuarbeiten. Die erste Zeit war furchtbar. Erstens verdiente ich nur fünfzig Pfennig pro Zeile – aber nicht die Zeilen, die ich schrieb, sondern jene, die gedruckt waren –, und daß ein

Artikel auf die Hälfte zusammengestrichen wurde, war an der Tagesordnung. Zweitens war ich im Ressort Chronik, das sich mit Themen befaßte, die mich überhaupt nicht interessierten: Hausbrände, Überschwemmungen, Mord und Totschlag, Wochenendverkehr, Wetter. Drittens war dort ein neuer Ressortchef tätig, der Akademikerinnen nicht leiden konnte und sich hauptsächlich für Bluttaten begeisterte. Wer seine Nachbarin wie lange gewürgt hat und von welcher Seite er dann wie oft zugestochen hat – das war seine Seligkeit. Gab es keinen Mord, so war er schlecht aufgelegt. Im Ressort herrschte unbeschreiblicher Krach. Nicht nur, daß die Telefone ständig klingelten, auch der Polizeifunk mußte laufen, damit wir ja nicht versäumten, was Berta I zu Alpha X sagte. Vielleicht lag hinter der zugesperrten Tür, hinter der man Schreie vernommen hatte, hinter der Tür, zu der Berta I gerade unterwegs war, doch ein Toter? »Burschen, an Mord gibt's«, brüllte er im Ernstfall und schlug vor Begeisterung auf den Tisch, »jetzt haßt's ausrücken.« Und schon verteilte er Befehle, als handelte es sich um die Verteidigung des Vaterlandes.
Wenn ich das heute niederschreibe, klingt es ziemlich lustig. Besagter Ressortchef, der übrigens nicht lange Ressortchef blieb, ist inzwischen ein netter Kollege geworden, und wir haben einander nichts mehr vorzuwerfen. Aber anfangs hat er mir das Leben sehr schwer gemacht, und oft überlegte ich damals, ob ich nicht doch nach Amerika gehen sollte.

Terror für die Neuen

Ein weiterer Umstand kam hinzu. Die Kollegen, die selbst eine harte Lehrzeit bei der Zeitung durchgemacht hatten, sahen nicht ein, weshalb es ein anderer leichter haben sollte. Noch dazu kannte mich in Wien kein Mensch. War ich vielleicht eine Spionin des Chefredakteurs? Wochenlang sprach man mit mir kein privates Wort. Die Sekretärin, die allen Kaffee anbot, überging mich prinzipiell. Es dauerte drei Monate, bis man mich einlud, beim Mittagessen an den gemeinsamen Tisch zu kommen; vorher saß ich allein in einer Ecke der Kantine.
Mit noch etwas hatte ich schwer zu kämpfen: mit der Einstellung mancher Kollegen der Arbeit gegenüber. Ich war gewohnt, genau zu recherchieren und mir beim Formulieren Zeit zu lassen, um klar und deutlich zu schreiben. Im Ressort Chronik aber herrschte damals die Ansicht, daß Schnelligkeit und nicht Qualität ausschlaggebend seien. Es galt als chic, in rasender Eile vor den staunenden Kollegen etwas herunterzuklopfen und den Rest des Nachmittags rauchend und tratschend herumzusitzen.
Manche Ressortchefs machen sich ein Vergnügen daraus, Neulingen das Blatt mit dem Kommentar: »Das genügt schon. Der Leser weiß ohnehin nicht, was er versäumt«, aus der Maschine zu reißen. Außerdem ist es gang und gäbe, in der Setzerei Artikel zu kürzen und die Pointe am Schluß einfach wegzustreichen. Sieht man am nächsten Tag sein Werk in der Zeitung, fällt man fast in Ohnmacht. Oft ist es bis zur Unkenntlichkeit verstümmelt.

Trotzdem hielt ich durch. Aber ich stellte mir eine Bedingung: Ich mußte finanziell weiterkommen. Ich konnte nicht so dahinvegetieren in meinen Dachzimmern ohne ordentliche Heizung, ohne Küche und Bad. Als Studentin hatte mich dies nicht gestört, jetzt aber wurde es unerträglich.

Ich beschloß, zum Chefredakteur zu gehen. Würde er mich mit einem angemessenen Gehalt fest anstellen, so würde ich in Wien bleiben. Würde er mich weiterhin als freie Mitarbeiterin behalten wollen, würde ich nach Amerika gehen. Ich überließ es dem Schicksal. Und das Schicksal half. Am 1. April 1977 hatte ich meinen Redakteursvertrag in der Tasche.

Endlich, endlich Erfolg!

Von da an ging es steil aufwärts. Es war herrlich. Ich nahm mir eine große, helle, freundliche Wohnung, die schönste, die ich je in meinem Leben gehabt hatte. Ich nahm Kredite auf und ließ Warmwasser und Zentralheizung einbauen. Endlich mußte ich nicht mehr frieren. Endlich konnte ich Leute einladen, ohne mich zu schämen. Ich sparte und kaufte einen wunderschönen Perserteppich. Ich kaufte zwei Kaschmirdecken für mein Bett. Ich kaufte mir ein Paar teure Stiefel.

Und ich arbeitete. Auch am Wochenende dachte ich nur an die Zeitung. Ich kam mit meinen Kollegen besser zurecht. Und nach dem Interview mit der spanischen Königin wurde ich einen Stock höher, zum Samstagsmagazin, versetzt. Dort war das Leben bedeutend angenehmer. Ich hatte zwei Seiten zu gestalten und war von der täglichen Hektik, dem Lärm, dem Durcheinander der Chronikredaktion befreit. Ich begann, lustige Geschichten zu schrei-

ben und einen Artikel über die Vorzüge der Erwachsenen gegenüber den Jugendlichen. Als ich auf diesen Artikel eine Unmenge Briefe und Anrufe aus ganz Europa erhielt, setzte ich mich hin und schrieb in mühseliger Nachtarbeit »Endlich über vierzig«. Dem Erfolg dieses Buches verdanke ich meine Unabhängigkeit. Was ist sonst noch zu sagen? Es war ein weiter Weg von der Lehrerin bis hierher. Aber die Anstrengung hat sich gelohnt: Heuer im Frühjahr konnte ich mich selbständig machen. Ich muß nicht mehr in der Redaktion sitzen, arbeite zu Hause und habe mir einen Jugendwunsch erfüllt: Neben mir auf dem Korbsessel sitzt er und schaut mir beim Tippen zu. Er heißt Gregor, ist ein weißer Kakadu, noch nicht ganz zahm, und sprechen kann er auch noch nicht. Aber er macht mir viel Freude.
Noch etwas ist geschehen. Die vergangenen vier Jahre in Wien bin ich vor Heimweh nach Paris fast gestorben, aber ich sah keine Möglichkeit, mich selbständig in Paris durchzubringen. Jetzt ist das anders. Ich habe genügend Kontakte, ich habe mehr Aufträge für Artikel und Bücher, als ich bewältigen kann, und ich kann schreiben, wo ich will. Ich kann nach Paris zurückkehren und dort bleiben, solange es mir Spaß macht.
Was im Leben zählt? Entschlüsse fassen und auch ausführen. Das tun, was man gerne tut. Sich selbst treu bleiben. Lieber ein Original sein, das ab und zu belächelt wird, als in der Masse untergehen. Optimismus zählt und Ausdauer und Gottvertrauen. Und natürlich auch der Wille, ständig neu anzufangen.
Diesen Willen, glaube ich, werde ich nie verlieren.

4. Ein Hoch den Erfinderinnen

Obwohl es uns allen heute gut geht, haben wir es im Grunde nicht leicht. Wir haben zwar (wir, in den Industrieländern) genug zu essen, aber sind wir zufrieden? Nein.
Einer der Gründe für unser Unbehagen ist, daß wir in einem Zeitalter leben, in dem alles darangesetzt wird, um die menschliche Phantasie umzubringen. Der Einzelmensch wird für dumm verkauft. Und da man ihm nichts mehr zutraut, wird ihm alles fertig verpackt unter die Nase gehalten: Unterhaltung im Fernsehen, Musik aus der Konserve, vorgekochtes Essen, mechanisches Spielzeug, Urlaubsreisen »von der Stange«, mit einem Wort: vorprogrammiertes Leben.
Wer nicht aufpaßt, wird bald zum Opfer. Warum sich anstrengen? *Die anderen* haben doch so viele Ideen. Wenn man sich aber zu lange von *den anderen* unterhalten läßt, traut man sich bald selbst nichts mehr zu. Früher strengte man seinen Geist an. Man las abends vor, man unterhielt sich, man musizierte gemeinsam, die Kinder bauten sich aus Holzklötzen eine eigene Welt zusammen. Man machte Pläne und kultivierte seine Ideen. Man wußte, daß man sein Bestes geben würde, um aus schlechten Zeiten gute zu machen.

Heute will keiner mehr etwas geben. Jeder will nur noch fordern. Er blickt mit Neid auf jene, die aus ihrem Leben etwas gemacht haben. Daß er es selbst ebensoweit bringen kann, kommt ihm nicht in den Sinn. »Was, ich soll mein Leben ändern?« heißt es. »Was soll ich denn tun?« Und jeder ist beleidigt, wenn er die Antwort nicht fertig verpackt in den Schoß geworfen bekommt.

Wichtiger als Geld: die Phantasie

Was man aber aus seinem Leben macht, kann jeder nur selbst entscheiden. Diese Arbeit kann einem niemand abnehmen. Der Mensch hat jedoch einen Verbündeten. Er heißt: die Phantasie. Und die Phantasie ist wichtiger als alle Beziehungen, Verbindungen und Protektionen dieser Welt. Die Phantasie ist der Schlüssel zum Erfolg. Sie gehört zu unseren größten Schätzen. Sie ist bedeutender als Besitz oder Geld, denn niemand kann sie uns nehmen. In Krisenzeiten ist sie oft unsere einzige Hilfe. Jeder hat genug Phantasie mitbekommen, um sein Leben zu verbessern. Das Ganze hat nur einen Haken: Die Phantasie will gefordert werden, und dazu muß man sich in unserem Versorgungsstaat schlicht und einfach zwingen.

Zur Ankurbelung der Phantasie folgen nun Beispiele von Menschen, die in ihrem »zweiten«, »dritten« oder »vierten Leben« Erfindungen gemacht und die Welt und sich selbst dadurch entscheidend verändert haben. Um es spannender zu machen, widme ich diesen Teil den Erfinderinnen, denn über sie ist bisher fast gar nichts geschrieben worden.

Immer wieder mußte man hören, daß alles, was unsere Zivilisation ausmacht, von Männern erdacht, entwickelt und gebaut wurde. Männer, hieß es nur allzugern (leider auch in den Schulbüchern), sind die Kreativen. Frauen geben sich damit zufrieden, das, was ihnen vom starken Geschlecht unter die Nase gesetzt wird, zu erhalten. In Wirklichkeit aber haben Frauen nicht nur Kinder geboren, Männer versorgt und Familien zusammengehalten, sie haben auch sehr viel Energie darauf verwendet, das Leben, das sie führen mußten, zu verbessern.

Wer hat den ersten wirklich brauchbaren Dampfdruckkochtopf erfunden? Eine Frau! Sie hieß Olive Christine und lebte im 19. Jahrhundert in Kalifornien. Von wem stammt die erste Geschirrspülmaschine? Von Catherine Bryan aus Iowa! Wer entwickelte die ersten wasserfesten Stiefel, den ersten Schraubverschluß, Insektenpulver, chirurgische Bestecke, Schweiß- und Brennapparate, den ersten mechanischen Unkrautjäter und den ersten Kühlschrank? Alles Frauen!

Ihre Namen findet man auf langen Listen, die das Washington Government Printing Office in regelmäßigen Abständen herausgegeben hat. Auf ihnen sind die Patente verzeichnet und das Datum, an dem diese angemeldet wurden. Durch Zufall geriet mir eine dieser Listen in die Hände, und ich war so fasziniert, daß ich sofort nach weiteren Erfinderinnen zu suchen begann: in Nobelpreislisten, Aufstellungen der Staatsdruckerei und Privilegienverzeichnissen. Und was kam zu Tage? Daß die Männer auf ihre Frauen stolz sein können, denn die weibliche Phantasie steht der männlichen in keiner Weise nach. Auch in früheren Jahrhunderten, als Frauen schweren, körperlichen Belastungen ausgesetzt waren, als die Haushaltsführung umständlich war, als zu Hause noch gesponnen, gewebt, gebacken und geschlachtet wurde, erfanden Frauen Dinge, ohne die wir heute nicht mehr leben könnten.

Marie Curie, eine aktuelle Geschichte

Nur wenige Erfinderinnen wurden so berühmt, daß ihnen das Schicksal ihrer meisten Kolleginnen erspart blieb: Ihnen wurden keine Patente gestohlen und ihre Namen wurden nicht totgeschwiegen. Dies war vor allem dann der Fall, wenn es sich um eine Nobelpreisträgerin wie Marie Curie handelte.
Marie Curie wurde 1867 in Polen geboren. Ihr Vater war Physikprofessor an einem Gymnasium in Warschau. Was uns heute an Marie Curie fasziniert, ist ihre erstaunlich aktuelle Lebensgeschichte. Genau wie heute war Polen damals von den Russen beherrscht. Wie heute gab es Aufstand und Unterdrückung. Und um ein Haar wäre Marie Curie keine Gelehrte, sondern eine Widerstandskämpferin geworden, die aller Voraussicht nach in einem Arbeitslager in Sibirien ihr Ende gefunden hätte. Als Marie Curie geboren wurde, war Polen seit fast hundert Jahren zwischen Preußen, Österreich und Rußland aufgeteilt. In den Warschauer Schulen war die Unterrichtssprache Russisch. Polnisch zu sprechen oder polnische Geschichte zu lehren war verboten. Unter Zar Alexander II. versuchte man gewaltsam, Polen in Russen umzuwandeln, indem man mit Gesetzen und Verordnungen aus Moskau ihr Leben bestimmte, ihnen einredete, ihre Sprache sei nur ein unbedeutender Dialekt, und alles unternahm, um die Kinder in den Schulen rußlandtreu zu erziehen. Um dabei ganz sicherzugehen, setzte man auf alle hohen Posten Russen.

Lehrer, Beamte, Soldaten und Arbeiter hatten russische Vorgesetzte. Und diese hatten immer das letzte Wort.
Trotzdem waren die Zeiten in manchem besser als heute. Es gab keinen Eisernen Vorhang; wer von den Polen reisen wollte und die Mittel hatte, konnte unbehindert das Land verlassen. Viele begabte junge Polen studierten damals in Paris. Die Sorbonne hatte ausgezeichnete Professoren, und außerdem gehörte Frankreich nicht zu den Besatzungsmächten.
In Paris wollten auch Marie Sklodowska (so lautete Marie Curies Mädchenname) und ihre um drei Jahre ältere Schwester Bronya studieren. Beide Mädchen waren ausgezeichnete Schülerinnen gewesen. Bronya hatte vor, Ärztin zu werden. Aber das Studium kostete viel Geld, und die Sklodowskas waren alles andere als wohlhabend. Also setzte sich der Familienrat zusammen und bestimmte folgendes: Bronya sollte als die Ältere zuerst fahren. Marie würde inzwischen als Gouvernante arbeiten und die Schwester finanziell unterstützen. War Bronya fertige Ärztin, sollte sie Marie nach Paris holen und nun ihrerseits deren Studium bezahlen.
Derartige Beschlüsse findet man immer wieder, wenn man Biographien aus früheren Zeiten studiert. Es war völlig normal, daß Familien zusammenhielten, daß man auch ohne Geld mit etwas mehr Zeitaufwand die Kinder durch ein Studium brachte, was damals nicht so leicht war wie heute. Es gab keine Stipendien, und Halbtagsjobs waren noch nicht erfunden. Aber wo ein echter Wille war, gab es auch einen Weg.

Im »ersten Leben« Gouvernante

Bronya fuhr nach Paris, und Marie verpflichtete sich als Gouvernante zu einer wohlhabenden Familie aufs Land. Vier Jahre hielt sie durch, in einer flachen, öden Gegend, in der Zuckerrüben angebaut und verwertet wurden. Vier Jahre lebte sie in einem Zimmer mit Aussicht auf einen Fabrikschlot. Sie hielt durch ohne Freunde, ohne das intellektuelle Leben in Warschau, ohne ihren Vater, den sie liebte, und ohne die Annehmlichkeiten des Stadtlebens, an die sie gewohnt war.
Sie war ein hübsches junges Mädchen, lebenslustig und sportlich, außerdem war sie eine begeisterte Tänzerin. Casimir, der Sohn ihrer Herrschaft, verliebte sich sofort in sie. Marie wies ihn nicht ab. Nach kurzer Zeit hatte sie nur mehr einen Wunsch: zu heiraten, Kinder zu kriegen, glücklich zu leben. Marie wurde von ihren Arbeitgebern wie eine Tochter behandelt. Ihr Vater wurde sogar eingeladen, seinen Urlaub auf dem Gut zu verbringen; Casimirs Mutter war vor ihrer Heirat selbst Gouvernante gewesen. Um so unerklärlicher war die Reaktion der Eltern auf Casimirs heimliche Verlobung mit Marie. Nie und nimmer würden sie einwilligen, daß der Sohn ein Mitglied des Hauspersonals heirate. Vor allem die Mutter blieb unerbittlich. Marie war willkommen – als Gouvernante. Als Schwiegertochter nicht.
Die erste Reaktion war Flucht. Marie hatte nur den einen Wunsch: das Haus, in dem man sie gedemütigt hatte, zu verlassen. Dann aber wurde ihr bewußt, daß sie nicht wegkonnte. Bronya machte in Paris erstaunliche Fortschritte. Sollte sie das Studium der Schwester gefährden? Nie und nimmer. Marie blieb und stürzte sich in die Arbeit.

In ihrer Freizeit begann sie, den Kindern der Umgebung Polnischunterricht zu geben, was eigentlich verboten war. Sie lehrte sie Lesen und Schreiben, aber das war nicht genug. Sie bat ihren Vater, ihr Bücher zu schicken, und wenn sie allein war, vertiefte sie sich in die Grundzüge der Chemie und der Physik. Verstand sie ein Beispiel nicht, schrieb sie an ihren Vater. Bald entwickelte sich diese Korrespondenz zu einem regelrechten Fernunterricht, und dies ließ ihr den Aufenthalt erträglicher erscheinen.
Eineinhalb Jahre später war alles überstanden. Professor Sklodowska ging in Pension, leitete nebenbei eine Reformschule und hatte nun, da er über zwei Einkommen verfügte, genug Geld, um Maries Anteil an Bronyas Unterhalt zu übernehmen. Marie war überglücklich. Binnen kürzester Zeit verließ sie ihr Rübendorf und kehrte nach Warschau zurück. Und dann kam auch die lang erwartete Nachricht von Bronya. Alles sei nach Plan gegangen. Das Studium sei fast geschafft. Marie solle sofort nach Paris kommen. Damit nicht genug, schrieb Bronya, daß sie sich mit einem Kollegen verlobt habe und in Kürze heiraten werde. Marie könne bei ihr wohnen und würde außer den Studiengebühren kein Geld brauchen. Natürlich war die Freude groß. Marie, ganze vierundzwanzig Jahre alt, reiste per Bahn nach Paris. An der Sorbonne belegte sie Physik und Mathematik. Sie bestand sämtliche Prüfungen mit Auszeichnung. Mit achtundzwanzig heiratete sie ihren Kollegen Pierre Curie. Mit einunddreißig entdeckte sie das Radium. Als ihr Mann nach elf Jahren Ehe starb, übernahm sie seinen Lehrstuhl und wurde Universitätsprofessorin. Sie bekam zwei Nobelpreise: 1903 zusammen mit ihrem Mann für Physik und 1911 für Chemie.

Was kann man aus dieser Geschichte lernen? In erster Linie, daß eine schwierige Jugend, eine gewisse Zeit der Entbehrung und des Wartens, der Phantasie nicht abträglich ist. Daß auch aus einer verspielten jungen Frau ohne besondere Vorlieben und augenscheinliche Talente, einer jungen Frau, die ursprünglich nur heiraten und eine Familie gründen wollte, etwas ganz Großes werden kann.
Man darf nicht erwarten, daß jeder, der etwas Besonderes leistet, als Wunderkind Aufsehen erregt. Klara Schumann, die berühmteste Pianistin des 19. Jahrhunderts, die Frau von Robert Schumann und Geliebte von Johannes Brahms, konnte bis zu ihrem vierten Lebensjahr kein Wort sprechen. Man hielt das kleine Mädchen schon für stumm und versuchte alle möglichen Behandlungsmethoden. Schließlich gab sich die Sprachhemmung von selbst, und aus dem schüchternen Kind wurde ein großer Star, der noch bis ins hohe Alter jedes Jahr Konzertreisen bis nach England unternahm.

Ich habe die Geschichte Marie Curies erzählt, um zu zeigen, daß jeder, der etwas erreichen will, Hindernisse überwinden muß. Niemand darf erwarten, daß ihm auf Grund eines Talents die Wege geebnet werden; zumindest nicht am Anfang. Es geht auch gar nicht darum, daß alle versuchen sollen, eine zweite Madame Curie zu werden. Aber man kann von der Entschlossenheit dieser Frau lernen und versuchen, etwas davon in sein eigenes Leben herüberzuholen. Und natürlich geht es um das, was die Phantasie zustande bringt. Ein anderes Beispiel dafür ist Dorothy Crawford Hodgkin.

Das langersehnte Heilmittel

Viel ist über die Entdeckung des Penicillins geschrieben worden, und die beiden Forscher Fleming und Raistrick wurden gebührend mit Ehren überhäuft. Aber über die Frau, welche diese Erfindung den Menschen erst zugänglich machte, erfährt man schon weniger. Sie war Engländerin und hieß Dorothy Crawford Hodgkin. In ihrem »ersten Leben« war sie Hausfrau und Mutter. In ihrem »zweiten« die berühmteste Kristallographin ihrer Zeit.
Mit dem Penicillin gab es ein Problem: Fleming und Raistrick wußten zwar, daß sie etwas gefunden hatten, sie wußten aber nicht genau, was es war. Penicillin ist äußerst labil. Es zerfällt schon bei der geringsten Verunreinigung. Keinem der beiden Forscher wollte es gelingen, die genaue Formel zu erstellen. Ohne die Formel aber ist eine Entdeckung wertlos. Erst wenn man weiß, woraus etwas besteht, kann man es in großen Mengen herstellen. Und die Ärzte verlangten nach riesigen Mengen. Die Krankenhäuser waren überfüllt von Tuberkulosekranken, die ohne ein neues Wundermittel verloren waren.
Dorothy Crawford Hodgkin, die sich alles, was sie wußte, selbst beigebracht hatte, erforschte mit Hilfe der gefährlichen Röntgenstrahlen die komplizierten Penicillinatome. Mit unendlicher Geduld, mit Talent, Fleiß und Phantasie gelang ihr das, was andere Forscherteams mit den teuersten Geräten nicht vermochten: die heißersehnte chemische Formel in all ihren Abweichungen aufzustellen. Auf diesen Moment hatte die Welt gewartet. Man begann mit der Massenproduktion des Penicillins, und die Schreckensherrschaft der Tuberkulose, gegen die es bis dahin kein Heilmittel gegeben hatte, war gebrochen. Dorothy Craw-

ford Hodgkin wurde stürmisch gefeiert und aus Dankbarkeit in die ehrwürdige Londoner Royal Society aufgenommen.

Frauen in der Medizin

Ein Hoch der Phantasie! Ihr verdanken wir alles, auch die ersten medizinischen Lehrbehelfe. Keiner streitet heute mehr ab, daß Frauen von Natur aus eine starke Beziehung zur Medizin haben. Um zu den Wurzeln zurückzugehen: Der Mann kämpfte, und die Frau heilte. Der Held wurde verwundet und kam anschließend nach Hause, um sich von seiner Frau verbinden zu lassen. In allen Kulturen hat es durch alle Jahrhunderte hindurch berühmte Ärztinnen gegeben. Auch im frauenfeindlichen Europa waren Frauen im Heilen und Sammeln von Kräutern und im Herstellen von Medikamenten unschlagbar. Und das wurde allgemein akzeptiert.
Nicht ohne Grund machte sich Paracelsus die Mühe, lange Reisen zu unternehmen, um berühmte weise Frauen aufzusuchen und sich ihre Kenntnisse anzueignen. Er sammelte, was sie herausgefunden hatten, und baute darauf seine Karriere auf. Aber er war ehrlich. Er verschwieg nicht, daß er sein Wissen, das ihn später so berühmt machen sollte, von Frauen hatte; von Ärztinnen, Kräuterweiblein und allen jenen, die man später, nachdem die männliche Hetzkampagne gegen Frauen in der Medizin eingesetzt hatte, als Hexen verbrannte.
Während des ganzen Mittelalters waren Frauen angesehene Mediziner. Einige von ihnen wurden weltberühmt wie die jüdische Augenärztin Zerlin, die in Frankfurt prakti-

zierte, und ihre Kollegin Sara aus dem Bistum Würzburg. Beide lebten im 14. Jahrhundert. Frauen hatten von der männlichen Konkurrenz nichts zu fürchten. Doch was geschah? Im Jahre 1341 wurde ein päpstliches Edikt erlassen, das allen Ärztinnen das Recht zu praktizieren untersagte. Anfangs nützte es nicht viel. Kritisch wurde es erst zweihundert Jahre später, als sich die Männer sämtlicher Berufsgruppen, also auch die Ärzte, in Zünften zusammenschlossen und kategorisch alle berufstätigen Frauen ablehnten.

Je stärker die Macht der Zünfte wurde, um so schwieriger war es für die außenstehenden Frauen, ihren Lebensunterhalt zu verdienen. Und genauso war es auch geplant. Ganz unerträglich aber wurden die Zustände, als die ersten Universitäten gegründet wurden und Frauen von Anfang an keinen Zutritt zu ihnen hatten. Nun besaß man eine echte Waffe gegen die Frauen. Diese waren nicht nur unerwünscht, sie hatten von dem Moment an auch als schlechter ausgebildet zu gelten.

Nur ein einziger Sektor blieb ihnen erhalten: die Geburtshilfe. Jahrhundertelang wäre es keiner Frau in den Sinn gekommen, sich von einem Mann entbinden zu lassen. Da sich aber auch durch Geburten viel Geld verdienen läßt, begannen im 17. Jahrhundert die »gelehrten Ärzte«, Frauen aus ihrem ureigensten Gebiet zu vertreiben. Das Resultat war katastrophal. Nicht nur, daß viele Wöchnerinnen sich weigerten, einen Mann an ihrem Bett zu empfangen, sich aus Schamgefühl nur durch die Decke hindurch untersuchen ließen und Behandlungsmethoden, die uns heute die Haare zu Berge stehen lassen, über sich ergehen ließen, auch die Mütter- und Säuglingssterblichkeit nahm solche Ausmaße an, daß etwas getan werden mußte.

In Frankreich war das Vorurteil gegen Frauen in der Medizin nie so stark ausgeprägt gewesen wie in anderen Ländern. Kein Wunder also, daß das französische Königshaus im 18. Jahrhundert den Anfang machte. In Paris gab es im Hôtel-Dieu eine berühmte Ärztin. Sie hieß Madame Angelique Marguerite Leboursier de Coudray und wirkte als Geburtshelferin Wunder. Alle werdenden Mütter von Paris wollten von ihr entbunden werden, denn unter ihren Händen gab es keine Toten.

Eines Tages erschien ein Abgesandter des Königs bei Madame Leboursier. Er schlug ihr vor, das Hôtel-Dieu zu verlassen und auf Regierungskosten durch Frankreich zu reisen. Sie sollte Ärzte und Hebammen ausbilden und ihnen ihre Methode, die so viele Leben gerettet hatte, beibringen. Eigentlich wollte Madame Leboursier in Paris bleiben. Aber sie wußte, was rund um sie vorging, und sie beschloß zu helfen. Das Reisen war im 18. Jahrhundert eine mühsame, oft sogar gesundheitsschädigende Angelegenheit. Die Kutschen waren kalt und sehr, sehr langsam, die Straßen schlecht und holprig, die Gasthäuser nicht immer das, was wir heute unter hygienisch verstehen. Trotzdem reiste Madame Leboursier fünfundzwanzig Jahre lang durch Frankreich, und sie wurde nicht müde zu unterrichten.

Schon in den ersten zehn Jahren bildete sie viertausend Hebammen aus. Ihre Kurse dauerten zwei Monate und waren eine pädagogische Sensation. Um den zukünftigen Hebammen eine Geburt begreiflich zu machen, erfand sie den ersten gynäkologischen Lehrbehelf: Sie ließ sich einen lebensgroßen Frauenkörper anfertigen und demonstrierte dann mit Hilfe einer Puppe die verschiedenen Lagen des Kindes im Mutterleib. Sie konnte, was andere nur theoretisch zu erklären versuchten, plastisch darstellen,

besonders die speziellen Arten der Geburtshilfe, die bei Komplikationen zu leisten waren.
Eine Hochburg der Hebammenkunst wurde die Stadt Dijon. Dort allein gingen vierhundert Frauen bei Madame Leboursier in die Schule. Aber nicht nur in Dijon, auch in den anderen Städten, in denen sie gelehrt hatte, sank innerhalb kürzester Zeit die Säuglingssterblichkeit auf ein nie dagewesenes Minimum.
Je mehr sich Madame Leboursiers sensationeller Erfolg herumsprach, um so größer wurde die Verehrung, die man ihr entgegenbrachte. Sie wurde eine Art Nationalheldin, was man allein daran erkennt, daß sie auch während der Französischen Revolution trotz ihrer adeligen Herkunft und ihrer Verbindung zum Königshaus ungehindert in Paris leben konnte. Die Gefängnisse waren überfüllt mit Monarchisten, aber Madame Leboursier erhielt weiterhin ihre Staatspension ausbezahlt. Im berühmten Roten Buch des Revolutionsjahres 1789 steht vermerkt, daß ihr von Januar bis Juni aus der Staatskasse die ungeheure Summe von viertausend Livres überlassen worden war.
Hunderte Male erscheint der Name Leboursier in Briefen, die zwischen Oberärzten in der Provinz und dem Schatzmeister des königlichen Haushaltes gewechselt wurden. Unzählige Male wurde auch das Geburtshilfebuch, das Madame Leboursier geschrieben hatte, neu aufgelegt. Es blieb auch nach ihrem Tod ein Standardwerk der Medizin und gehört zu den Grundfesten der modernen Geburtshilfe. Als Madame Leboursier im Alter von siebenundsiebzig Jahren starb, wurde sie von ganz Frankreich betrauert.

Ein Menschenkörper aus Wachs

Über das Erfinden von anatomischen Lehrbehelfen ist noch mehr zu sagen; und auch darüber, was die menschliche Phantasie, wenn man sie bejaht, zu vollbringen vermag. Madame Leboursier hatte eine berühmte Landsmännin. Sie war unverheiratet, hieß Mademoiselle Biheron und war die Tochter eines bekannten Pariser Chirurgen. Was Mademoiselle Biheron vielen Frauen voraus hatte, war vor allem ein toleranter Vater. Er war aufgeschlossen, zwang sie nicht zu heiraten und überließ es ihr, mit ihrer freien Zeit anzufangen, was sie für richtig hielt.

Mademoiselle Biheron hatte von Kindheit an eine Vorliebe für Anatomie. Wäre sie als Bub zur Welt gekommen, kein Zweifel, sie wäre ein berühmter Chirurg geworden. Aber Mädchen durften an eine solche Karriere nicht einmal denken. Trotzdem fiel es Doktor Biheron nicht im Traum ein, seiner Tochter eine »weiblichere« Beschäftigung ans Herz zu legen. Im Gegenteil: Er erlaubte ihr, an seinen Vorlesungen teilzunehmen und gewährte ihr Zutritt zu den Sezierstunden.

Mademoiselle Biheron, die gerne Ärztin geworden wäre, versuchte, da dies nicht möglich war, der Menschheit auf andere Art und Weise einen Dienst zu erweisen. Sie war fasziniert von der Funktion des menschlichen Körpers, seinen Nervensträngen, Muskeln, Blutgefäßen, und da es keine exakten anatomischen Lehrbehelfe gab, beschloß sie, selbst welche herzustellen.

Natürlich hielt man Mademoiselle Biheron bald für verrückt. Sie schloß sich nämlich in ihr Gartenhaus ein, bewahrte dort in Glaskästen Leichenteile auf, sezierte sie in

Ruhe und begann in unendlich mühevoller Arbeit, Körperteile von innen heraus in Wachs nachzumodellieren. Man muß sich das einmal vorstellen: Siebenundvierzig Jahre arbeitete sie an ihrem Hauptwerk, einem Frauenkörper, komplett mit allen Organen, Blutgefäßen, Hautfältchen und Körperhaaren, der so echt wirkte, daß die gelehrten Ärzte, die bald herbeiströmten, aus dem Staunen nicht herauskamen. Dazu hielt sie Vorträge über die Funktion der einzelnen Organe, die sie so mühevoll studiert hatte. Als immer mehr Interessenten kamen, begann sie, regelmäßige Anatomievorlesungen zu halten, zu denen sie ihr berühmtes Wachsmodell mitbrachte. Dieses konnte zu Demonstrationszwecken in einzelne Teile zerlegt werden, und jeder Teil – ganz gleich, ob Arm, Fuß, Herz oder Lunge – war naturgetreu und perfekt.

Bald verbreitete sich Mademoiselle Biherons Ruhm über ganz Europa. Die Kunde von ihrem Wachsmodell drang sogar nach Moskau, und Katharina die Große beauftragte ihren Botschafter in Paris, koste es, was es wolle, dieses Wunderwerk zu erstehen. Nach langen Verhandlungen gelangte denn auch ein Teil des Biheronschen Lebenswerkes nach Mademoiselles Tod in russischen Besitz. Und die Moral von der Geschicht? Es lebe die Phantasie! Denn wie man sieht, können Verbote und Tabus unserer Vorstellungskraft nichts anhaben. Als Chirurgin wäre Mademoiselle Biheron vielleicht nie in die Geschichte eingegangen, so aber ist sie auf ihre eigene Art und Weise zur Legende geworden.

Die Erfinderin der Krankenschwester

Etwa hundert Jahre nach Mademoiselle Biherons Tod machte die Engländerin Florence Nightingale von sich reden. Was für uns heute selbstverständlich ist, nämlich: saubere Krankenhäuser, menschliche Behandlung der Patienten und fachgerechte Betreuung durch ausgebildetes Personal, ist vor allem das Verdienst dieser tüchtigen Frau. Florence Nightingale »erfand« den Beruf der Krankenschwester, sie »erfand« das erste Lazarett. Sie war es, welche die Siechenhäuser des frühen 19. Jahrhunderts in moderne Krankenhäuser umwandelte und das englische Gesundheitssystem auf ein so hohes Niveau brachte, daß es schließlich für ganz Europa zum Vorbild wurde.
Florence Nightingale war die Tochter steinreicher Eltern. Nichts wurde von ihr verlangt, als sich teuer zu kleiden, sich zu amüsieren, Bälle zu besuchen, zu heiraten und ein glückliches Familienleben zu führen. Florences Mutter war eine Dame der Gesellschaft. Sie liebte alles, was ausgefallen war, und so kam sie auf die Idee, ihre Kinder nach der Stadt zu benennen, in der sie zur Welt kamen. Florence Nightingale wurde am 12. Mai 1820 in Florenz geboren – und schon besaß England einen neuen Mädchennamen, der in kürzester Zeit auch in Frankreich populär wurde.
Bis zu ihrem neunzehnten Lebensjahr ereignete sich eigentlich nichts, was Florence von anderen Mädchen ihrer Gesellschaftsschicht unterschieden hätte. Sie begleitete ihre Eltern auf diverse Europareisen, ließ sich in vornehme Kreise einführen, wurde der Königin vorgestellt und tanzte auf den Bällen, die entlang der französischen und italienischen Riviera in den eleganten Badeorten gegeben wurden.

Gerade als ihre Mutter nach einer guten Partie für ihre Tochter Ausschau zu halten begann, eröffnete ihr diese, daß sie nun Mathematik studieren wolle. Mrs. Nightingale war entsetzt. Mathematik, fand sie, sei keine Vorbereitung für die Ehe. Also studierte Florence heimlich. Sie zog sich auch immer mehr von den Parties und Dinners, die ihre Eltern gaben, zurück, erklärte, sie wolle nicht heiraten, und widmete den Armen in ihrem Heimatdorf mehr Zeit, als einer höheren Tochter zustand.

Anfangs ließ man sie gewähren. Als aber Florence ihre Mutter um Erlaubnis bat, ihr Leben in den Dienst armer und kranker Menschen zu stellen und drei Monate lang im Siechenhaus von Salisbury arbeiten zu dürfen, kam es zum ersten großen Krach.

Ihre feine Tochter in einem Siechenhaus? Niemals! Mrs. Nightingale war überzeugt, daß irgendeine Affäre mit einem »dreckigen Bader« dahintersteckte. Anders konnte sie sich nicht erklären, warum ihr verwöhntes Kind so absurde Wünsche haben könnte. Das Gegenteil war damals üblich: Vornehme Damen hatten selbst zart und kränklich zu sein. Aber eine feine Dame, die fremde Menschen pflegt? So etwas hatte man noch nie gehört.

Man kann Mrs. Nightingale verstehen. Im Krankenhaus lag damals nur, wer zu arm war, um sich häusliche Pflege leisten zu können. Die damaligen Krankenhäuser waren gefängnisähnliche Bauten ohne sanitäre Einrichtungen. Personal und Patienten waren meist ständig betrunken. In den Gängen und Zimmern stank es erbärmlich. Dazu kam noch, daß das Pflegepersonal einen äußerst anrüchigen Ruf hatte. Niemand, der auch nur die geringste Ausbildung hatte, wollte sich um die verwahrlosten Kranken kümmern. Eine Frau, die fremde Männer pflegte, galt außerdem als Prostituierte. Das Resultat war: Florence durfte nicht nach Salisbury.

Manchmal dauert es lange, bis die Phantasie rettend eingreift. Florence mußte bis zu ihrem dreißigsten Lebensjahr warten; dann erst hatte sie die entscheidende Idee. Nun aber konnte sie nichts mehr zurückhalten. In England, sagte sie sich, würde sie ihren Eltern Schande bereiten. Aber im Ausland war sie frei. Während der langen Jahre in ihrem Elternhaus hatte sie sich über Krankenhäuser im Ausland informiert. In Deutschland, in Kaiserswerth, gab es ein Krankenhaus, das von Schwestern geführt wurde und einen guten Ruf hatte. Also reiste Florence zuerst nach Deutschland.

In Kaiserswerth blieb sie nur vierzehn Tage. Sie war zwar vom Einsatz der Schwestern begeistert, aber sie fand, daß die Hygiene und die medizinische Betreuung sehr zu wünschen übrig ließen. Also fuhr sie weiter nach Paris, ins katholische Hospital, das ebenfalls als fortschrittlich galt und über die Grenzen Frankreichs hinaus bekannt war. Hier blieb sie länger. Sie trug Nonnentracht, arbeitete unermüdlich und paßte sich völlig an. Als sie nach England zurückkam, ließ sie sich in London nieder und übernahm ein Sanatorium für kranke adelige Fräulein. Endlich konnte sie arbeiten, wie sie wollte. Ihr erstes Gebot war Sauberkeit, ihr zweites Menschlichkeit. Das Personal wählte sie sorgfältigst aus, ging selbst mit gutem Beispiel voran, und sie hatte zum erstenmal in ihrem Leben das Gefühl, wirklich etwas zu leisten.

Innerhalb kürzester Zeit sprach sich herum, daß man im Sanatorium für adelige Fräulein wirklich Chancen hatte, gesund zu werden. Die Kunde von Florence Nightingales neuer Art der Krankenbetreuung drang bis zur Regierung und natürlich auch zum Kriegsministerium. Gerade als sie an eine Vergrößerung und die Errichtung einer Schwesternschule dachte, kamen die ersten Nachrichten von der Front des Krimkrieges, der 1853 ausgebrochen war.

Die englischen Zeitungen waren voll von Berichten über das schreckliche Schicksal der verwundeten Soldaten. Niemand schien sich um sie zu kümmern, es mangelte an ärztlicher Betreuung; nicht einmal die Leichtverletzten hatten Überlebenschancen. Seuchen und Blutvergiftung richteten sie zugrunde.

Florence Nightingale zögerte nicht lange. Sie mußte helfen. Mit achtunddreißig Schwestern im Gefolge reiste sie an die Front. Dort angekommen, wurde ihr voll bewußt, wie schlecht die Lage wirklich war. Mit ihren Schwestern hatte sie nicht weniger als fünftausend Soldaten zu betreuen. Es gab kein System, nach dem die Verwundeten versorgt wurden. Die Medikamente reichten nicht aus. Niemand schien je etwas von Hygiene gehört zu haben. Florence Nightingale arbeitete bis zur totalen Erschöpfung, oft zwanzig Stunden am Tag. Zusätzliche Kraft brauchte sie, um ihre Vorstellungen von der Krankenpflege gegen neidische Schwestern und intrigierende Feldärzte durchzusetzen. Aber sie gab nicht auf. Sie organisierte, erklärte, überzeugte. Die Sterblichkeitsrate sank. Kriegsberichterstatter schilderten ihre großartige Leistung. Als Florence Nightingale nach England zurückkehrte, war sie zur Nationalheldin geworden.
Den Rest ihres Lebens verbrachte Florence hauptsächlich im Bett. Der übermenschliche Einsatz an der Front hatte

ihre Gesundheit ruiniert. An eine Weiterführung des Sanatoriums war nicht mehr zu denken. Gab sie deshalb auf? Im Gegenteil. Vom Bett aus leistete sie ihre wichtigste Arbeit. Ihr Schlafzimmer wurde die Schaltzentrale für die Reform des englischen Gesundheitssystems, und Florence Nightingale erreichte das stolze Alter von neunzig Jahren. Kurz nach dem Krimkrieg wurde sie von Königin Victoria ersucht, die medizinische Versorgung der englischen Streitmächte in die Hand zu nehmen. Florence Nightingale stürzte sich in die Arbeit. Sie erforschte Verpflegung, Unterkünfte, sanitäre Einrichtungen, untersuchte die Krankenversorgung und schickte eine Kommission nach Indien, um über die dort stationierten Truppen ausführlich Bescheid zu erhalten. Anschließend schrieb sie ihre Berichte und machte Vorschläge, die von allen akzeptiert wurden. Trotz dieser vielen Arbeit für die Regierung erfüllte sich Florence Nightingale 1860 ihren Herzenswunsch. Im St. Thomas Hospital eröffnete sie ihre Schule für Krankenschwestern. Dies bedeutete den Beginn der modernen Schwesternausbildung – und die Geburtsstunde eines neuen, respektablen Berufes.

Mit einem Male war es nicht mehr unter der Würde adeliger Fräulein, sich für kranke Mitmenschen einzusetzen. Schwester zu werden war plötzlich »in«. Damen der Gesellschaft schickten ihre Töchter nach London, um sie in Florence Nightingales Schule ausbilden zu lassen. Und die Töchter waren stolz darauf, *nurse* genannt zu werden. Der Idealismus der Gründerin färbte auf die Schülerinnen ab. Kein Wunder, daß die englischen Krankenhäuser bald die besten in ganz Europa wurden.

Wer wagt da noch zu sagen, daß Frauen in der Welt nichts verändert haben? Und ihr Erfolg ist um so mehr zu würdigen, wenn man ihre Mittel betrachtet. Sie brachten die Veränderung nicht mit militärischer Macht oder dem Einsatz ungeheurer Reichtümer zustande. Sie schafften es mit Überzeugung, Idealismus, Menschlichkeit und Phantasie.

Die erste rote Seide

Wie sehr die Phantasie der Frauen geschätzt wurde, zeigt sich an den Erfindervereinen, die seit dem 18. Jahrhundert gegründet wurden. Frauen waren nicht nur Mitglieder, sie saßen auch im Vorstand. Im Gründungskomitee der Freien Gesellschaft zur Förderung von Erfindungen, die 1776 in Paris ins Leben gerufen wurde, befanden sich zwanzig Herren, aber auch vier Damen des französischen Hochadels. In den fünf Jahren ihres Bestehens verteilte die Gesellschaft die ungeheure Summe von zwanzigtausend Livres an verdienstvolle Erfinder. Unter den Glücklichen, die auf diese Art gefördert wurden, befanden sich auch etliche Frauen.

Frauen haben unglaublich viel erfunden: Arzneimittel, Wundverbände, Strick-, Näh- und Häkelnadeln, Spinnräder und Webstühle sowie verschiedene Verfahren, Leder zu gerben. Sie erfanden aber auch Wachskerzen, die nicht tropften, Korsette, Kosmetika, Kinderwagen, Matratzen, Karten- und Gesellschaftsspiele sowie jede Menge von Bleich- und Färbemitteln.

Einer Französin gelang es auch im 18. Jahrhundert, zum erstenmal Seide in ein klares, schönes Rot zu färben. Bis dahin hatte es in Europa nur lila, rosa, violette und blaue Seide gegeben. Die tüchtige Erfinderin war die Witwe Pallouis. Sie besaß in der Nähe des Schlosses von Versailles ei-

ne Seidenspinnerei. Der gesamte Hofstaat gehörte zu ihren Kunden, denn Frau Pallouis verwöhnte ihre Klientel ständig mit neuen Mustern und Farbkombinationen.
Als sie zehn Jahre vor der Revolution den ersten Ballen scharlachroter Seide auf den Markt brachte, war die Begeisterung groß. Die rote französische Seide wurde in ganz Europa zum begehrten Mitbringsel. Jahrelang hatte Frau Pallouis experimentiert, um den begehrten Farbton zu erzielen, welcher der Konkurrenz absolut nicht glücken wollte. Zeit ihres Lebens hielt sie das Verfahren geheim. Erst nach ihrem Tode wurde das Patent verkauft – und sofort in der ganzen Welt imitiert.

Erntemaschinen aus Amerika

Phantasievolle Frauen gab es aber nicht nur in Europa. Auch die Amerikanerinnen haben – vor allem im 19. Jahrhundert – sehr viel dazu beigetragen, unseren Lebensstandard zu heben. Ihre Erfindungen beschränkten sich dabei nicht nur auf die vertraute häusliche Umgebung. Der Beweis? Die erste automatische Bahnschranke verdanken wir einer Frau, auch den ersten Briefmarkenautomat. Er stammt von der New Yorkerin Lizzy Dare, die ihr Patent 1891 anmeldete.
Ein Jahr später kreierte Antoinette Howard, ebenfalls aus New York, die erste Sprühdose.
Wichtige Erfindungen bescherten uns die Amerikanerinnen auch auf dem Gebiet der Landwirtschaft. Viele Frauen erbten von ihren Männern Farmen und weigerten sich, sie zu verkaufen, da sie sie für die Kinder erhalten wollten. Oft konnten sie sich nicht genug Arbeitskräfte leisten. Wer

half? Die Phantasie. Als die tüchtige Landwirtin Cecilia B. Darley aus Philadelphia Probleme mit der Ernte hatte, erfand sie eine Kornschneidemaschine. Das Patent stammt aus dem Jahre 1890. Philadelphia war ein guter Boden für dergleichen, denn zwei Jahre vorher hatte dort die Farmbesitzerin Anna Trexler eine Kombination von Pflug und Egge erfunden, welche ihr die Arbeit sehr erleichterte. Im selben Jahr baute außerdem Ollie Bough aus Nebraska die erste Kartoffelsetzmaschine und nahm sie in Betrieb. Viele Erfindungen sind das Gemeinschaftsprodukt mehrerer kreativer Menschen. Ein Beispiel dafür bietet die Nähmaschine. Der sogenannte Fuß, der wirklich gutes Nähen erst ermöglicht, wurde von Harriet Tracey im Jahre 1892 erdacht. Auch andere Zusätze, die verschiedene Zierstiche möglich machen, stammen von Frauen. Bei der Schreibmaschine ist es ähnlich. Die Rückwärtstaste hat eine Amerikanerin erfunden. Sie hieß Adelaide Woodall, lebte in Connecticut und hatte sich bereits vorher durch verschiedene Patente einen Namen gemacht. Auch die erste Blindenschreibmaschine hat eine Frau erfunden, die Texanerin Lizzie Streshley. Nicht vergessen darf man schließlich die Amerikanerin Olive Hynes: Eines der ersten Schreibmaschinenmodelle stammt von ihr.
Und die Engländerinnen standen den anderen ebenfalls nicht nach. Ende des 19. Jahrhunderts entwickelte Annie Youlton das erste Schiebefenster, und ihre Landsmännin Helen Monkhouse baute den ersten Invalidenlift.

Im Kampf gegen Rachitis und überflüssige Pfunde

Auf dem Gebiet der Heilmittel und der Kosmetik könnte man mit den Erfindungen von Frauen ganze Bücher füllen. So entwickelte die Wienerin Olga Hauska ein wirksames Mittel gegen Rachitis. Der Hauptbestandteil des Medikamentes war Phosphor, und dieser entwickelt bekanntlich einen unangenehmen Geruch. Um ihn zu neutralisieren, kam Frau Hauska auf die Idee, das leicht entzündbare Element so lange in der Luft zu zerreiben, bis es rauchte – und schon war der Gestank verschwunden. In Weingeist gelöst, mit Milch und Rohzucker vermischt, entstand ein wirksames und wohlschmeckendes Medikament.
Eine Österreicherin erfand auch die berühmte Punktediät. Sie hieß Erna Carise und machte in ihrem »ersten Leben« in den USA als Tänzerin bei der berühmten Ziegfeld-Truppe Karriere. Später heiratete sie einen Industriellen, entwickelte ihre Diät, schrieb mehrere Abhandlungen darüber und machte schließlich in ihrem »dritten Leben« als Schriftstellerin mit dem Buch »*All about Kitz*« Kitzbühel zum internationalen Prominententreff.

Dr. Aslan entschärft das Alter

Zu den Erfinderinnen auf medizinischem Gebiet gehört schließlich auch Dr. Ana Aslan, die am 1. Januar 1897 in Rumänien geboren wurde. Zunächst war sie praktische Ärztin. Später bildete sie sich zur Herzspezialistin und Altersforscherin weiter. Sie entdeckte durch Zufall, daß man mit einem Betäubungsmittel namens Procain auch Gelenkleiden heilen kann. Außerdem beobachtete sie mit

Interesse, daß ihre Patienten während der Kur mit Procain von ihren Depressionen befreit waren.
Die Depression aber ist, so Dr. Aslan, die gefährlichste Krankheit für alte Menschen, und die Depression wollte sie heilen. Um die Anwendungsmöglichkeiten von Procain zu erforschen, gründete sie 1952 das erste Geriatrieinstitut der Welt in Bukarest. Sie entwickelte ein Medikament, das unter dem Namen Geroaslan H 3 weltberühmt wurde. Aus dem Institut in Bukarest sind inzwischen einhundertfünfzehn Behandlungszentren geworden.
Begegnet man Frau Dr. Aslan auf der Durchreise – und sie ist immer unterwegs: nach Südamerika, Mexiko oder den Vereinigten Staaten, um Vorträge zu halten und an Kongressen teilzunehmen –, so wird man feststellen, daß sie zu jenen rüstigen Achtzigjährigen gehört, die man nicht anders als unverwüstlich bezeichnen kann.
Und wer hat sie dazu gemacht? Ihre Phantasie. Phantasie bewiesen haben auch Amalie, Erika und Ruthilde Hoerig aus Charlottenburg: Sie erfanden die Trockenmilch. Und Anne Sullivan? Ihr, der Lehrerin Helen Kellers, verdanken wir jene Methode, die Taube sprechen und Blinde schreiben lehrt.

Zum Abschluß sei folgendes gesagt: Ob es sich um jene zwei von den sieben Weltwundern des Altertums handelt, die Frauen zugeschrieben werden, nämlich das berühmte Mausoleum der kleinasiatischen Königin Artemisia und die hängenden Gärten der babylonischen Königin Semiramis, oder ob es die Erfindungen von Frauen des Mittelalters, der neueren Zeit oder der Gegenwart betrifft: Die Phantasie lebt, sie ist da, sie ist stark genug, um unsere Ideen zu verwirklichen. Benutzen wir sie! Lassen wir sie nicht im Alltagstrott verkümmern! Lernen wir, sie zu gebrauchen! Alles geht leichter mit ein bißchen Phantasie, vor allem die zweite Karriere.

5. Neu beginnen? Weg vom Trampelpfad!

Es war nach einer Lesung und während einer Diskussion zum Thema »Endlich über vierzig« im Ruhrgebiet. Wir sprachen über Frauen und die Tatsache, daß man heute viel länger jung bleibt als früher, daß man mehr Chancen hat und sich vor dem Älterwerden nicht mehr zu fürchten braucht.

»Schön und gut«, sagte eine anwesende Architekturstudentin, »aber was ist mit den Frauen hier im Ruhrgebiet? Die gehen fast alle in die Fabrik, und wenn eine Krise kommt, dann sitzen sie auf der Straße. Was tut so eine ältere Frau? Ich kann es Ihnen sagen. Sie wird ein Fall für die Sozialhilfe.«

»Blödsinn«, antwortete eine ältere Dame in der ersten Reihe. »Wenn sie auch nur ein bißchen Format hat, dann wird sie schon etwas finden. Meine Tochter war fünfundzwanzig Jahre in der Fabrik. Mit fünfundvierzig verlor sie ihre Arbeit. Aber Almosen nimmt sie keine.« Und dann erzählte sie ihre Geschichte.

Von der Arbeiterin zur Unternehmerin

Obwohl die Mutter dagegen war, wurde die Tochter Akkordarbeiterin in einem großen Werk. Der Grund? Weil ihre beste Freundin dasselbe tat und sich auch die anderen Schulkolleginnen »nicht mit Lernen plagen wollten«. Über kurz oder lang würde man ohnehin heiraten und eine Familie gründen – dann würde die Welt schon anders aussehen.

Nun, die Welt blieb gleich. Die Tochter heiratete zwar, bekam zwei Söhne, aber es war nie genug Geld im Haus, um die Arbeit aufgeben zu können. Als sie ihren Arbeitsplatz verlor, war sie verzweifelt. Sie bewarb sich in der ganzen Umgebung, aber sie konnte nirgends unterkommen.

Ein Unglück kommt selten allein. Zu allem Übel wurde sie auch noch von ihrem Mann verlassen. Es war eine schlechte Ehe gewesen, der Mann hatte mehr getrunken als gearbeitet und sobald er merkte, daß es nun an ihm war, die Familie zu unterstützen, suchte er das Weite.

Nach einer kurzen Phase absoluter Verzweiflung besann sie sich. »Ich bin erst fünfundvierzig«, sagte sie sich, »ich habe kein Recht, mich gehen zu lassen. Ich bin gesund und ich bin nicht die Dümmste. Ich werde etwas aus meinem Leben machen.« Was sie tun wollte, war ihr noch nicht klar. Aber sie wußte, es würde etwas ganz anderes sein als das, was sie bisher getan hatte.

Zufällig hörte sie am nächsten Tag, daß ein hübscher, kleiner Bauernhof in der Nähe der Stadt zu vermieten sei. Sie hatte nichts zu tun, also fuhr sie hin und sah ihn sich an. Die Miete war relativ gering. Und während sie spazieren ging und die gute Luft, die Ruhe und den Sonnenschein genoß, kam ihr eine Idee.

Als sie noch im Werk tätig gewesen war, hatte sie oft mit Kolleginnen darüber gesprochen, wie schön doch ein Urlaub auf dem Land wäre, wie herrlich es wäre, wenn man irgendwo im Grünen eine oder zwei Wochen ausspannen könnte. Das Ende dieser Gespräche sah immer gleich aus: »Heuer wird es wohl nichts werden. Es ist einfach zu teuer.«
Dieser Bauernhof, das sah sie sofort, wäre ein idealer Ferienort für Arbeiterinnen. Sie selbst hatte tausend Mark gespart, sie würde also finanzielle Hilfe brauchen. Aber sie hatte zwei unternehmungslustige Freundinnen. Vielleicht würden die ihr helfen. Langer Rede kurzer Sinn: Die drei Frauen trennten sich von ihren Ersparnissen, jede investierte tausend Mark und nach einigen Wochen fieberhafter Arbeit eröffnete das Ferienheim im Frühjahr seine frischgestrichenen Tore. Zwei Wochen später war es bis Ende Oktober ausgebucht.
»Meine Tochter«, sagte die Mutter stolz, »ist jetzt Unternehmerin. Von dem, was sie in der Saison verdient, kann sie das ganze Jahr über gut leben.«
Warum diese Geschichte wichtig ist? Weil diese Frau instinktiv das einzig Richtige getan hat. Weg vom Fließband, weg von den überlaufenen Berufen, weg vom Trampelpfad. Und je weiter weg, desto weniger Konkurrenz, desto größer die Chancen, desto besser die Aussichten. Man braucht nicht viel Geld. Man braucht Mut, Überlebenswillen, Freude an der Arbeit, Phantasie. Man braucht auch einen gesunden Stolz. Warum sollen es nur die andern schaffen? Ich bin auch nicht so ohne. Man braucht aber vor allem den Druck: Dann zeigt man erst, was man kann.

Eine alte Dame und die Geister

In einer hübschen Stadt in Schottland, die jeden Sommer von Touristen überflutet wird, lebte eine ehrenwerte Dame – Beamtengattin –, die ein für Schotten nicht ungewöhnliches Hobby hatte, nämlich Geister. Sie interessierte sich für Gespenster und las alles, was über diese zu erfahren war. Sie forschte nach Poltergeistern in alten Hotels, ließ sich von Hausbesitzern Gruselgeschichten erzählen und beabsichtigte »irgendwann einmal« ein Buch über die Geister ihrer Stadt zu schreiben.
So lebte sie dahin, zufrieden und angesehen, bis ihr Mann unerwartet starb. Dann kam das Erwachen. Seine Pension war klein gewesen, aber was ihr jetzt davon blieb, war zum Leben zu wenig. Sie war zu diesem Zeitpunkt sechzig Jahre alt und nicht gewillt, untergeordnete Arbeit anzunehmen. Was tat sie? Zu Hause sitzen und jammern? Nicht im geringsten.
Sie nahm sich ein Herz und marschierte zum Fremdenverkehrsverband. »Ich kann«, sagte sie zum Direktor, »den Besuchern unserer Stadt etwas Einmaliges bieten. Mehr als eine gewöhnliche Stadtbesichtigung. Ich mache mit ihnen einen Geisterrundgang, den sie nie vergessen werden. Nehmen Sie mich in Ihr Touristikprogramm auf! Sie werden es nicht bereuen.«
Nun, die resolute Dame gehört seither zu den beliebtesten Touristenattraktionen der Stadt. Wer sich gegen angemessene Bezahlung an einer »*Ghost tour*« beteiligen will, der findet sich um 19 Uhr in einem alten Pub ein, in dessen weitläufigen Kellergewölben es selbstverständlich spukt. Dort hält ihm besagte Dame, grauhaarig und überzeugend, einen Einführungsvortrag. Und dann geht's los, eine

Dreiviertelstunde lang durch kleine, verwinkelte Gassen, zu der Stelle, wo die »*grey Lady*« zu erscheinen pflegt oder die »*weiße Nonne*« seufzend nachtwandelt, seit ihr Liebhaber bei einem Duell erstochen wurde. Man besucht das Hotel, in dem der »*Mann mit der roten Perücke*« Schläfer erschreckt und kommt zurück, um das Geisterbuch zu kaufen, das die tüchtige Expertin inzwischen natürlich geschrieben hat.

Diese Frau ist zu bewundern. Ohne Eigenkapital, ohne fremde Hilfe machte sie aus einem Hobby einen Beruf. Auf dem Trampelpfad hat sie es erst gar nicht versucht. Sie hat damit sehr viel Zeit und noch mehr Nerven gespart. Indem sie das tat, was ihr lag, hat sie sich außerdem eine Einkommensquelle gesichert, die ihr bis ans Lebensende erhalten bleiben wird. Sie braucht sich vor dem hohen Alter nicht zu fürchten. Je mehr sie sich von dieser Welt entfernt, um so besser werden ihre Geistergeschichten.

Außerdem tut sie wie alle erfolgreichen Leute etwas, was ihr Spaß macht, was sie gerne tut, wovon sie überzeugt ist. Und wenn man unter diesen Voraussetzungen seine »zweite Karriere« beginnt, dann kann es nur ein Erfolg werden.

Von den Sternen kann man leben

Ein weiteres Beispiel, wie man mit dem Überirdischen sein Brot nicht nur gut, sondern ausgezeichnet verdienen kann, ist die Hamburgerin Melissa Wirt. Sie verliebte sich als junges Mädchen in einen älteren Mann, zog zu ihm, wurde Mutter von vier Kindern, und der Mann, der Haushalt und die Kinder füllten jahrelang ihre ganze Zeit aus.

Wäre das Verhältnis zu ihrem Partner glücklicher gewesen, niemand hätte je von ihr gehört. Sie hätte ihre Familie versorgt, hätte sich später um Enkelkinder, vielleicht um diverse Haustiere gekümmert. Aber das war ihr nicht vergönnt.
Als die Kinder drei, vier, fünf und sechs Jahre alt waren, begann ihr Lebensgefährte, sie zu betrügen. Er blieb nächtelang weg, brachte schließlich seine neue Freundin mit nach Hause und verlangte, daß nun eine Ehe zu dritt geführt werden solle. Melissa befand sich in einer fatalen Situation. Vier kleine Kinder, keine Wohnung, keine Mutter, zu der sie hätte flüchten können. Finanziell war sie völlig abhängig; sie hatte keine Berufsausbildung. Sie war immer nur im Haushalt tätig gewesen. Trotzdem wußte sie eines: Nie und nimmer würde sie sich derart demütigen lassen. Eine Ehe zu dritt kam nicht in Frage.
Zufällig hörte sie von einer freien möblierten Wohnung am anderen Ende der Stadt. In der Nähe dieser Wohnung befand sich ein Krankenhaus, und dort suchte man Hilfsschwestern. Melissa bewarb sich und verpflichtete sich, nachts zu arbeiten. Nachtarbeit ist besser bezahlt, Geld konnte sie ohnehin brauchen, und als der Vertrag unterschrieben war, verließ sie umgehend ihren untreuen Lebensgefährten.
»Die ersten zwei Monate waren die Hölle«, erinnert sie sich. »Ich hatte keine Hilfe für die Kinder, und ich starb jede Nacht tausend Tode. Würde ich sie morgens gesund vorfinden? Ist ihnen nichts passiert? Haben sie die Wohnung angezündet? Nach dem Dienst war ich so voller Angst, daß ich mir ein Taxi nach Hause nahm und dadurch einen Teil meines Verdienstes einbüßte. Erst nach sechs Wochen wurde es besser. Da fand ich eine Pensionistin, die

bei den Kindern schlief. Von da an konnte ich wenigstens ruhig arbeiten.«
Aber auch im Krankenhaus ging nicht alles nach Plan. Melissa ist kein Mensch, der unbemerkt bleibt. Wenn sie meint, eine Ungerechtigkeit zu sehen, so macht sie den Mund auf und beschwert sich. Als sie feststellte, daß eine Kollegin stundenlang ihre Patienten vernachlässigte, weil sie einen Roman zu Ende lesen wollte oder mit dem Assistenzarzt flirtete, stellte sie sie zur Rede.
Sie weckte auch dreimal pro Nacht den diensthabenden Arzt, wenn sie der Überzeugung war, daß ein Patient ihn brauchte. Natürlich machte sie sich dadurch unbeliebt. Aber es war ihr gleichgültig. Sie hatte die Genugtuung, daß sie ihre Patienten immer gut über die Runden brachte. Während ihrer Dienstzeit gab es keine Todesfälle.
Nun trat folgendes ein: Melissa Wirt wurde bei den Kranken immer beliebter und bei den Vorgesetzten immer unbeliebter. Melissa machte sich mehr Arbeit als die andern, und das sahen die Kolleginnen nicht gerne. Sie lächelten über sie, wenn sie die Arzneimittellager durchsuchte und die alten Medikamente mit dem abgelaufenen Verbrauchsdatum wegwarf. Sie konnten nicht begreifen, warum sie sich die Mühe machte, die Leibschüssel vorzuwärmen, ehe sie diese den Patienten brachte. Sie konnten nicht verstehen, daß sie sich freiwillig zu den Leuten ans Bett setzte, um sich deren Leiden anzuhören und sie zu trösten.
Melissa Wirt dachte nicht im Traum daran, sich bei den Ärzten einzuschmeicheln. Sie wußte, daß sie nicht der Typ für den Durchschnittsmann war. Bereits als Kind war sie dick gewesen. Als Siebzehnjährige hatte sie über hundert Kilo gewogen. »Ich hatte eine unglückliche Kindheit«,

erklärt sie. »Ich fraß ganz bewußt. Es war meine Art, zu den fehlenden Streicheleinheiten zu kommen.«
Essen war für sie eine Art Zwangsneurose. In ihren ärgsten Zeiten wog sie hundertdreiundvierzig Kilogramm. Auch heute ist Melissa eine überdurchschnittlich füllige Frau. Aber inzwischen hat sie sich damit abgefunden. Während sie Krankenschwester war, hatte sie sich noch bemüht, abzumagern. Aber sie merkte bald, daß sie es nicht konnte. Das Betriebsklima war zu schlecht. Schließlich wurde ihr gekündigt.

Astrologie, um sich selbst zu schützen

Melissa stand also abermals auf der Straße. Mit einem Unterschied: Sie hatte die letzten zwei Jahre nicht untätig verbracht. Neben ihrer Arbeit als Schwester hatte sie sich auf ihre zweite Karriere vorbereitet. Sie hatte sich schon immer für Astrologie interessiert und trotz des Nachtdiensts und der Kinder hatte sie gelernt, wie man Horoskope berechnet.
Das Interpretieren hat sie sich selbst beigebracht. Geübt hat sie im Krankenhaus. Sie hat Ärzten und Kolleginnen, aber auch den Patienten kostenlos Horoskope erstellt. Bald hatte sie eine gewisse Berühmtheit erreicht, und sie merkte, daß sie Talent besaß. Das war eine große Bestätigung. Denn anfangs hatte sie sich nur für ihr eigenes Schicksal interessiert, und das gibt sie auch offen zu.
»Fast jeder Astrologe«, erklärt sie, »hat irgendwann einmal Furchtbares durchgemacht. Und er braucht die Astrologie, um sich zu schützen. Er hat anfangs nur den einen Wunsch: nicht mehr unvorbereitet vom Unglück erschla-

gen zu werden. Er will sein Schicksal selbst in die Hand nehmen. Und wenn er merkt, er kann es, dann will er auch anderen helfen.«
Wenn man sich im Leben entschließt, ganz neu anzufangen, wenn man etwas tut, von dem man überzeugt ist, dann wird man auch Erfolg haben. Wenn in der zweiten Karriere Schwierigkeiten auftauchen, so wird man sich nicht unterkriegen lassen. Man wird sie mit einer Ausdauer zu überwinden versuchen, die man bei einem ungeliebten Beruf nie entwickeln könnte. Das Erstaunen wird groß sein, mit welchem Feuereifer man für seine Überzeugung Opfer bringt, und wie schnell sich diese bezahlt machen. Auch Melissa Wirt machte diese Erfahrung, als sie sich entschloß, für ihre Zukunft und für die ihrer Kinder alles auf eine Karte zu setzen: auf die Astrologie.
Mit ihrem letzten Geld mietete sie eine größere Wohnung. Dies war Pflicht, denn dort, wo sie sich befand, konnte sie keine Kunden empfangen. Sie ließ Karten drucken und warf sie in Briefkästen. Sie verteilte sie in Cafés und Gaststätten. Aber das war gar nicht nötig. Innerhalb kürzester Zeit hatte sie einen Kundenkreis, der sich ständig vergrößerte.
Melissa Wirt arbeitet ehrlich. Sie gibt mehr für ihr Geld als viele andere in ihrer Branche. Sie erstellt nicht nur das Horoskop, sie offeriert auch eine kostenlose Beratung und dabei schaut sie nicht auf die Uhr. Während andere Astrologen ihre Zeit stundenweise verkaufen, spricht Melissa mit ihren Kunden oft von 18 Uhr abends bis 2 Uhr früh. Außerdem ist sie zu jeder Tages- und Nachtzeit erreichbar. Wer wirklich Hilfe braucht, darf sie immer anrufen. Natürlich spricht sich das herum. Obwohl sie inzwischen mehrmals ihr Honorar anhob, hat sie es zu fast sechshundert

Kunden gebracht: Geschäftsleute, Künstler, Ärzte, Psychologen, Hausfrauen und Mütter gehören zu denen, die sie regelmäßig konsultieren.

Melissa Wirt ist ein echtes Original. Groß, üppig, mit roter, hochgetürmter Lockenpracht, knapp vierzig Jahren und einem ausgeprägten Sinn für Humor ist sie bei jeder Gesellschaft der Mensch, der einem am lebhaftesten in Erinnerung bleibt.

Sie ist inzwischen so selbstsicher geworden, daß sie kein Blatt mehr vor den Mund nimmt. Auch ihre Figur ist ihr recht. »Das Urweib war ein Riesenweib«, sagt sie und lacht. Und wenn die anderen im Wintermantel frieren, geht sie bei ärgster Kälte im dünnen Kleid auf die Straße. Mit Vorliebe stapft sie barfuß durch den Schnee. Sogar bei zwanzig Grad Kälte schläft sie bei offenem Fenster. Und noch etwas: Melissa braucht sich nicht vor dem Alter zu fürchten. Je älter sie wird, desto besser wird sie beruflich werden. Erfahrung, graue Haare, Falten, was kann bei einer Astrologin überzeugender wirken? Außerdem: Jeder Fall, den sie bearbeitet, bringt sie einen Schritt weiter.

Woher kommt Erfolg?

Wenn man es außerhalb des Trampelpfads schaffen will, muß man lernen, die Leistungen anderer richtig einzuschätzen. Menschen, die gerade Schiffbruch erlitten haben, die es noch nicht geschafft haben, die vielleicht gerade in einer Krise stecken, machen oft den Fehler, das, was andere erreicht haben, nicht richtig zu würdigen. Man muß aber erst wissen, was der Erfolg kostet – dann erst weiß man, ob man selbst Chancen hat oder nicht.

Die erste Reaktion auf die Leistungen anderer, auf den Erfolg einer Nachbarin oder Kollegin, ist oft Neid: dann folgen Selbstmitleid und schließlich der Trost: »Die hatte auch ganz andere Voraussetzungen als ich.« Fragt man genauer, so wird aufgezählt: »Sie hatte nettere Eltern, bessere Schulen, bessere Lehrer, mehr Geld.« War sie arm, so heißt es: »Aber alle haben ihr geholfen. Und wer hilft mir? Keiner.« Und weil man gern glaubt, was man sagt, versucht man erst gar nicht, sein eigenes Leben zu verbessern.
Frauen führen dieses Argument viel häufiger an als Männer. Viele Frauen glauben immer noch an das Schicksal, das anderen alles in den Schoß wirft und sie selbst vergessen hat. Frauen glauben oft Illustriertengeschichten und Groschenromanen, die davon erzählen, wie jemand »entdeckt« und ohne eigenes Zutun zum Star wurde. Sie haben noch häufig die Vorstellung, daß Erfolg nicht von innen kommt und erarbeitet werden muß, sondern daß er von außen an irgendeinen Glückspilz herangetragen wird.
Viele warten auf jemanden, der vom Himmel fällt und sie für einen Film vorschlägt; viele warten, daß sie jemand kennenlernen, der sich für sie einsetzt, sie zum Popstar macht oder zur Schauspielerin, zur berühmten Malerin, zum Haute-Couture-Mannequin, zum Fotomodell oder zur erfolgreichen Geschäftsfrau. Sieht denn niemand mein Talent? denken sie. Und anstatt selbst etwas zu unternehmen, sitzen sie da und warten – natürlich vergeblich.
Sieht man von einigen wenigen Beispielen ab, von Müttern, die ihre Kinder Filmproduzenten aufdrängen oder sie als Teenager mit berühmten Regisseuren verkuppeln (und sogar aus diesen Kindern wird nur dann etwas, wenn sie schwer arbeiten), so gilt folgende Regel: Wer etwas geworden ist, der wurde es aus eigener Kraft.

Der beste Lehrer bin ich selbst

Steve McQueen war ein großartiger Schauspieler. Und wer hat ihn »entdeckt«? Niemand. Er kam aus einer zerrütteten Familie, sein Vater war davongelaufen, es gab kein Geld, kein Vergnügen, keine Berufsausbildung. Jahrelang war er das, was man einen *drifter* nennt: Er zog im Land herum, nahm Gelegenheitsarbeiten an, trank zuviel, geriet in Raufereien. Er kam in Erziehungsheime, wurde dann Matrose bei der Handelsmarine und war drei Jahre lang freiwilliger Soldat.
Und trotzdem ist etwas aus ihm geworden. Seine erste Filmrolle bekam er mit achtundzwanzig Jahren. Niemand ist ihm nachgerannt und sagte: »Herr McQueen, Sie scheinen schauspielerisches Talent zu haben, darf ich Sie fördern?« Steve McQueen förderte sich selbst. Und was er für die Rollen, die ihn berühmt gemacht haben, brauchte, hat er sich selbst beigebracht.
Bei allem Patriotismus muß man sagen, daß im deutschsprachigen Raum viel zu wenig von der eigenen Initiative gehalten wird. Dafür ist man von der magischen Kraft eines »guten Lehrers« überzeugt. Sagt einer: »Soundso hat wirklich etwas erreicht«, so wird geantwortet: »Kein Wunder, die oder der hat auch bei XYZ gelernt.« Hat man sich selbst etwas beigebracht, wozu die anderen die Hilfe eines Lehrers brauchten, dann ist es nichts wert. Wert ist nur das, was man von anderen eingetrichtert bekommt. Gerade in Wien ist diese Haltung stark verbreitet.
Diese Einstellung geht of sogar so weit, daß man Studenten nicht nach dem beurteilt, was sie können, sondern nach dem Professor, bei dem sie studieren. Ist er berühmt, ist man überzeugt, daß der Ruhm auf den Schüler abfär-

ben muß. Ist er mittelmäßig, wird auch aus dem Schüler nichts werden.
Dieser Verrat am eigenen Können fällt einem oft erst auf, wenn man ins Ausland kommt. Sagt man in London: »Das Kleid habe ich selbst entworfen«, oder »das Guitarrespielen habe ich mir selbst beigebracht«, wird man als Naturtalent gelobt und nicht wie hierzulande als Dilettant belächelt. In England und in Amerika schätzt und bewundert man eigene Ideen und Selbstinitiative. Man weiß, daß das, was aus dem Inneren kommt, meist wichtiger ist als der Stempel, der einem von Lehrern in der Schule oder an der Universität aufgedrückt wird.
Einen guten Lehrer zu imitieren hat noch keinen weit gebracht. Wenn ich nichts Eigenes hinzuzufügen habe, werde ich nie etwas wirklich Gutes leisten. Umgekehrt: Auch wenn ich keinen guten Lehrer habe, aber spüre, daß in mir ein Talent, eine Fähigkeit verborgen ist, dann habe ich alle Chancen, irgendwann einmal etwas zu werden.
Alles, was im Leben wirklich zählt, das, was meine Arbeit von den anderen unterscheidet, muß ich mir selbst beibringen. Ich kann nicht erwarten, daß ein Lehrer dies für mich erledigt. Ich muß mir von Anfang an darüber klar sein, was ich von einem guten Lehrer erwarten kann. Nicht mehr und nicht weniger, als daß er mir Grundlagen beibringt, ein Fundament, auf dem ich mich weiterbilden kann, aber nicht ein Fundament, auf dem er mich weiterbildet. Das ist der Unterschied! Er gibt mir Denkanstöße und hilft mir vielleicht, meine Begabung zu erkennen. Aber auch Professoren können sich irren. Man darf eines nicht vergessen: Auch der beste Lehrer kennt mich nicht so gut, wie ich mich selbst kenne.

Vorsicht bei Künstlern!

Man darf einen Lehrer nicht mit dem lieben Gott verwechseln. Und im Laufe des Lebens wird man auch die Erfahrung machen, daß es nicht alle Lehrer wirklich ehrlich meinen. Besonders bei Künstlern und in künstlerischen Berufen ist Vorsicht geboten. Bekommt jener, der lehrt, Angst, daß ihm der Schüler über den Kopf wächst, ist es oft aus mit der selbstlosen Instruktion.
Aber auch in meinem Beruf konnte ich das immer wieder beobachten. Chefredakteure nehmen sich häufig eines neuen Reporters an, bringen ihm das Wichtigste bei, geben sich wirklich Mühe und schicken ihn zu interessanten Terminen. Doch kaum wird der Neue bekannt, kaum bekommt er zu viele positive Leserbriefe, entstehen die ersten Spannungen.
Und nun beginnt der Chef, anstatt zu loben zu kritisieren. Spätestens in diesem Stadium muß man sich selbständig machen, sich auf sein eigenes Urteil verlassen, im Notfall sogar die Zeitung wechseln. Denn nun beginnt der eigentliche Lernprozeß. Nun muß man seinen eigenen Stil finden und sich zu sich selbst bekennen. Man muß seine Erfahrungen sammeln, seine Rückschläge verkraften lernen. Man muß, wie es so schön heißt, seinen eigenen Weg gehen.
Von diesem Moment an darf man auch nicht mehr hoffen, daß einem irgend jemand freiwillig etwas beibringt. In diesem Stadium wartet die Umwelt nur mehr schadenfroh darauf, daß man Fehler macht und sich die Nase anstößt. Aber wenn man weiß, was man will, wenn man überzeugt ist, das Richtige zu tun, dann wird man es schaffen. Von jetzt an ist man selbst sein bester Lehrer. Vor allem, wenn

man es in einem Beruf abseits des Trampelpfads schaffen will.

Vom Kellner zum Zeremonienmeister

Nun folgt eine lustige Geschichte. Sie spielt in England, in Australien, auf Luxusdampfern und in eleganten Bankettsälen. Der Held ist Engländer, heißt Leslie Bartlett und hat einen langen Weg hinter sich. Er war Fabrikarbeiter und Kampfflieger, Steward und Barman, Schiffskellner und Koch. Siebenundzwanzigmal hat er den Suezkanal durchquert und neunmal den Panamakanal. Auf dem legendären Luxusdampfer »Queen Elizabeth I.« absolvierte er fünfundvierzig Überfahrten von London nach New York. Auf berühmten englischen Passagierschiffen überquerte er fast alle Ozeane der Welt.

Heute ist Leslie Zeremonienmeister. Er schleppt keine Speisen mehr und läuft sich nicht mehr die Beine ab: Er amtiert bei festlichen Empfängen der königlichen Familie in London oder bei geheimen Regierungsklausurtagungen in Leed's Castle. Er ist dafür verantwortlich, daß der Abend routinemäßig verläuft. Er empfängt im eleganten roten Frack die Gäste, kündigt die Namen an, überwacht die Tischordnung, steht bei Reden neben dem Pult und klopft, wenn es sein muß, energisch, um Ruhe herzustellen.

Dies tut er mit einem Werkzeug namens *gavel*, einer Art kleinem Hammer. Er besitzt viele davon, aus Elfenbein, aus Ebenholz, aus Bronze und aus *Mulga wood*, jenem australischen Holz, aus dem die Bumerange geschnitzt werden. Leslie ist auch im Besitz der verschiedensten

Orden und Auszeichnungen, und wenn er reichdekoriert seines Amtes waltet, ist er eine Respektsperson, wie sie im Buche steht.

Leslie Bartlett hat sich alles, was er heute ist, selbst erarbeitet und selbst beigebracht. Er hatte keine Eltern, die ihn unterstützten und keine Lehrer, die ihn förderten. Er kommt aus Südengland, aus einer kinderreichen Familie. Geld war keines da. Seine Freunde lachten, als er nicht sofort nach der Schule ans Verdienen dachte. »Wozu lernen?« fragten sie irritiert. »Geh doch in die Fabrik oder zum Straßenbau! Da verdienst du mehr, als du brauchst, und mußt dein Hirn nicht anstrengen.« Leslie ließ sich nicht überreden. »Wer so denkt, macht einen Fehler«, sagt er. »Man verdient zwar sofort und gut, aber in zwanzig Jahren sieht die Sache schon anders aus.« Er wollte mehr als eine sorglose Jugend. Er wollte einen krisenfesten Beruf.

Abgeschossen von einer Messerschmitt

Während also die Schulkameraden ihr Geld genossen, Freundinnen ausführten und ins Kino gingen, lernte Leslie Kochen und Servieren. Anschließend verpflichtete er sich auf verschiedene Schiffe und sah sich die Welt an. Als er genug davon hatte, heiratete er und wanderte mit seiner Frau nach Australien aus.

Dort hatte er die verschiedensten Jobs, unter anderem leitete er eine Flughafenkantine im heißen, tropischen Norden. Kaum war er seine finanziellen Sorgen los und kaum konnte er daran denken, etwas Eigenes aufzubauen, starb seine Frau. Der Schock war so groß, daß er sofort nach England zurückkehrte.

Aber es blieb nicht das einzige Mal, daß Leslie dachte: »Jetzt gehe ich zugrunde.« Während des Zweiten Weltkrieges war er bei der englischen Luftwaffe. Am 5. November 1943 wurde sein Flugzeug von einer deutschen Messerschmitt über der Nordsee abgeschossen. Mit Müh und Not konnte er sich aus der Maschine befreien. Stundenlang trieb er im kalten Wasser. Als er schon überzeugt davon war, daß es keine Hilfe mehr gab, wurde er von einem englischen Kriegsschiff geborgen.

Diesen 5. November hat Leslie nie vergessen. Er erlitt einen Nervenschock, mußte ins Krankenhaus, hatte lange Zeit mit Haarausfall und anderen körperlichen Beschwerden zu kämpfen. Der Schock war um so schwerer, als er den Tod seiner Kameraden hilflos hat mitansehen müssen. Die Kugeln der Deutschen hatten zuerst den Piloten, dann den Bordschützen getroffen. Leslie sah die beiden sterben und konnte ihnen nicht helfen. »Als ich aus dem Krankenhaus kam«, erinnert er sich, »dachte ich: Alles Schöne im Leben ist jetzt endgültig vorbei. Ich bin zu nichts mehr zu gebrauchen.«

Aber darin sollte er sich irren. Die besten Zeiten hatte er noch vor sich. Und schlagartig wurde das Leben schöner, als er in Bournemouth, wo er als Kellner in einem Hotel arbeitete, seine Jugendfreundin Frances wiedersah. Frances hatte ihm schon früher gefallen. Aber sie hatte einen andern geheiratet, einen Sohn bekommen und jahrelang nichts von sich hören lassen. Als er sie nun wiedertraf, war sie Witwe und er Witwer. Kurze Zeit später heirateten die beiden – und das haben sie bis heute nicht bereut.

In Bournemouth kam Leslie auch zu seinem jetzigen Beruf. Er war als Weinkellner angestellt, im Bourne-

mouth Pavillon, in dem elegante Abende und Bankette veranstaltet wurden. Dort sah er zum erstenmal einen Zeremonienmeister in Aktion. Leslie war stark beeindruckt. Nach diesem Abend paßte er sein neues Idol ab und wollte von ihm wissen, wie man es zu diesem herrlichen Beruf bringen könne. Aber genausogut hätte er einen Feind fragen können. Zur Antwort erhielt er nur folgenden Satz: »Tausende Kellner haben mich das schon gefragt, aber keiner hat es geschafft.« Mehr war aus dem Zeremonienmeister nicht herauszukriegen.
Gab Leslie auf? Natürlich nicht! Er wußte, daß er sich selbst helfen mußte und begann, diesen alten Herrn, der in der ganzen Stadt bekannt war, aufs genaueste zu beobachten. Als er genug gesehen und gelernt hatte, paßte er ihn wieder ab. »Ich bin sicher«, sagte er, »daß ich die Ausnahme bin. Ich kann es schaffen.« Beeindruckt von soviel Ausdauer, empfahl ihm der Meister der Zeremonien drei wichtige Bücher: eines über Etikette, eines über Protokoll und ein drittes über Orden und Auszeichnungen. Alles andere, meinte er, müsse er sich selbst beibringen.
Sechs Monate lang schuftete sich Leslie durch die Bücher. Dann traf man einander wieder. Bartlett war in bester Form, kannte alle Orden auswendig, legte auf Befehl eine Tischordnung für eine gräfliche Hochzeit vor und wußte, wer wem in der Kirche den Vortritt zu lassen hätte.
Der Meister wurde von so viel gutem Willen überrumpelt. Er selbst hatte mehr Aufträge, als er bewältigen konnte, und so beschloß er, Leslie eine Chance zu geben. Er hatte gerade die älteste Tochter eines Herzogs »verheiratet«, zwei Wochen später kam auch dessen

jüngstes Kind unter die Haube, und Leslie sollte zeigen, aus welchem Holz er geschnitzt war. Der Meister wollte an den Herzog schreiben und ihm mitteilen, daß ihn sein Assistent vertreten würde.

Es war eine Riesenhochzeit. Zweihundertfünfzig Gäste waren geladen, darunter die prominentesten Familien Englands. Das Fest fand im Schloß des Brautvaters in Dorset statt. Und Leslie kam, sah und siegte. Daß er während des ganzen Tages vor Nervosität zitterte, merkte keiner. Der Herzog schrieb einen Dankesbrief. Leslie war *in business.*

An einem einzigen Abend verdiente er jetzt mehr als früher in einer Woche. Er hielt sich an die Zeremonienmeister-Etikette, gab keine Annoncen auf, machte auch sonst keinerlei Reklame für sich, sondern wartete, wie man ihm empfohlen hatte, bis er gerufen wurde. Und er wurde gerufen. Er bekam Aufträge, wurde schließlich sogar ins Ausland eingeladen: zu Veranstaltungen der englischen Handelskammer, zu Diners und Hochzeiten.

Rund hundert Zeremonienmeister gibt es heute in England. Leslie gehört zu den zwanzig besten. Aber damit begnügt er sich nicht. Kürzlich hat er, knapp siebzig Jahre alt, mit einem Bekannten etwas ganz Neues gegründet: die erste Butlerakademie der Welt.

Ohne Angst selbständig

Die Zahl der Menschen, die es abseits vom Trampelpfad noch einmal versuchen und dabei erfolgreich sind, ist viel größer, als man glaubt. Es gibt eine Unzahl von Berufen, von denen der Durchschnittsmensch nicht weiß, daß sie

existieren. Berufe, die nie in den Stellenanzeigen stehen, Berufe, die Leute für sich selbst erfunden haben.
Eine Französin in Wien, Mutter großer Kinder und seit Jahrzehnten mit einem Österreicher verheiratet, gab ihre sichere Bürostelle auf, um ihre Ersparnisse in ihre zweite Karriere zu investieren. Diese besteht aus einem lustigen Geschäft, in dem man nicht nur Naturwolle und Naturfarben kaufen, sondern auch das Weben, Spinnen und Färben lernen kann.
Große Säcke voll duftender Blätter stehen im Raum herum, dazu Webrahmen und Webstühle und Berge von weicher, ungesponnener Schurwolle. Man lernt wieder zu fühlen und zu greifen, kann bald gute Wolle von besserer unterscheiden und erfährt, welchen Farbton Nuß- oder Zwiebelschalen ergeben.
Die Besitzerin führt ihr Geschäft wie einen Club. Wenn man Glück hat, wird man von ihr zu Kaffee eingeladen und zu frischen Krapfen vom Bäcker nebenan. Der Tisch, auf dem sonst das Telefon steht, wird dann mit einem selbstgewebten Tuch gedeckt, blau-weiße Schalen ergänzen das Bild. Leute kommen und gehen; die Kurse sind voll. Bereits nach einem Jahr war genug Geld da, um die drei angrenzenden Räume dazuzumieten.
Kein Wunder, daß die tüchtige Unternehmerin strahlt. Das Geschäft geht ausgezeichnet. Aber wichtiger ist ihr vor allem, daß sie endlich mit den Leuten zusammenkommt, die ihr liegen. »Im Büro«, erinnert sie sich, »bekommt man die Kollegen vor die Nase gesetzt. Ob man will oder nicht, man ist den ganzen Tag mit Leuten beisammen, die man sich nicht selbst ausgesucht hat. Einige waren ganz nett, aber sie hatten alle andere Interessen als ich. Ich hatte schon Angst, mein Leben zu versäumen.

Jetzt erst, mit fünfundfünfzig, habe ich endlich den Kreis um mich, den ich schon immer haben wollte.«

Französische Kamine brachten viel Geld

Durch seine zweite Karriere in die richtigen Kreise ist auch der Italiener Paolo Lafani gekommen. Paolo war bis zu seinem fünfzigsten Lebensjahr ein kleiner Regierungsbeamter. Dann freute ihn dies nicht mehr und er beschloß, seine wenigen Ersparnisse in eine neue, aufregendere Existenz zu investieren.
Was tat er? Er ging als unbezahlter Lehrling in ein elegantes Inneneinrichtungsgeschäft und lernte dort den Geschmack der feinen Leute kennen. Und da diese feinen Leute auch schöne alte Möbel lieben, begab er sich anschließend – ebenfalls unentgeltlich – als Lehrling zu einem Antiquitätenhändler.
Kurze Zeit später fing er an, mit einem Lieferwagen in die Provinz zu fahren, er kaufte Möbel bei Versteigerungen, erwarb ganze Nachlässe und belieferte seinen ehemaligen Lehrherrn. Bald mietete er ein eigenes Lagerhaus und wurde Großhändler.
So ging das einige Jahre, bis er feststellte, daß unter seinen Kunden eine Vorliebe für antike französische Kamine ausgebrochen war. Diese sind kleiner und zierlicher als die englischen, die lange Zeit der letzte Schrei gewesen waren. Also fuhr Paolo nach Paris, um sich auf dem Flohmarkt und bei Versteigerungen umzusehen. Er kaufte einige Exemplare aus grauem, verziertem Marmor und war erstaunt, welche Preise er mit ihnen erzielte. Er kam wieder nach Paris – und so begann seine neue Laufbahn. Heute ist

Paolo Besitzer eines wunderschönen Einrichtungshauses im besten Viertel seiner Heimatstadt. Er ist Experte für Kamine und Fachmann für französische Antiquitäten. Seine Kunden kommen aus den besten Kreisen. Und nach genau diesen Kreisen hatte sich Paolo immer gesehnt.

Diamanten statt Knöpfe

Glücklich mit ihrer zweiten Karriere ist auch die süddeutsche Hausfrau, Ehefrau und Großmutter Maria Kugler. Maria hat ihr Leben lang gearbeitet, auch als die Kinder noch klein waren. Als sie größer wurden, als dann die Enkel kamen, war ebenfalls nie genug Geld im Haus. Als Maria schließlich fünfzig wurde, arbeitete sie in einer Fabrik, die Knöpfe herstellte.
Eines Tages wurde ihr das zu langweilig. Sie wollte etwas Neues versuchen, irgend etwas Interessanteres. Durch die Zeitung fand sie einen Job als Botin bei einer Juweliersfirma. Es war ein Familienbetrieb, und Maria wurde gut behandelt und fühlte sich wohl.
Zwei Jahre später ging eine der Diamantenexpertinnen in Pension. Eine solche »Diamanteuse« untersucht die Steine nach Fehlern und Einschlüssen im Hinblick auf Schliff und Farbe, und sie bestimmt anschließend ihren Wert. Der Chef war nachdenklich. Wen sollte man einstellen? Einen Fremden? Diese Art von Arbeit ist Vertrauenssache, denn es geht dabei um große Werte.
Maria hatte Glück. Sie hatte zwar nicht auf sich aufmerksam gemacht, aber dem Chef war sie bereits aufgefallen: Sie war die verläßlichste Botin, die er je gehabt hatte. Als er sie fragte, ob sie den freien Posten haben wolle, ob sie be-

reit sei, Einschulungskurse zu machen, sagte sie sofort ja. Sie wußte, daß sie nun ihren Mann etwas vernachlässigen würde, aber sie beschloß, sich nicht zu sehr von ihm beeinflussen zu lassen. Als sie sich mit ihm ausgesprochen hatte, fuhr sie zu ihrem ersten Seminar.
Maria hat ihren Entschluß nicht bereut. Sie ist heute eine geschätzte Fachkraft, verdient doppelt soviel als einst bei den Knöpfen, und es gibt keinen Juwelier der Welt, der ihr über einen Diamanten Märchen erzählen könnte.

Gold, Ideen und Puppen

Beginnt man erst einmal, die Möglichkeiten außerhalb des Trampelpfades zu erkunden, wird man nicht mehr damit aufhören können. Ob man es in seiner zweiten Karriere als Haifischmarkierer bei Jacques-Yves Cousteau versucht, in der Karibik eine Taucherschule, am Mittelmeer eine Segelschule gründet, ob man mit siebzig als Märchenerzählerin in Norddeutschland noch einmal ganz neu anfängt oder ob man sich mit sechzig entschließt, ein Goldbergwerk wieder in Betrieb zu nehmen – der Phantasie, das merkt man bald, sind keine Grenzen gesetzt.
Die Idee mit dem Goldbergwerk stammt von einer tüchtigen Kanadierin, einer Hausfrau und Großmutter aus Vancouver. Kanada ist reich an Bodenschätzen, vor allem der Westen ist ein gesegnetes Land. Es gibt Erdöl, Gas, Zinn und Gold. Vor dem großen Börsenkrach im Jahre 1929 waren bereits etliche kleinere und mittelgroße Goldbergwerke in Betrieb gewesen. Nach der großen Pleite aber wurde dort die Arbeit niedergelegt. Eine dieser Minen wurde vorigen Sommer zum Kauf angeboten, und besagte

Dame überredete ihre vier Freundinnen – vier tüchtige, berufstätige Frauen, zwei davon selbständig – mitzumachen. Die fünf erwarben die Mine, begannen mit den Probebohrungen, und wenn man Zeitungsberichten glauben darf, dann hat sich das Wagnis gelohnt.

Gelohnt hat es sich auch für die amerikanische Hausfrau und Mutter Ruth Handler, ihrer Phantasie freien Lauf zu lassen und gegen die Proteste ihrer Umwelt und Familie eine Puppe mit Busen herzustellen. Aus dem witzigen, langbeinigen Geschöpf, das in einem Winkel der Handlerschen Garage das Licht der Welt erblickte, wurde die Barbie-Puppe, der Ausgangspunkt der Mattel Toy Company, der größten Spielwarenfirma der Welt.

Puppen begründeten auch die zweite Karriere einer talentierten Münchner Musikalienhändlerin. Als sie genug von ihrem Beruf und dem Leben in der Großstadt hatte, zog sie mit ihrem Sohn nach Italien. Heute lebt sie, wiederverheiratet mit einem Italiener, in einem Dorf in der Toskana, stellt wunderbare Puppen her, deren Kleider, Schuhe und Spitzenhäubchen kleine Kunstwerke sind und von Leuten aus dem Dorf angefertigt werden. Einmal im Jahr, im Advent, kommt sie nach München, verkauft die Puppen, die sie das Jahr über gemacht hat, im Textilhaus Beck am Rathauseck. Sie kann dann davon ein weiteres Jahr gut leben und arbeiten – in einem Land, in dem sie sich am wohlsten fühlt, in geradezu paradiesischer Umgebung.

Erfolg auf dem Dorf

Die Puppendame ist der lebende Beweis dafür, daß man auf dem Land nicht zu versauern braucht. Sicher ist es in der Stadt leichter, noch einmal neu anzufangen. Aber einem regen Geist sind keine Grenzen gesetzt.
In der Nähe von Wien, in einem winzigen Dorf, lebt ein ehemaliger Bankbeamter, der mit fünfzig alles verkaufte, was er besaß. Frau und Kinder blieben in der Stadt, kommen ihn aber regelmäßig am Wochenende besuchen. Als er seinen Entschluß, sein Leben zu ändern, bekannt gab, prophezeiten ihm alle, daß er in der Einöde verhungern würde. Aber das war nicht der Fall.
Erstens versorgt er sich praktisch selbst. Er hat einen Gemüse- und Obstgarten und er besitzt Hühner, die frei herumlaufen, glücklich im Boden scharren dürfen und Eier legen, die an Qualität alles übertreffen, was in den Stadtgeschäften angeboten wird. Er besitzt ferner zwei weiße Gänse, die den Wachhund ersetzen und jeden Fremden, der nicht aufpaßt, in die Waden zwicken. Ist keiner in Sicht, dann beißen sie sich gegenseitig. Er hat einen Blumengarten vor der Eingangstür und einen Holunderbaum vor der Scheune. Seit kurzem hält er sich auch fünf hübsche, weiße Schafe, die dekorativ hinter dem Haus weiden und sich vor den Gänsen fürchten. Aber davon könnte er nicht leben.
Seit Beginn, als er die Stadt verlassen hatte, kauft er alte Stoffreste. Er bittet Freunde, ausgediente Tisch- oder Bettwäsche mitzubringen, zerrissene Hemden, alte Kleider und Fetzen. Diese färbt er in großen Töpfen verschieden ein und webt daraus sogenannte Fleckerlteppiche, die zur Zeit als Volkskunst groß in Mode sind.

Anfangs machte er diese Teppiche nur zum Spaß. Er wollte seine Stube damit gemütlicher machen. Aber als er einmal Geld brauchte, raffte er sich auf, suchte aus dem Wiener Telefonbuch die Nummern von einigen Innenarchitekten und Einrichtungshäusern, fand zwei, die sich bereit erklärten, die Sachen anzusehen und kam schließlich mit einer Firma ins Geschäft. Jetzt ist jeder seiner Teppiche bereits lange, bevor er fertig ist, verkauft. Natürlich macht er damit nicht das große Geschäft. Er könnte es, aber er will keine Leute einstellen. Er verdient gerade soviel, daß er gut über die Runden kommt, und er ist zufrieden.

Sicher kann man sagen: Für einen Großstädter, der aufs Land zieht, ist es leichter. Es ist ihm gleichgültig, ob er ausgelacht wird, er gehört nicht zur Dorfgemeinschaft, er hat sozusagen Narrenfreiheit, und wenn er keinen Erfolg hat, macht's auch nichts. Für einen Einheimischen aber ist es viel schwerer. Es gibt Feindschaften von Kindheit an, es gibt Neider, und jeder wacht eifersüchtig über den anderen.

Dazu ist folgendes zu sagen: Wer auf dem Dorf arbeiten will, darf nicht hoffen, auf dem Dorf auch Erfolg zu haben. Anders ist es in einem Fremdenverkehrsort, wenn man die einheimischen Geschäfte mit Dingen beliefert, welche die Touristen gerne kaufen: selbstgebackene Kuchen, Marmeladen in hübschen Gläsern, biologisch gezogene Kräuter, Schafskäse, Pasteten nach dem Rezept der Großmutter oder geeignete Handarbeiten. Im allgemeinen aber gilt: Der Schlüssel für den Erfolg auf dem Dorf ist die nächstgelegene Stadt.

Auch wenn sich der ortsansässige Krämer noch so abfällig über meine selbstgemachten Marmeladen äußert, der Delikatessenhändler in der Stadt wird sie vielleicht vorzüglich finden und an anspruchsvolle Kunden teuer verkaufen. Dasselbe gilt für alles andere, was man auf dem Dorf produziert, ob es sich um Teppiche, Stickereien, bedruckte Tischtücher oder Kinderbettwäsche, Kinderkleider oder originelle Lampenschirme handelt, ob man auf Dachböden alte Möbel aufstöbert und restauriert, ob man Gläser bemalt, Bilder aus gepreßten Gräsern und Blumen herstellt, ob man eine biologische Gärtnerei oder eine Reitschule gründen will. Das Absatzgebiet ist die nächstgelegene Stadt, und wenn diese zu provinziell ist, die nächstgrößte.

Hat man einen großen Bekanntenkreis, kann man auch bei sich zu Hause verkaufen. Man organisiert an einem Wochenende eine Verkaufsausstellung, stellt das, was man macht, in verschiedenen Zimmern hübsch aufgebaut zur Schau, bringt Preisschilder an und versteigert am Schluß die Restposten. Daneben serviert man Kaffee und Kuchen (natürlich kostenlos) und hat an dem Ganzen auch noch einen Mordsspaß.

Wenn man selbst nicht genug Waren hat, kann man sich mit Freunden zusammentun und gemeinsame Sache machen. Sagen wir, ich erzeuge hübsche handbedruckte Tischtücher und Servietten, ein Bekannter im Nachbardorf töpfert. Diese Kombination ist ideal. Man deckt mehrere Tische verschieden, jeder lädt seine Bekannten ein, und wenn die Sachen originell sind und Stil haben, dann wird man auch gut verkaufen.

Eine tüchtige Wienerin verdient sehr viel Geld, indem sie neben Kind und Haushalt Weihnachtsschmuck und Osterdekorationen bastelt. Sie könnte auch an Geschäfte liefern, aber da ist ihr die Gewinnspanne zu gering. So veranstaltet sie zweimal im Jahr Austellungen, im Advent und in der Fastenzeit, meist bei einer Bekannten mit großer Wohnung und dazu in einem Betrieb, dessen Direktor sie sich »angelacht« hat. Von dem, was sie verdient, kann sie Kleidung und Urlaubsreisen finanzieren.

Ideen entstehen langsam

Man darf nicht annehmen, daß Ideen fix und fertig vom Himmel fallen. Die meisten entstehen langsam, brauchen eine gewisse Zeit, um zu reifen, und lassen sich nicht erzwingen. Aber die Ideenproduktion kann man ankurbeln: durch Nachdenken, durch Gespräche, durch Bücher. Ideen sind kostbar, nicht umsonst werden sie in der Neuen Welt so gut bezahlt.

Die Ideen der andern können mir zwar Impulse geben, aber *die Idee*, die mein Leben verändern soll, die muß ich selbst gebären. Ein guter Anfang ist die Selbstbeobachtung. Ich muß herausfinden, wo meine Stärken liegen, und muß dann in diese Richtung hin irgend etwas unternehmen. Manchmal genügt es, instinktiv einer Neigung zu folgen, und später wird daraus der Beruf, den man sich immer gewünscht hat.

Nehmen wir an, ich kann ganz gut malen. In der Schule wurden meine Bilder gelobt, und noch jetzt, mit erwachsenen Kindern, male ich für den Hausgebrauch. Ich will mehr daraus machen – aber wie? Nun, wenn man wirklich gut ist, dann weiß man das auch. Dann wird man malen, ganz gleich, was die anderen denken. Dann wird man so lange alle Galerien im engeren und weiteren Umkreis abklappern, wenn es sein muß, auch im Ausland, bis man eine findet, welche die Bilder akzeptiert und ausstellt.

Ist man nicht so weit, fehlt einem diese Überzeugung, hat man vielleicht noch nicht seine Technik gefunden. Weiß man nicht, ob man lieber zeichnen soll oder malen, ob man Holzschnitte machen oder sich an eine Radierung wagen soll, so ist es das beste, sich zuerst einmal gründlich in die Materie einzuarbeiten, das heißt, alles zu studieren, was einem über Malerei und ähnliches in die Hände kommt, inklusive Biographien von bekannten Malern und Informationen über den Kunsthandel.
Man wird Museen besuchen, Galerien, Vernissagen. Man wird, wenn man in einer größeren Stadt lebt, Vorträge anhören und Kurse besuchen. Kann man an der Volkshochschule nichts mehr lernen, glaubt man, ein gewisses Niveau erreicht zu haben, und hat man eine Universität in der Nähe, so wird man Vorlesungen über Kunstgeschichte als Gast belegen. Gibt es eine Kunstakademie am Ort, so muß man den Versuch unternehmen, in die Sprechstunde eines Professors (möglichst eines, dessen Werk man schätzt) zu kommen, um ihm seine Bilder zu zeigen und herauszufinden, was er von ihnen hält. Hat er von meinen Bildern eine andere Meinung als ich selbst, so werde ich es auch noch bei anderen versuchen. Habe ich einen Professor gefunden, der mich als Schüler akzeptiert, ist die Schlacht schon halb gewonnen.
Hat man dieses Stadium erreicht, so weiß man zumindest, wohin man gehört. Zur Malerei? Oder doch zum Kunsthandwerk? Hat man größeres Interesse am Restaurieren von Bildern und kostbaren, alten Bauernmöbeln? Am Entwerfen von Stoffmustern? Oder tendiert man vielleicht zur Innenarchitektur?
Auch in diesen Fällen wird man sich weiterbilden, wird Gleichgesinnte suchen und sich Anregungen holen. Viel-

leicht ist das, was die anderen *nicht* wollen, genau das Richtige für mich? Vielleicht wird aus den Ideen, die man austauscht, etwas Neues, etwas Eigenes, was es bisher noch nicht gegeben hat? Was ich tun will, muß ich mir selbst erarbeiten. Doch wenn ich es gefunden habe, wenn ich mich auf etwas, das abseits des Trampelpfades liegt, spezialisiere, dann geht es mir gut. Konkurrenz brauche ich dann nicht mehr zu fürchten. Die ist – weit weg von der Masse – praktisch gar nicht vorhanden.

Ein Mann vermietet sich selbst

Nirgendwo ist die Zahl derer, die sich selbständig machen so hoch, wie in der Neuen Welt. In Kanada versuchen es jährlich dreißigtausend Menschen – und rund die Hälfte ist erfolgreich. Einer von denen, die es geschafft haben, ist ein junger Mann, der auf die Idee kam, sich selbst zu vermieten. Zuvor hatte er die verschiedensten Berufe gehabt. Er war jahrelang als Gärtner, Bürohilfskraft, als Chauffeur und Kellner angestellt. Als er sein eigener Chef werden wollte, gründete er die One Day Only Company und vermietet sich seither selbst für knapp zweihundert Mark pro Tag.
Natürlich sucht er sich die Aufträge aus. Am liebsten fährt er Leute in teuren Autos spazieren. Aber er hat auch schon für einen Firmenausflug zweihundert Frikadellen zubereitet, wertvollen Familienschmuck über Land zur nächsten Bank transportiert, einem Fabrikbesitzer Koch und Butler ersetzt, kranke Haustiere zum Tierarzt begleitet und für Gemahlinnen reicher Männer Geburtstagsgeschenke besorgt.

Das Amüsante an dieser Geschichte ist, daß für die Gründung dieser Nur-einen-Tag-Gesellschaft, die inzwischen bekannt ist und floriert, fast kein Startkapital nötig war. Briefpapier, Visitenkarten, Versicherung – und schon ging's los. Die Wohnung dient als Büro, und solange das Telefon funktioniert, solange rollen die Aufträge herein ... bis der Chef genug hat und sich etwas anderes einfallen läßt.

Ein lebendes Kunstwerk

Das Leben abseits des Trampelpfades ist bunt, und es ist nicht das Geld, das es möglich macht. Natürlich kann Geld nicht schaden, aber bis man weiß, wie man sein eigenes verdient, genügen Phantasie und Unternehmungsgeist. Dies hat auch eine holländische Künstlerin herausgefunden.
Eigentlich wollte sie Malerin werden. Aber bald entdeckte sie, daß sie nur eines interessierte: verrückte Kostüme zu entwerfen, sich diese auf den Leib zu schneidern und sich selbst dazu passend einzufärben.
Dieser schillernden Dame ist es sogar gelungen, den Staat dazu zu bringen, ihr ein Gehalt zu zahlen, und die Beamten, die – wie jeder weiß – schwer auf ihren Budgetsäcken sitzen, davon zu überzeugen, daß das, was sie macht, Kunst ist. Also erhält sie im Jahr rund zweiundzwanzigtausend Mark, um sich als Künstlerin weiterzuentwickeln und das Stadtbild von Amsterdam aufzulockern. Alle sechs Monate muß sie Fotos von sich und ihrem derzeitigen Kunstzustand ans Ministerium liefern, und solange man dort zufrieden ist, wird sie nicht zu klagen haben.

Wer also in Amsterdam einer märchenhaften Figur begegnet, einer silbernen Dame mit Beinkleidern, die an eine Ritterrüstung erinnern, wilden Hüten und glitzerndem Haar, der weiß: Dies ist ein staatliches Kunstwerk. Und was die Dame selbst betrifft: Vor so viel Unternehmungsgeist und soviel Elan muß man einfach den Hut ziehen.

Weg vom Mittelmaß!

»Was den Europäern fehlt«, sagte der Generaldirektor einer internationalen Firma beim letzten Managementsymposium in Davos, »sind die Freude am Risiko und der Mut, noch einmal neu anzufangen. Aber das gefährlichste ist ihre Tendenz, Mittelmäßigkeit zum Ideal zu erheben. Solange die anhält, wird Europa nicht in der Lage sein, erfolgreich gegen Japan oder die USA zu konkurrieren.«

Dies sollte uns zu denken geben. Um so mehr, als Europa jahrhundertelang in der Welt wirtschaftlich und kulturell führend war. Warum sollte es nicht wieder so werden? Sind wir wirklich schon so müde? Wohin ist sie verschwunden, die Kraft, welche die berühmte europäische Kultur geschaffen hat? Ich glaube, wir haben sie noch – und jeder, der sich weigert, Mittelmäßiges zu produzieren, mittelmäßig in der Schablone dahinzudenken, mittelmäßig zu handeln, mittelmäßig zu leben und schließlich im Mittelmaß zu ersticken, der hilft, sie wieder zu mobilisieren.

Wenn ich es abseits vom Trampelpfad schaffen will, dann kann ich mir Mittelmäßigkeit gar nicht leisten. Dann will ich sie auch gar nicht, denn sonst wäre ich in meinem lang-

Informieren Sie mich bitte kostenlos und unverbindlich über Neuerscheinungen des Droemer Knaur Verlages.

Ich interessiere mich besonders für:

- [1] **Nachschlagewerke**
- [2] **Kunst- und Bildbände**
- [3] **Verständliche Wissenschaft**
- [4] **Romane**
- [5] **Jugendbücher**
- [6] **Taschenbücher**
- [7] **Unterhaltungsliteratur**
- [8] **Sachbücher**

(Zutreffendes bitte ankreuzen!)

Diese Karte entnahm ich dem Buch:

Knaurs Kulturführer in Farbe Deutschland
Der farbenprächtige Geschenkband!

Die Kunst, ohne Überfluß glücklich zu leben
Das große Abenteuer unserer Zeit

Knaurs Rechtschreibung
Über 360.000 Angaben zur Rechtschreibung, über Fremdwörter u. Grammatik!

Liefern Sie bitte über die Buchhandlung:

___ Expl. **Knaurs Rechtschreibung**
___ Expl. **Die Kunst, ohne Überfluß glücklich zu leben**
___ Expl. **Knaurs Kulturführer – Deutschland**

Datum: Unterschrift:

Bitte in Druckschrift ausfüllen:

VOR- UND ZUNAME														

STRASSE														

PLZ					ORT									

BERUF									DATUM					

Diese Spalten werden vom Verlag ausgefüllt.

BERUF	DAT	TITEL	ANR	INF	G

Werbeantwort

**An die
Droemersche Verlagsanstalt
Th. Knaur Nachf.**

**Postfach 80 04 80
8000 München 80**

Bitte mit
Postkarten-
Porto
freimachen

weiligen, aber sicheren Nest geblieben. Wer ausbricht, der gibt mit Freuden sein Bestes, der will stolz sein, auf das, was er macht. Der will seine Flügel strecken, der will es den anderen zeigen, sich unter Beweis stellen. Und der Erfolg wird ihm recht geben. Wirklich gute Arbeit ist noch nie untergegangen.
Obwohl in Europa die Zahl der Selbständigen noch immer zurückgeht – wenn auch heute nicht mehr in dem Ausmaß, wie vor einigen Jahren –, so gibt es doch genügend, die mit einer zweiten Karriere den Schritt in die Freiheit wagen. Die Staatsbehörden haben inzwischen auch erkannt, daß es ohne die Selbständigen nicht geht. Ein Mensch, der sich selbst im Griff hat, fällt keinem zur Last. Wenn er auch noch Arbeitsplätze für andere schafft, ist er mit Gold nicht aufzuwiegen.
Nicht ohne Grund geben viele europäische Regierungen jetzt denen, die es versuchen wollen, günstige Starthilfekredite, die ganz gering verzinst werden oder sogar zinsenfrei sind. Erst nach zwei Jahren muß man mit den Rückzahlungen beginnen.
Die Eigeninitiative wird auch auf andere Art gefördert. Es gibt in den meisten Ländern, ebenfalls staatlich subventioniert, Umschulungskurse für Erwachsene, Vorträge zur Weiterbildung, und – was besonders erfreulich ist – Starthilfeseminare der Industrie- und Handelskammern. Bei diesen lernt man, wie man sich selbständig macht und worauf man besonders zu achten hat. Man erfährt, wie man Kredite bekommt, wie man Geld investiert, wie man Einnahmen und Ausgaben kalkuliert. Die Seminare werden meist an Wochenenden abgehalten und sind billig. Die Teilnahme kostet zum Beispiel in Oberbayern in Weyarn hundertfünfzig Mark. Wer sich seiner Sache nicht sicher

ist, sollte vor der endgültigen Entscheidung so ein Seminar besuchen. Es wird ihn gewiß vor den gröbsten Fehlern bewahren.

Der Perlenkönig

Und zum Abschluß noch ein ermunterndes Beispiel einer erfolgreichen zweiten Karriere abseits des Trampelpfades: Fast jeder weiß, daß die ersten Zuchtperlen in Japan von einem Mann namens Kokichi Mikimoto erzeugt wurden. Ob auch alle wissen, wie Mikimoto angefangen hat? Als armer Nudelverkäufer.
Geboren wurde er am 25. Januar 1858 in der kleinen Stadt Toba. Sein Vater verkaufte Nudeln, und der Sohn half ihm vom vierzehnten Lebensjahr an dabei. Um etwas mehr zu verdienen, begann Kokichi mit Gemüse zu handeln und verkaufte dieses unter anderem an englische Schiffe.
Als er dreißig Jahre alt war, errichtete er seine erste Perlenfarm. Zu diesem Zeitpunkt war er bereits verheiratet, und nur seine Frau glaubte an seinen Erfolg – sämtliche Nachbarn, sämtliche Freunde, Verwandte und Bekannte hielten ihn für verrückt. Denn das sagte einem doch der klare Verstand: Wie wollte ein Mensch eine Muschel dazu zwingen, Perlen zu erzeugen?
Anfangs hatte Mikimoto sehr viel Pech. Jahrelang stießen die Muscheln die eingesetzten Fremdkörper wieder aus. Und die ersten Perlen, die er nach vielen Jahren fand, waren auch nicht kugelförmig, sondern halbrund. Mikimoto mußte siebenundvierzig Jahre alt werden, um die erste vollkommene, schimmernde Perle zu finden.
Er fand sie in einer toten Muschel, denn die sogenannte

rote Flut, ein krankhaftes Wuchern roter Algen, die alles zerstört, hatte wieder einmal seine ganzen Austernbänke vernichtet.
Aber als er diese Perle fand, wußte er: Die jahrzehntelange Arbeit, der Spott der Umwelt, die ihn nur mehr »den Verrückten« genannt hatte, die Geldnot, die Zweifel, all das hatte sich gelohnt. Tragisch dabei war nur, daß seine Frau, die er sehr geliebt und die an ihn geglaubt hatte, gestorben war und den Erfolg nicht mehr erleben konnte.
Mikimoto arbeitete noch mehr als früher. Er fing wieder von vorne an. Auch der Zweite Weltkrieg, die Bomben und die totale wirtschaftliche Zerstörung Japans konnten ihn nicht unterkriegen. Mikimoto & Company ist heute eine Riesenfirma mit einem Eigenkapital von vierhundertsechzehn Millionen und Jahresumsätzen von rund dreiunddreißig Millionen Dollar. Mikimoto wurde sechsundneunzig Jahre alt. Er hat die ganze erste Hälfte seines Lebens dazu verwendet, seine Ideen zu verwirklichen – und die zweite wurde ihm geschenkt, um sich darüber zu freuen.

6. Keine Angst vor den Reichen!

Dieses Buch ist ein Erfolgsbuch, und deshalb müssen wir auch vom Geld sprechen. Um Geld zu verdienen, viel Geld, muß man aufhören, sich vor »den Reichen« zu fürchten. »Das ist nur etwas für Privilegierte«, heißt es oft oder »das kann sich nur ein Reicher leisten«, und damit setzt man sich selbst Grenzen. Man schüchtert sich ein und beschneidet mit diesem Blick aus der Ameisenperspektive nach oben, wo alles angeblich so einfach und leicht ist, seine Chancen. Fazit: Man versucht das, was man könnte, nicht einmal.

Unter den Privilegierten ist noch sehr viel Platz

Wer sind denn diese anonymen Privilegierten? Die Reichen von heute sind ganz anders als die von früher. Die Reichen sind keine fixe, stabile, unantastbare Schicht. Im Gegenteil. Nichts ändert sich so schnell wie der Kreis der Reichen. Es ist so leicht, ein geerbtes Vermögen durchzubringen, einen langsam aufgebauten, florierenden Betrieb zu ruinieren. Die Geschichte strotzt von Söhnen, die das was der Vater schuf, verpraßten. Jedes Jahrhundert ist voll von Namen, die ein, vielleicht zwei Generationen lang in

aller Munde waren, um dann nie wieder gehört zu werden.
Die großen Familien, die vom Erdboden verschwanden, überwiegen jene, die heute noch vorhanden sind. Wer heute reich ist, kann morgen schon arm sein, auch ohne Börsenkrach und Revolution. Und umgekehrt: Wer heute arm ist, kann es morgen zu Wohlstand bringen.
Zahlreiche Menschen haben ein gestörtes Verhältnis zum Geld. Obwohl es jeder haben will, gibt es erstaunlich viele Leute, die sich davor fürchten. Besonders Frauen haben in dieser Hinsicht Angst. Besitzen sie ein Geschäft, so fürchten sie sich vor hohen Verkaufspreisen, die ihr Nachbar dann, ohne mit der Wimper zu zucken, verlangt. Daß das so ist, begriff ich eines Tages, als ich mit einem Geschäftsmann durch die Wiener Innenstadt unterwegs war. Vor einer neueröffneten Herrenboutique blieben wir stehen. Alles im Schaufenster kostete für meine Begriffe ein Vermögen. »Jetzt wird sich mein Begleiter darüber aufregen«, dachte ich. Aber was sagte er? »Der Besitzer hat Mut«, kam es im Brustton der Überzeugung, »der fürchtet sich nicht vor hohen Preisen.«
Also keine falsche Bescheidenheit. Ruhig ordentlich verlangen und sich dadurch Respekt verschaffen. Was zu billig ist, wird nicht geschätzt. Aber das, was wir nicht sofort haben können, das, worauf wir sparen müssen, umgeben wir sofort mit einer Art Heiligenschein. Nicht umsonst zwingen Jugendämter Väter (oft gegen den Willen der Mütter), für ihre Kinder zu zahlen. Dort weiß man: Ein Kind, in das man Geld investiert, ist auch interessanter, eines das nichts kostet, ist dagegen schnell vergessen.
»Mit dem Geldverdienen«, sagte mein Bruder, als ich ihn vor Jahren als Studentin zum Flughafen begleitete, »ist es

wie mit allem anderen auch: Man muß es nur wirklich wollen.« Er sagte es, weil ich gern mit ihm nach Barcelona geflogen wäre, kein Geld besaß und einen vernichtenden Vortrag über unsere Gesellschaft gehalten hatte, in der scheinbar immer nur die anderen das große Geld verdienen, während man selbst nicht vom Fleck zu kommen scheint. Aber mein Bruder hatte recht. Erfolg muß man wollen. Man muß im tiefsten Innern an ihn glauben. Man darf sich auch gedanklich keine Grenzen setzen. Dann tut man automatisch das Richtige, auch wenn man es oft erst Jahre später begreift.

Man sollte vor allem aufhören, seine Zeit mit Kleinkram zu verschwenden. »*You have to think big*«, sagen die Amerikaner und das sollte man praktizieren: in großen Dimensionen denken. Wie oft hat man sich in jugendlicher Unvernunft geplagt, rannte wochenlang bettelnd zum Firmenchef, um eine winzige Gehaltserhöhung zu erreichen und wiederholte das Ganze, wenn der unsympathische Kollege, dem man es zeigen wollte, zwei Monate später auch mehr bekam.

Wozu das alles? Was ändert sich schon groß in meinem Leben, wenn ich es nach jahrelangen Bittgängen auf fünfhundert Mark mehr Gehalt gebracht habe? Viel wichtiger ist, die Lage im Großen zu sehen. Wo kann ich in zehn Jahren sein? Lohnt sich das Ganze überhaupt? Dieser Firma sind offensichtlich Grenzen gesetzt, ist sie vielleicht gar ein Verlustunternehmen? Dann lieber weg. Dann ist es vernünftiger, die Energie, welche solche Bittgänge kosten, in eine neue Ausbildung zu investieren. Dann fange ich am besten ganz neu an.

Und habe ich mich entschlossen, dann gibt es nur eines: mit aller Kraft drauflos! Neider und Versager meide man;

die können in diesem Stadium nur schaden. Man braucht Leute um sich, die einem Mut zusprechen. Kein Bergsteiger, der zum Gipfel will, blickt hinunter in den Abgrund. Augen fest nach oben, langsam und sicher Fuß vor Fuß setzen, keine Abkürzungen, keine krummen Touren. Die Mühe lohnt sich. Unter den Privilegierten ist noch sehr viel Platz.

Seien Sie neugierig!

Die europäische Erziehung hat viele Vorteile, aber vollkommen ist sie nicht. In England hat jeder Angst »persönlich« zu werden und meidet peinlichst Fragen, die mit dem Privatleben zu tun haben. Resultat: Jeder klagt über die »kalten« Briten, die sich für nichts interessieren und nur über das Wetter zu sprechen imstande sind. Natürlich ist dort auch »Geld« ein schmutziges Wort – und das ist auch für unsere Verhältnisse in gewisser Weise zutreffend.
Es gilt in ganz Europa als Fauxpas, Leute zu fragen, wieviel sie verdienen. Stets ist nur von »gewissen Summen«, »einer schönen Stange Geld« und einer »angemessenen Entschädigung« die Rede. Will man Genaueres wissen, erntet man strafende Blicke. In den Vereinigten Staaten ist das anders, und das ist sicher auch ein Grund, warum man drüben schneller zu Geld kommt. In Amerika ist man konkret. »Jedes Ding«, sagt man dort, »hat seinen Preis.« Was auch stimmt. Und man geniert sich nicht, diesen Preis zu nennen.
Für alle, die verdienen wollen, ist daher Grundregel Nummer eins: Ohren auf bei allem, was mit Gehältern, Kosten, Ausgaben, Einnahmen, Steuern, Investitionen und Ge-

winn zu tun hat! Fragen, wenn man sich nicht auskennt. Keine falsche Scham. Man muß sich von den finanziellen Tatsachen ein Bild machen, ehe man selbst handeln kann. Wenn ich in einer Firma arbeite, will ich wissen, wieviel der Generaldirektor verdient und wieviel die Putzfrau. Ich will vor allem wissen, ob meine Firma Profit abwirft und wenn, wieviel.

Sollen die anderen nur sagen: »Mein Gott, ist die neugierig!« Sie wissen nicht, worauf es ankommt. Ich galt in der Redaktion als besonders neugierig. Und hat es mir geschadet? Nicht im geringsten. Meiner Arbeit hat es nur genutzt. Und zur Verteidigung aller, die gerne den Dingen auf den Grund gehen: Ohne Neugier gäbe es keinen Fortschritt. Ein neugieriger Mensch befriedigt nur den gesunden Drang, dem Leben auf die Spur zu kommen. Und dessen braucht man sich nicht zu schämen.

Man muß also lernen, Fragen zu stellen und auch in Gesellschaft den Mund aufzumachen, um herauszufinden, was man wissen will. Was dabei hilft, ist die Tatsache, daß man auch die intimsten Fragen so stellen kann, daß sie niemanden verletzen. Nur Dumme und Ungeschickte fragen aggressiv und bringen sich dadurch um die Antwort. Wie man es richtig macht, sah ich vor Jahren in Rom bei der Welternährungskonferenz.

Nie werde ich vergessen, wie ein berühmter englischer Journalist den indischen Konferenzabgeordneten fragte, wie viele Menschen in einem gewissen, vom Hochwasser verwüsteten Gebiet vom Hunger bedroht seien. »Niemand«, antwortete der Inder stolz, »ist in meinem Land am Verhungern.« Dabei hatte er kurz vorher öffentlich um Subventionen für die hungernden Opfer gebeten. Die anderen Reporter, die herumstanden, notierten eifrig diese

Antwort. Aber der Engländer ließ sich nicht so leicht abfertigen. Er fragte noch einmal und noch einmal, lächelte dabei höflich, wählte seine Worte geschickt und bekam nach dem fünften Versuch die gewünschte Antwort: Es waren zweihunderttausend.
Was ich dabei vor allem lernte, war, daß man sich vor den anderen nicht genieren darf. Nur nicht denken: Keiner fragt. Entsetzlich! Wenn ich frage, werden mich alle für dumm halten, weil ich zugebe, daß ich das und das nicht weiß.« Ich habe früher oft so gedacht. Heute aber weiß ich, daß die andern meist ebenfalls keine Ahnung haben. Sie schweigen, weil sie sich nicht blamieren wollen. Wirklich blamiert ist aber nur der, der das, was er wissen möchte, nicht erfährt. Und seit ich gesehen habe, wie jener englische Kollege mit der größten Selbstverständlichkeit in die allgemeine Stille hinein fünfmal zu fragen wagte, seither kann ich es auch.
Also: Mund auf in Gesellschaft, keine vagen Antworten akzeptieren, lieber noch einmal fragen, als dumm bleiben. Das ist ein wichtiges Prinzip für die zweite Karriere.

Frauen verdienen nicht nur Hungerlöhne

Es war nach einem Abendessen im kleineren Kreise. Wir debattierten über Frauen und Geld. »Ach was«, meinte eine der Anwesenden,« wozu sich anstrengen? Frauen haben immer noch keine echten Chancen. Da muß sich erst die Gesellschaft ändern.« – »Stimmt nicht«, konterte eine andere, »wer sich heutzutage anstrengt, erreicht etwas.« Zwei verschiedene Anschauungen, zwei verschiedene Leben. Die erste war Hausfrau, mit einem gutverdienenden

Architekten verheiratet, die zweite leitete ihre eigene Firma, die sie selbst, als die Kinder erwachsen wurden, aufgebaut hat. Die erste hatte Angst vor dem Alter, die zweite nicht. Beide sind sehr attraktive Frauen.
Zu welchem Schluß wir kamen? Nun, wer wartet, bis sich die Gesellschaft ändert, der wird alt, verbittert und versäumt sein Leben. Auch wir sind ein Teil der Gesellschaft, und je mehr wir uns bemühen, je mehr wir erreichen, desto besser für die anderen. Je mehr Frauen etwas aus sich machen, desto frauenfreundlicher wird die Gesellschaft. Nichts imponiert mehr als Erfolg. Wenn die Gesellschaft sieht, daß sich jemand ehrlich, echt und mit ganzer Kraft bemüht, dann wird sie ihm auch helfen. Das liegt in der menschlichen Natur. Und auch im menschlichen Interesse. Denn wer sich selbst hilft, fällt den anderen nicht zur Last.
Eine Frau, die sich heute allein erhalten will, ist über kurz oder lang dazu imstande. Frauen verdienen nicht mehr nur Hungerlöhne. Auch wenn es noch viele Ungerechtigkeiten gibt, tragen doch manche Frauen mehr nach Hause als ihre männlichen Kollegen. Es war eine Frau, eine reife Frau, die das höchste Gehalt verdiente, das je einem Fernsehansager bezahlt wurde: Barbara Walters bekam von einer amerikanischen Fernsehstation einen Jahresvertrag mit einer Million Dollar Gage. Soll uns deshalb der Neid fressen? Im Gegenteil. Vergönnen wir es ihr! Freuen wir uns, daß es überhaupt einer Frau möglich ist, so viel zu verdienen. Und ziehen wir daraus die Konsequenzen für unser eigenes Leben! Beginnen wir, es zu verbessern; je früher, desto besser.
Frauen, die sich heutzutage etwas aufbauen, sind keine Alibifrauen mehr, die »man« emporkommen läßt, um zu be-

weisen, daß die Frauen keinen Grund zur Klage haben. Dazu ist ihre Zahl schon viel zu groß. Und Jahr für Jahr wächst sie weiter. Eine Frau, die sich heute für eine Karriere entscheidet, ganz gleich, ob vor, nach, oder anstelle von Kindern, hat echte Chancen, etwas zu erreichen.
Natürlich sind die Chancen größer, wenn man nicht ständig mit dem Diskriminiertenblick herumläuft. Am meisten erreicht man, wenn man sich völlig natürlich benimmt, nicht in jeder kleinsten Andeutung eine Spitze gegen sich oder sein Alter vermutet und nicht die Verfolgte spielt. Aus Spielen wird schnell Ernst. Warum die schlechte Behandlung herausfordern? Warum die anderen überhaupt auf die Idee bringen, daß man schöner, gefügiger oder am besten gleich ein Mann sein sollte?
Viel amüsanter ist es, von allen prinzipiell nur das Beste anzunehmen. Natürlich will man mich haben. Natürlich bin ich beliebt. Ich habe die Flegeljahre hinter mir, ich bin gereift, erfahren, fleißig und verläßlich. Natürlich stört es keinen, daß ich eine Frau bin. So kleinlich kann doch heutzutage kein Mann mehr sein. Und das sage ich auch. Resultat: Man läßt mich in Ruhe. Kein Kollege, kein Chef will gerne als Ungeheuer gelten.
Freuen wir uns doch an dem, was wir schon erreicht haben! Sehen wir nicht immer nur das Negative! Auch wir können Erfolg haben, nicht immer nur die anderen. Wichtig ist nur, daß man an sich glaubt. Gut formuliert hat es die berühmte amerikanische Bildhauerin Louise Nevelson. Als man sie zu ihrem achtzigsten Geburtstag fragte, wie sie sich ihren Erfolg erkläre, sagte sie: »Eine Frau zu sein, war für mich nie ein Hindernis. Ich habe zu Hause immer nur gehört, daß ich auch als Mädchen alles, was ich wollte, erreichen könne. Und so habe ich es eben auch erreicht.«

Der oberste Chef ist mein bester Freund

Äußerst wichtig, um in der zweiten Karriere vorwärtszukommen, ist folgende Taktik, zu der man freilich Zivilcourage braucht: Man übergehe, wenn irgend möglich, Vorzimmerdamen, Assistentinnen und Sekretärinnen und wende sich bei jedem wichtigen Anliegen direkt an den Chef. Nicht an den unmittelbar vorgesetzten, sondern an den »gottsöbersten« – und man wird viel Zeit und Nerven sparen.

Die, welche ganz oben sitzen, sind meist über Intrigen erhaben. Sie wollen nur eines: daß der Betrieb gut funktioniert. Das aber will man selbst auch, denn wenn die Firma pleite geht, sitzt man auch auf der Straße. Jedenfalls geben die von der Chefetage klare Antworten, und sie besitzen den Überblick. Der Grund, weshalb es in so vielen Ministerien, Betrieben, Zeitungen und Universitäten von Pannen und Mißverständnissen wimmelt, ist, daß jeder vor dem obersten Chef zittert und nur selten den Mut aufbringt, noch einmal in die Höhle des Löwen zu gehen und Rückfrage zu halten.

Ich kann mich noch gut erinnern, ich war erst zwei Monate bei der Zeitung, als ich von meinem Ressortchef den Auftrag erhielt, einen Artikel über die schlechte Musik in einem Wiener Konzertcafé zu schreiben, das in diesem Sommer die Hauptattraktion für Touristen aus Amerika war. Folgendermaßen hat er mir den Auftrag mitgeteilt: »Sie sollen da was über die Leute machen, die sich bei der grauenhaften Musik mit Torte vollstopfen, sagt der Chef.«

Pflichtgemäß begab ich mich an den Tatort. Die Musik war nicht schlecht. Ich fragte den Besitzer: »Haben Sie in letzter Zeit die Musiker gewechselt? Angeblich sollen sie frü-

her nicht so gut gewesen sein.« – »Was?« empörte sich der Mann, »wir spielen seit Saisonbeginn mit der gleichen Besetzung. Ich bin ein musikalischer Mensch. Ich höre sofort, wenn einer falsch spielt. Wenn Sie schreiben, daß die Musik schlecht ist, dann gehe ich vor Gericht.«
Ich hörte mir das Konzert bis zum Ende an. Es war wirklich nicht schlecht. Einige der Gäste, die ich befragte, waren sogar hellauf begeistert. Ich fuhr in die Redaktion zurück. Dort nahm ich allen Mut zusammen und ließ mich beim Chef melden, obwohl er laut Flüsterpropaganda schlecht gelaunt war und es sich für »eine Neue« nicht geziemte, den Allgewaltigen zu stören. »Wollen Sie wirklich, daß ich über das Konzertcafé etwas Vernichtendes schreibe?« fragte ich ihn, »die spielen nämlich gar nicht schlecht.« – »Um Gottes willen!« entgegnete er entsetzt. »Ich will einen netten Leseartikel für Samstag, wie gut sich die Amerikaner beim Wiener Walzer amüsieren.« Ein Vernichtungsschlag des Schicksals war abgewehrt. Und obwohl mich der Ressortchef beschimpfte, weil ich ihn übergangen hatte, genierte ich mich in Zukunft nicht mehr zu fragen.
Es ist anzunehmen, daß ein reifer Mensch den Unterschied zwischen wichtig und unwichtig kennt und seinen obersten Vorgesetzten nicht mit Lappalien belästigt. Aber man sollte es sich zur Grundregel machen, im Zweifelsfall immer den Chef zu fragen, wenn man reibungslos arbeiten will. Auch an der Universität habe ich mich möglichst an die Professoren gewandt und, soweit es ging, Assistenten und Vorzimmerdamen übersprungen. Ich bin in die Sprechstunde gegangen und habe gefragt, was ich wissen wollte. Einem »Der Herr Professor hat gesagt« wagt sich kaum ein Assistent zu widersetzen.

Nur einmal während meiner ganzen Studienzeit hat sich eine Vorzimmerdame gerächt – für die vielen Jahre, in denen es ihr nie gelungen ist, mich zu bevormunden. Ich hatte meine Dissertation zu Ostern abgegeben und kam zu Weihnachten wieder, um die Beurteilung zu erfahren. Zitternd stand ich vor der Tür des Professors. Nichts rührte sich im Zimmer, obwohl Sprechstunde war. Niemand antwortete auf mein Klopfen. Da erschien die Vorzimmerdame. Leichtfüßig kam sie auf mich zu. »Ach, Sie sind es.« Sie lächelte, und ich war erstaunt über ihre Freundlichkeit. »Der Herr Professor ist nicht da. Was wollten Sie denn?« – »Ich wollte wissen, wie er meine Dissertation findet.« – »Welche Dissertation?« fragte sie und machte große Augen. »Die Dissertation, die ich zu Ostern abgegeben habe«, sagte ich ängstlich. »Ach ja«, sie begann zu strahlen, »da muß ich Ihnen leider sagen, daß der Herr Professor die Dissertation verloren hat.«

Ich stand da, wie vom Schlag gerührt. Drei Jahre Arbeit und ein halbes Jahr Angst umsonst? Das konnte nicht wahr sein. Es war auch nicht wahr. Nur erfuhr ich dies erst nach vier Stunden verzweifelten Wartens. Dann kam der Professor und alles war gut. Aber die Qualen, die ich in diesen vier Stunden ausgestanden habe, konnte ich bis heute nicht vergessen.

Aber zurück zur Gegenwart, zum Thema Erfolg und Geld und zur Tatsache, daß sich auch Frauen sehr gut daran beteiligen können, noch dazu, ohne es direkt darauf anzulegen. Es folgt ein Beispiel aus meinem unmittelbaren Bekanntenkreis. Ich konnte diesen Aufstieg mit eigenen Augen verfolgen und mich darüber freuen. Es ist eine Geschichte, die mir sehr viel Mut gemacht hat, die mir zeigte, daß es für eine tüchtige Frau oft erst Mitte Dreißig richtig losgeht. Und das schönste an der Geschichte ist, daß sie in unserer Zeit kein Einzelfall mehr ist.

Lotte aus der Schweiz

Lotte ist eine lustige Person mit rundem Gesicht und schlanker Taille. Als sie zweiundzwanzig Jahre alt war, kam sie nach Paris – nicht zum Geldverdienen, sondern um Abenteuer zu erleben. Sie fand eine Stelle als Au-pair-Mädchen, verliebte sich in einen Franzosen und heiratete ihn schließlich auch. Angeblich war er ein wohlhabender Geschäftsmann.
Lotte kündigte ihre Stelle und wurde Hausfrau. Im zweiten Jahr ihrer Ehe bekam sie einen Sohn. Als sie geheiratet hatte, war sie mit ihrem Mann in eine wunderschöne, große, herrschaftliche Wohnung gezogen. Diese befand sich in einem eleganten Haus aus der Gründerzeit, hatte schmiedeeiserne Balkone, und die Fenster reichten bis zum Boden. Zur Wohnung gehörten drei Schlafzimmer, ein blaues und ein weißes Badezimmer, eine große Küche und ein Eßzimmer. Im Salon prangte ein Marmorkamin; überall gab es Spiegel.
Als das Kind neun Monate alt war, stellte Lotte fest, daß es ihrem Mann schwerfiel, die Miete zu bezahlen. Er versuchte dies zwar vor ihr geheimzuhalten, aber sie fand Briefe der Hausverwaltung und erfuhr nach einer vernichtenden Aussprache, zu der sie ihren Mann hatte zwingen müssen, daß er in großen finanziellen Schwierigkeiten steckte. Er hatte sich bei der Renovierung seines neuen Geschäftes verkalkuliert, hatte viel zu viel Geld ausgegeben, hatte anschließend zu viele und zu ausgefallene Waren be-

stellt, die sich nicht verkaufen ließen, hatte Kredite aufgenommen und bei sämtlichen Freunden Schulden gemacht. Die ersten Rückzahlungen wurden fällig, und er wußte nicht, woher er das Geld dazu nehmen sollte.
Lottes erste Reaktion war: helfen. »Wenn du willst«, sagte sie eifrig, »gehe ich sofort wieder arbeiten.« Aber ihr Mann wollte nichts davon hören. »Was du verdienen kannst, ist nicht der Rede wert«, meinte er und verbat ihr, sich in »seine Angelegenheiten« zu mischen. Lotte gehorchte. Sie war autoritär erzogen worden. Ihr Vater hatte daheim das große Wort geführt, und gegen seine Befehle zu handeln, wäre ihr nie in den Sinn gekommen.
Also saß sie zu Hause und machte sich Sorgen. Sie wagte nicht, das Thema Arbeit noch einmal ins Gespräch zu bringen. Sie vermied auch peinlichst, nach dem Gang der Geschäfte zu fragen. Sie sagte kein Wort, als ihr das Wirtschaftsgeld um zwei Drittel gekürzt wurde. Auch als sie die Wohnung aufgeben mußten, um in ein anderes Viertel in zwei kleine Dienstbotenzimmer unterm Dach zu ziehen, wagte sie nicht zu fragen. »Das ist nur vorübergehend«, tröstete sie ihr Mann, »bis ich das Geschäft verkauft habe. Dann nehmen wir uns eine viel schönere Wohnung als die erste.«
Eineinhalb Jahre später saß Lotte immer noch unter dem Dach. Und meist allein. Wirtschaftsgeld gab es nur mehr sporadisch. Geschäftlich hatte sich, soweit sie es in Erfahrung bringen konnte, nichts geändert. Dafür war ihr Mann nicht wiederzuerkennen. Er war ungeduldig und jähzornig geworden und sah in der unschuldigsten Frage eine Provokation. Fast jeden Abend kam er spät nach Hause. Angeblich hatte er wichtige Besprechungen, die zu einer sofortigen Besserung der Lage führen könnten. Das große

Geld, erzählte er ihr, liege nur um die Ecke. Wenn er es diesmal nicht zu fassen kriege, dann das nächste Mal ganz sicher. Vielleicht schon morgen abend. Sie müsse nur Vertrauen haben. So ging das monatelang dahin.

Der Kampf ums Überleben

Lotte ertrug es eigentlich nur, weil sie glaubte, ihr Mann liebe sie und sei ihr treu. Aber eines Tages fand sie in der Tasche des Mantels, den er am Vorabend getragen hatte, etwas, das sich wie Karton anfühlte. Sie zog es heraus und sah, daß es ein in mehrere Teile zerrissener Bierdeckel war. Sie fügte die Stücke zusammen und las, was mit Kugelschreiber darauf gekritzelt stand. »Natalie«, entzifferte sie, »Liebe und Zimmer 200 Franc« und darunter stand: »Dankend erhalten.«

Mit den Stücken in der Hand begann sie zu weinen und konnte die ganze Nacht hindurch nicht aufhören. Ihr Mann bemerkte nichts davon. Er kam erst um 5 Uhr früh, schlief bis mittags und machte sich um 16 Uhr wieder aus dem Staub. Kaum war er weg, kam die ganze Misere der letzten Jahre hoch: der chronische Geldmangel, die ständige Unsicherheit, die Einsamkeit, die Streitigkeiten, die Enttäuschung, daß er sich nicht mehr um das Kind kümmerte. Sie gestand sich ein, daß er sie wahrscheinlich schon lange betrog. In den letzten drei Monaten hatte er sie kaum berührt. Wenn er alle zwei Wochen einmal zärtlich zu ihr gewesen war, dann war es viel.

Lotte nahm ihr Kind und ging zur Nachbarin. Diese war eine freundliche Spanierin, welche für eine Familie im zweiten Stock als Haushälterin arbeitete. Sie wohnte in

einem winzigen Zimmer mit Madonnenbild und Sofapuppe und hatte täglich von 16 bis 18 Uhr frei. Bei ihr ließ sie das Kind und kaufte eine Zeitung. Im Café um die Ecke verlangte sie ein paar Jetons, um zu telefonieren, und sie begann, die Stellenanzeigen zu lesen. Am nächsten Tag kurz nach 16 Uhr ging sie sich vorstellen. Am Abend hatte sie eine Stelle als Büroassistentin in der Tasche.
Langer Rede kurzer Sinn: Lotte begann zu arbeiten. Sie hatte Glück, denn gleich neben ihrer Firma gab es eine Kinderkrippe. Sie hatte aber auch Pech, denn ihr Mann tobte und schrie und schwor, daß er sie morgens nicht aus dem Haus lassen würde. Es kam zwar nicht so weit – er war in letzter Zeit nie vor mittags aufgestanden, aber die Stimmung daheim war gefährlich. Als er nach einer Woche merkte, daß nichts zu ändern war, sagte er böse: »Du arbeitest gegen meinen Willen, du vernachlässigst mich, und dafür wirst du zahlen. Von heute an siehst du von mir keinen Pfennig mehr.« Und diesmal hielt er Wort.
Also finanzierte Lotte den ganzen Haushalt allein: die Miete und das Essen, Gas und Strom, Windeln und Schuhe, Kleidung für sich und das Kind, Metro- und Busfahrten. Dank ihres Fremdsprachenzuschusses – als Schweizerin konnte sie immerhin Deutsch, Italienisch und Französisch – kam sie gerade durch. Abends war sie todmüde. Morgens stand sie früh auf. Ihr Mann kam unregelmäßig, aber wenn er kam, wollte er versorgt und bewirtet werden. Er weckte sie rücksichtslos mitten in der Nacht, verlangte Liebe, Essen und ein offenes Ohr für seine Heldentaten, die alle mit dem »großen Geld« zusammenhingen, dem er jetzt endlich auf die Spur gekommen sei.
Das Geschäft war längst verkauft. Von dem Geld aber hatte Lotte nichts gesehen. Was ihr Mann den ganzen Tag tat,

wußte sie nicht. Als er wieder einmal um 4 Uhr früh erschien, nahm sie sich ein Herz und verlangte die Scheidung. Zwei Jahre kämpfte sie dann darum. In diesen zwei Jahren war es ihr unmöglich, auch nur einen Pfennig zu sparen. Trotzdem war sie guten Mutes. Sie hielt sich und ihr Kind über Wasser, hatte keine Schulden und die furchtbare Lebensangst, die sie früher tagtäglich befallen hatte, war verschwunden. Nach der Scheidung – Lotte war dreißig Jahre alt – kehrte sie in die Schweiz zurück. Dort begann sie, als Vertreterin für eine kleine, aber exklusive Schweizer Uhrenfirma zu arbeiten.

Ein verborgenes Talent kommt zum Vorschein

Wäre Lotte durch die Umstände nicht zum Arbeiten gezwungen worden, sie hätte nie entdeckt, daß sie das Zeug zu einer tüchtigen Geschäftsfrau besaß. Sie hatte sich um den Job beworben, rein zufällig, weil er der erste war, von dem sie hörte, nicht weil sie dafür besonderes Talent zu haben glaubte. Alles, was sie wollte, war, schnell etwas zu verdienen. Niemand war überraschter als sie selbst, nachdem sie entdeckt hatte, daß sie ausgezeichnet verkaufen konnte.

Lotte blieb fünf Jahre in der Schweiz. Ihr Sohn war bei ihrer Mutter. Sie bezahlte Kostgeld und verbrachte die Wochenenden zusammen mit ihm. Sie gehörte zu den besten Verkaufsdamen der Firma, verdiente ausgezeichnet und hätte glücklich sein können – wenn das Heimweh nach Paris sie losgelassen hätte. Obwohl sie schlechte private Erinnerungen hatte, sehnte sie sich nach dieser Stadt, als wäre sie ihre eigene Heimat gewesen. Sie fand die Leute

in der Schweiz, verglichen mit den Franzosen, schwerfällig, sie vermißte die Lebensfreude, die interessanten Straßen, die kleinen, billigen Kinos im Studentenviertel, die Cafés und Jazzclubs. Sie war erst fünfunddreißig: zu jung, um sich in einer sicheren Ecke zu verstecken.
Eines Tages ging sie zu ihrem Chef. Sie bot ihm an, seine Ware in Frankreich zu verkaufen. Es gab zwar einen französischen Agenten, aber der lebte im Süden und machte kaum Umsätze. Ihr Angebot klang interessant. Sie wollte sich in Paris niederlassen und von dort aus die Gebiete vom Elsaß bis zur Bretagne bereisen. Lotte machte nicht den Fehler, sich zu billig zu verkaufen. Sie verlangte ein hohes Fixum, ein repräsentatives Firmenauto, eine Wohnung samt Garage auf Firmenkosten und eine angemessene Provision. Dafür konnte sie mit ruhigem Gewissen Erfolg versprechen. Sie kannte die französische Mentalität, sie hatte nicht umsonst acht Jahre in Paris gelebt. Sie wußte, daß sie fleißig war, sie arbeitete gerne. Sie genierte sich nicht, dem Chef ihre Pluspunkte aufzuzählen und das Angebot wurde akzeptiert. Kurze Zeit später fuhr sie nach Frankreich, um eine Wohnung zu suchen.
Es war ein herrliches Gefühl, nach Paris zurückzukommen und sich nicht mehr wie die Ärmste der Armen zu fühlen. Es war die reinste Genugtuung, nicht mehr unter den Dienstbotenzimmern aussuchen zu müssen. Sie konnte sich jetzt eine richtige Wohnung leisten, in einem guten Viertel, mit drei Zimmern, Küche und Bad. Alles machte ihr Spaß. Auch das Ausfindigmachen einer guten Schule für ihren Sohn. Etwas außerhalb der Stadt fand sie auch, was ihr zusagte: freundliche Lehrer, ein netter Direktor, fröhliche Kinder und ein Schulgebäude, das früher einmal ein Landschlößchen gewesen war. Die Internatsräume wa-

ren sonnig, der Park war riesig und die Luft ausgezeichnet. Natürlich kostete dies alles nicht wenig. Aber ihr Sohn war begeistert, und sie entschloß sich, das Wagnis einzugehen. Wenn die Schule so teuer war, dann *mußte* sie eben dementsprechend erfolgreich werden. Und sie wurde es auch.

Dem Luxus widerstehen lernen

Zwei Jahre nachdem sie in Paris neu begonnen hatte, war Lotte zu einem weiteren Wagnis bereit. Sie hatte sich einen ausgezeichneten Kundenkreis aufgebaut, sie war von der Ware, die sie anbot, überzeugt, sie hatte genug Selbstvertrauen gewonnen, um ihrem Chef in der Schweiz einen neuen Vorschlag zu machen. Sie wollte die Firma weiterhin in Frankreich vertreten, aber sie wollte ihm die Ware abkaufen, anstatt sie in Kommission zu nehmen. Auf Fragen von Freunden, ob das nicht zu riskant sei, antwortete sie nur: »Seid unbesorgt, ich kann rechnen.«
Lotte mußte nun für Wohnung, Auto, Reparaturen und andere Kosten selbst aufkommen. Dafür gehörte das, was sie verdiente, ihr. Sie arbeitete mit noch größerem Einsatz, und nach zwei Jahren wußte sie, daß sich das Risiko gelohnt hatte. Sie gehörte jetzt nicht mehr zu denen, die gut, sondern zu denen, die wirklich ausgezeichnet verdienten. Es dauerte eine Zeitlang, bis sie begriff, was das bedeutete. Nicht, daß der plötzliche Wohlstand ihren Charakter verändert hatte. Aber der Unterschied zu früher war gewaltig. In ihrer Jugend hatte Lotte nie Geld gehabt. Ihre Eltern waren nicht wohlhabend. Jedes Paar Schuhe war ein Problem gewesen und jeder Wintermantel. Die Kosten für den Tanzkurs hatte die Mutter vom Wirtschaftsgeld absparen

müssen, denn der Vater hatte für solche »Dummheiten« kein Verständnis. Das erste und einzige Ballkleid hatte sie sich selbst geschneidert. Aus Geldmangel war auch ein Studium nicht in Frage gekommen. Mit sechzehn verließ sie die Schule und begann eine Bürolehre. Der absolute finanzielle Tiefpunkt ihres Lebens war zwar während ihrer Ehe gewesen, aber auch die ersten Jahre in der Schweiz hatte sie es nicht leicht gehabt. Sie hatte ständig planen und rechnen müssen, um über die Runden zu kommen.

Nun aber kam plötzlich sehr viel Geld herein und zum erstenmal in ihrem Leben hatte sie das Gefühl, daß sie mehr verdiente, als sie ausgeben konnte. Es war umwerfend. Alles sah plötzlich anders aus. Wenn sie jetzt durch die Straßen ging, blieb sie auch vor den Luxusboutiquen stehen, die sie früher kaum beachtet hatte. Es erfüllte sie mit Genugtuung, daß sie sich das, was in den Auslagen lag, leisten konnte. Wenn sie wollte, konnte sie durch die Tür gehen, das teure Dior-Kleid verlangen und die handgemachten Schuhe dazu. Die elegante Verkäuferin würde vor Höflichkeit zerfließen. Sie aber würde einen Scheck unterschreiben und ohne die geringsten Gewissensbisse nach Hause gehen.

Sie leistete sich ein schönes Kleid, da sie auf eine Messe fahren mußte und es sich zum Prinzip gemacht hatte, immer so elegant wie möglich aufzutreten. Aber dem Brillantring vom Juwelier um die Ecke widerstand sie. Dafür kleidete sie ihren Sohn neu ein und schickte ihn in Skiurlaub. Am Sonntag, wenn er in Paris war, gönnte sie sich den Luxus, mit ihm in sehr guten Restaurants zu speisen. Sie stellte fest, daß sie weniger Bedenken hatte als früher. Sie stelle auch fest, daß weniger Angst hatte als früher. Es war herrlich, sich nicht mehr vor den Rechnungen zu

fürchten, die ins Haus flatterten. Auf ihrem Konto war jetzt immer genug Geld, um sie zu bezahlen.
Nach ihrer zweiten Jahresabrechnung schickte sie ihrer Mutter ein Ticket für einen Flug nach Paris. Sie führte sie aus und kleidete sie neu ein. Sie kaufte ein elegantes Wohnzimmersofa, das sie seit langem in einem exklusiven Einrichtungsgeschäft bewundert hatte. Sie erstand ein neues, größeres und sichereres Auto. Dann legte sie sich Zügel an und begann zu sparen; schließlich war sie Schweizerin. Eine runde Summe, gut investiert, machte sie im Grunde zufriedener als alles andere.

Das Schicksal hatte bessere Pläne

Wenn Lotte an die Zukunft dachte, so sah sie sich in ihrem Beruf weitermachen. Irgendwann einmal würde sie sogar Leute einstellen, vielleicht würde sie sich auch neue Gebiete erobern. Irgendwann einmal, so hoffte sie, würde sie auch wieder einen Mann finden. Bisher hatte sie kaum Zeit gehabt, darüber nachzudenken. Sie war die ganze Woche auf Achse, schlief in guten und weniger guten Hotels, fiel abends oft wie ein Stein ins Bett. Natürlich lernte sie viele Kollegen kennen. Aber sie wollte niemanden aus derselben Branche, und um verheiratete Männer machte sie prinzipiell einen Bogen. Sie ahnte nicht, daß sie in kurzer Zeit in einen neuen Kreis von Menschen hineingezogen werden würde, die ihr Leben von Grund auf verändern sollten.
Es begann damit, daß sie sich um ihre Gesundheit Sorgen machte. Sie arbeitete sehr intensiv, war bei jedem Wetter unterwegs, stellte fest, wie erschöpft man nach einem hal-

ben Tag im Auto sein konnte, vor allem, wenn man bei Nebel oder Glatteis, jeden Muskel angespannt, stundenlang auf die Straße starren mußte. Seit Jahren hatte sie sich nicht mehr geschont. Sie war von Natur aus ein optimistischer, fröhlicher Mensch. Es machte ihr Sorgen festzustellen, daß sie nervös wurde und auf ihren Sohn ungeduldig und gereizt reagierte. Sie liebte ihr Kind und freute sich auf jedes Wochenende mit ihm. Am Freitagabend holte sie ihn ab, am Montagmorgen fuhr sie ihn wieder ins Internat zurück. Sie wollte die zwei Tage mit ihm genießen. Und ausgerechnet an den Wochenenden hatte sie manchmal Erschöpfungszustände.

Sie ging zum Arzt. Dann zu einem zweiten und einem dritten. Alle sagten dasselbe. Sie sei überarbeitet, sonst aber völlig gesund. Man verschrieb ihr Stärkungsmittel, empfahl ihr, mehr zu essen und sich auf jeden Fall zu schonen. Gerade das aber konnte sie nicht. Wenn sie weniger arbeitete, würde alles zusammenbrechen. Sie mußte sich um ihre Kunden kümmern. Sie hatte etwas aufgebaut, sie dachte nicht im Traum daran, es zu gefährden.

Als sie noch überlegte, was sie tun könnte, fiel ihr eines Tages ein Artikel über eine Schauspielerin in die Hände, die nach einer lebensgefährlichen Krankheit in New York einen Modesalon eröffnet hatte und diesen mit viel Talent und Energie leitete. Befragt, woher sie die Kraft dazu nehme, antwortete sie: aus einer gesunden Lebensweise und der Tatsache, daß ich mich strikt makrobiotisch ernähre. Dann folgte eine Schilderung der Krankengeschichte, der Schwierigkeiten bei der Genesung, die nicht vorankommen wollte, bis eine Umstellung auf makrobiotische Kost schließlich die Heilung brachte.

An ihrem nächsten freien Abend in Paris fuhr Lotte ins

Quartier Latin. Dort, das wußte sie, gab es einige vegetarische Restaurants und auch eine makrobiotische Gaststätte. Sie war immer ein Freund von schnellen Entscheidungen gewesen, und sie beschloß, einen Versuch zu machen. Schaden konnte es nicht. Das Restaurant gefiel ihr ganz gut. Es war klein, hatte mit Holz getäfelte Wände und wirkte sehr sauber und appetitlich. Während sie ihren braunen Reis mit der vorgeschriebenen Ausdauer kaute, beobachtete sie die Leute rundherum. Sie hatten nichts Sektiererhaftes an sich. Lotte hatte auch nicht das Gefühl, in eine Clique von andersdenkenden Menschen eingedrungen zu sein. Die meisten, die um sie herum saßen, waren gut gekleidet und wirkten fröhlich. Den jungen Mann neben sich fand sie sogar sympathisch.
Ohne lange zu überlegen, kam Lotte mit ihm ins Gespräch. Wenn sie etwas in ihrem Beruf gelernt hatte, so war es die Tatsache, daß es kein Verbrechen war, fremde Leute anzusprechen. Sie fragte ihn über das Essen, die Soßen, die Grundprinzipien der makrobiotischen Küche, und sie unterhielten sich so gut, daß sie beschlossen, sich am nächsten Abend wieder zu treffen.
Aus diesem Abend wurde eine lange Nacht, und von da an sahen sie einander regelmäßig. Wenn Lotte nicht in Paris war, telefonierten sie täglich miteinander. Obwohl sie wußte, daß er sie wegen ihres lustigen, runden Gesichts und ihrer schlanken Taille sicher jünger schätzte, sagte sie ihm bei der ersten Gelegenheit, daß sie vierzig sei. Es störte ihn nicht. »Ich bin dreißig«, sagte er, »du siehst keinen Tag älter aus als ich. Wenn ich dir nicht zu unreif bin, mir gefällt's.«
Durch ihren neuen Freund wurde Lotte mit den Vorteilen der makrobiotischen Küche bekannt. Ihm zuliebe hielt sie

sich streng an die Vorschriften. Mit ihm ging sie einkaufen, besorgte Kochtöpfe, Geschirr, Zutaten und bereitete unter seiner Anleitung zu Hause ihre erste Mahlzeit zu. Sie erstand eine kleine Kochplatte, die sie mit auf Reisen nehmen konnte, und sie begann, sich strikte nach den neugelernten Regeln zu versorgen. Beflügelt von Verliebtheit und Optimismus, fiel ihr die Umstellung leicht. Und zwei Monate später stellte sie zu ihrer Freude fest, daß sie sich besser fühlte als je zuvor. Sie ermüdete nicht so rasch, kam mit erstaunlich wenig Essen aus und konnte wieder problemlos einschlafen.
Einmal wäre sie beinahe rückfällig geworden. Sie ging in ein »normales« Restaurant, bestellte ein Steak, doch das heißersehnte Stück Fleisch auf ihrem Teller flößte ihr nur Abscheu ein. Sie war unfähig, auch nur einen einzigen Bissen hinunterzuwürgen. Als sie ihrem Freund von dem »Rückfall« berichtete, lachte er und sagte: »Du mußt dir eine Arbeit in Paris suchen, damit ich dich moralisch unterstützen kann.« Und nun machten sie Pläne, wie schön es wäre, wenn sie einander auch während der Woche sehen könnten.
Lottes Freund war Einkäufer bei einer mittelgroßen Firma. Seine Verlobung war in die Brüche gegangen und hatte ihm ein Magenleiden eingebracht, das er aber mit Hilfe der makrobiotischen Ernährung überwinden konnte. Er war sehr sensibel und nach zwei weiteren Enttäuschungen mit Frauen entschlossen, sich ganz auf seine Karriere zu konzentrieren. Er arbeitete viel, verdiente gut und lebte vernünftig. Ein Jahr, bevor er Lotte traf, hatte er zu sparen begonnen mit dem Ziel, sich einmal selbständig zu machen.

Herrlich, gemeinsam etwas aufzubauen

Nun begann eine aufregende Zeit. Nächtelang machten die beiden Pläne. Was sie vorhatten, war eigentlich naheliegend. Die wenigen Restaurants, die für sie in Frage kamen, waren klein, ziemlich einfach und anspruchslos. In ihrem Bekanntenkreis wurde darüber geklagt, wie schwierig es sei, abends elegant auszugehen. Jene Lokale, auf die man angewiesen war, wurden auf die Dauer langweilig. Sie waren noch dazu ständig voll. Oft mußte man lange auf einen Tisch warten, und Vorbestellungen wurden grundsätzlich keine entgegengenommen. Auch die Speisekarten waren nicht überwältigend.

Lotte und ihr Freund waren vorsichtig. Sie überlegten lange und gründlich. Sie rechneten und kalkulierten. Aber von welcher Seite sie es auch immer betrachteten, ein neues, elegantes, anspruchsvolles makrobiotisches Restaurant schien ein sicheres Geschäft zu sein.

Und so war es auch. Eineinhalb Jahre nachdem sie einander kennengelernt hatten, heirateten sie. Sechs Monate später eröffneten sie ihr Goldenes Reiskorn. Es war ein sehr geschmackvoll eingerichtetes Lokal, um etliches teurer als die Konkurrenz, aber mit einer Speisekarte, die den anderen haushoch überlegen war.

Da die beiden die Gegend um Paris sehr gut kannten, hatten sie keine Schwierigkeiten, die besten Lieferanten ausfindig zu machen. Sie hatten immer die ersten, frischesten Gemüse und den besten Apfelmost der Stadt. Die Kundschaft wußte dies zu schätzen. Das Goldene Reiskorn war von der ersten Woche an mittags und abends ausgebucht. Aber das bedeutete für Lotte und ihren Mann erst den Anfang. Ein Jahr nach der Eröffnung ihres Lokals begannen sie, einen Großhandel für Naturprodukte aufzubauen. Auch er wurde ein Erfolg. Die beiden aber interessieren sich nicht nur für das Geld, das sie jetzt verdienen, sie machen auch Forschungs- und Bildungsreisen. Lotte absolvierte einen vegetarischen Kochkurs in den USA und besucht laufend Seminare und Kongresse in ganz Europa. Die beiden sind überzeugt von ihrer Lebensweise, und sie sind selbst der beste Beweis, daß sie guttut. Trotz der vielen Arbeit sind sie erwiesenermaßen gesund, voll Energie und Lebensfreude. Auch familiär gibt es keine Schwierigkeiten. Der Sohn studiert inzwischen Medizin, wohnt aber noch zu Hause in der prachtvollen Wohnung mit Blick auf das Sacre Cœur im besten Viertel von Paris.

Erfolg muß von innen kommen

Warum war Lotte so erfolgreich? In erster Linie, weil sie sich das, was sie heute besitzt, langsam und beständig aufgebaut hat. Erst als sie sich selbst kannte und wußte, was sie sich zutrauen durfte, hat sie sich selbständig gemacht. Sie hat entdeckt, daß sie zu den Tüchtigen gehört, daß es gar nicht so viele Leute gibt, die das, was sie versprechen, auch halten, daß sich viele ohne Vorbereitung Hals über Kopf in ein Projekt stürzen, aber bei der ersten Komplikation die Lust verlieren und alles hinwerfen.
Natürlich geben diese Leute das nicht gern zu. Gehen sie bankrott, so stellen sie sich als Unschuldslämmer hin, die alles versucht hätten, aber vom Schicksal benachteiligt wurden. Das eigene Verschulden wird nie eingestanden. Resultat: Man erhält ein falsches Bild von der Welt. Das Gesetz aber lautet: Wer fleißig ist und verläßlich, aus-

dauernd und intelligent, wer etwas tut, was ihm Freude macht, der *muß* es zu etwas bringen.
Lotte hat nicht nur die Pleiten um sie herum studiert, sie hat auch einen Grundfehler vermieden, der schon viele zu Fall brachte. Finanziell übernahm sie sich nie. Sie hatte genug Geld gespart, um das Restaurant schuldenfrei zu eröffnen, und sie hatte ein halbes Jahr Anlaufzeit einkalkuliert. Daß sie diese nicht brauchte, ist eine andere Sache. Unser Zeitgeist, der auf Kredite, Abschreibungen und Verzinsung ausgerichtet ist, läßt Lotte unberührt. Sie haßt Schulden und denkt nicht daran, welche zu machen.
Wer in seiner zweiten Karriere Unternehmer werden will, darf auf keinen Fall blind Kredite aufnehmen und die Rückzahlungen dem lieben Gott überlassen. Ein Beispiel, wie man es nicht machen soll, hatte ich in meiner Nachbarschaft. Eine Wäscherei wurde eröffnet. Der Besitzer, ein junger Mann, prahlte mit zwanzig hypermodernen Waschmaschinen und zwei Trockengeräten, die er aus dem Ausland importiert hatte, weil es angeblich in ganz Österreich keine so guten gab. Sie hätten ein Vermögen gekostet, sagte er und strich verliebt über die glatten Seitenwände, aber sie seien die schönsten im ganzen deutschsprachigen Raum.
Die Wäscherei war auch sonst pompös ausgestattet. Spiegelwände, teure Lampen, teure Pflanzen in teuren Behältern. Ein Büroraum mit eindrucksvoller elektrischer Schreibmaschine, Diktiergerät, Videorecorder. Man hatte den Eindruck, daß er von hier aus ein ganzes Waschmaschinenimperium zu leiten gedachte.
Natürlich stand der Unternehmer nicht selbst im Waschsalon. Er saß hinten und telefonierte. Für die Arbeit stellte er zwei Damen ein. Dann harrte er der Dinge, die da kom-

men sollten. »Ich habe eine Million investiert«, erzählte er jedem, der es hören wollte. Daß es Schulden waren, erwähnte er nicht.
Die Wäscherei blieb sechs Monate lang geöffnet. Dann war Feierabend. Das Geschäft ging anfangs schlecht, später mäßig, und auch als es sich im letzten Monat auf halbwegs gut eingependelt hatte, war klar, daß der Unternehmer mit den Rückzahlungen nicht nachkommen konnte. Resultat: Konkurs und jahrelang Geldsorgen für sechs Monate Angeberei.
Erfolg muß von innen kommen. Wenn man an der Arbeit, die man macht, an dem Service, den man bietet, nicht interessiert ist und sich mit Äußerlichkeiten, mit einer luxuriösen Umgebung und teuren Maschinen erst dazu Lust machen muß, dann ist man nicht bei der richtigen Sache. In diesem Fall sollte man das Metier wechseln, oder gar nicht erst anfangen, denn der Erfolg wird auf sich warten lassen.
Vorsicht vor Äußerlichkeiten, besonders bei der zweiten Karriere! Das Risiko ist zu groß. Warum will ich Journalist werden? Weil ich reisen und überall dabei sein will? Oder weil ich Talent und Lust zum Schreiben habe? Vielleicht aus beiden Gründen. Aber ich werde nichts erreichen, wenn die Freude an der Arbeit nicht alles andere überwiegt. Wer behauptet, ohne Bösendorfer-Flügel nicht Klavier lernen oder ohne Arbeitszimmer keine Bücher schreiben zu können, der ist auf dem Holzweg und weder zum Musizieren noch zum Schreiben bestimmt.
Die berühmte englische Schriftstellerin Agatha Christie hatte bis zu ihrem fünfzigsten Lebensjahr kein eigenes Arbeitszimmer. Ihre Romane schrieb sie bis dahin oft in der Nacht im Badezimmer, die Schreibmaschine auf dem

Waschtisch, um die Familie nicht zu stören. Diese Umstände machten ihr nichts aus, denn sie war so bei der Sache, daß sie nach dem zweiten Satz alles um sich herum vergaß. Auch das Geldverdienen war im Grunde ein Nebeneffekt. Wichtig war ihr in erster Linie, gute Bücher zu schreiben, und nur das machte sie reich und berühmt.

Ehrlichkeit ist unumgänglich

Jede geschichtliche Epoche hat andere Gesetze, und jedes Volk hat einen anderen Ehrenkodex. Aber eines gilt doch für immer und alle: Wer etwas aufbauen und sich daran freuen will, der vermeide nach Möglichkeit alle zwielichtigen Geschäfte. Auch wenn wir in einer Zeit leben, in der man uns das Gegenteil einzureden versucht, in der behauptet wird, daß Geldverdienen um jeden Preis gerechtfertigt sei – auch dann sollten wir uns nicht beirren lassen. Gewiß, man kann sich etwas erschwindeln, aber nicht auf Dauer. Über kurz oder lang bricht das Ganze dann doch zusammen.

Man mache es sich also zum Grundprinzip: Keine schiefen Sachen in der zweiten Karriere! Behauptungen, daß man es auf ehrliche Art und Weise zu nichts bringen könne, sind falsch. Natürlich kann man das. Es dauert vielleicht etwas länger, aber dafür hält es besser. Warum manche Leute hinter jedem Erfolg Unehrlichkeit vermuten, ist mir ein Rätsel. Kürzlich kam es nach einem Vortrag zu einer Diskussion über Klöster. »Niemand«, behauptete einer, »kann mit ehrlichen Mitteln so reich werden.« Aber das ist ein Irrtum. Der Mann hat offensichtlich weder eine Ahnung vom Klosterleben noch von den Naturgesetzen.

Denn wie heißt das klösterliche Grundprinzip? Arbeite und bete! Und wer nur arbeitet und betet, das sagt einem der Verstand, der *muß* wohlhabend werden.
Dasselbe gilt für die Zehn Gebote. Denken wir doch logisch! Was sind sie im Grunde? Doch in erster Linie ein Erfolgsrezept für das Leben hier auf Erden. Wer nicht tötet, stiehlt, betrügt, wer nicht ausschweifend lebt, auch an den andern denkt und nicht immer nur an sich selbst, der wird auf Erden keinen Anstoß erregen. Wer überdies fleißig ist und sich nicht unter seinem Wert verkauft, der *muß* erfolgreich werden.
Geld ist eine schöne Sache, vor allem das Geld, das man sich ehrlich verdient hat. Natürlich soll man sich darüber freuen. Natürlich soll man es genießen. In welchem Ausmaß man es ausgibt, muß jeder selbst wissen. Aber: Ein Mensch, der mit dem, was er tut, zufrieden ist, der kein schlechtes Gewissen zu betäuben und keine Minderwertigkeitskomplexe zu übertünchen hat, der verspürt nicht das Bedürfnis, Unsummen zum Fenster hinauszuwerfen. Fazit: Er wird es nicht nur zu Geld, sondern zu einem soliden Wohlstand bringen. Und solche Leute brauchen wir heute mehr denn je.

7. Machen Sie sich lächerlich!

Der Mensch ist ein Herdentier und jeder, der auch nur ein bißchen aus der Reihe tanzt, muß damit rechnen, daß ihn andere lächerlich finden. Im Grunde ist das ganz natürlich. Jeder beneidet den anderen um seine Ideen und seinen Mut, jeder hat eine andere Vorstellung von gut und böse, von schön und häßlich, wichtig und unwichtig, und es ist nun einmal ein menschlicher Zug, daß man das, was man nicht versteht, daß man den, den man beneidet, ins Lächerliche zu ziehen versucht. Sicherheitshalber. Damit man selbst nicht allzu dumm dasteht.

Die anderen lachen? Dann sind Sie in guter Gesellschaft

Alle Menschen, die ihr Leben gelebt haben, all jene, die etwas durchgesetzt haben, alle, die wir heute verehren, weil sie diese Welt schöner gemacht oder uns einen Schritt weitergebracht haben, alle diese Männer und Frauen haben sich zu Beginn lächerlich gemacht.
Wie reagierte man, als Kopernikus behauptete, daß sich die Erde um die Sonne dreht und nicht die Sonne um die Erde? Zunächst wurde er ausgelacht. Wie reagierte man, als Edison, dem wir das elektrische Licht verdanken, mein-

te, er könne mit seiner Kohlenfadenlampe ganze Städte taghell erleuchten? Man lachte. Man amüsierte sich königlich über das erste Fahrrad und über die Idee, pferdelose Wagen zu bauen.
Wie sehr hat man den Wiener Professor Semmelweis lächerlich gemacht, als er den Studenten, die vom Seziersaal kamen, verbot, Wöchnerinnen zu untersuchen? Als er verlangte, daß sie sich zuerst die Hände mit Chlorkalklösung waschen sollten, lachte man, obwohl damals Hunderte von Frauen in den Universitätskliniken am Kindbettfieber starben und niemand wußte, wie sie sich ansteckten. Erst als er schwarz auf weiß bewiesen hatte, daß es das Leichengift war, hörte man auf, sich über ihn den Mund zu zerreißen.
Im Bereich der Kunst war es noch schlimmer. Über jeden, der eine neue Maltechnik erfand, wurde gelacht. Als der berühmte italienische Maler Giotto die Bondone im dreizehnten Jahrhundert behauptete, daß nicht jedes Bild starr wie eine Ikone gemalt werden müsse, und als er es dann wagte, einen Baum hinter seine Figuren zu setzen, der noch dazu kleiner war als die Menschen, konnte man sich vor Lachen kaum halten. Daß dies der erste Versuch war, eine neue Dimension in ein Bild zu bringen, einen Hintergrund plastisch wirken zu lassen, verstand man erst viel später.
Die Liste könnte man unendlich lang fortsetzen. Man lachte über die meisten Lyriker und Schriftsteller, der Wiener Musikkritiker Hanslick lachte über Richard Wagner und Anton Bruckner – man denke nur an die beißenden Artikel, die er über sie schrieb. Über jeden, der sich um Neues bemühte, lachte man zunächst. Und die ersten Fotografinnen waren keine Ausnahme.

Weltberühmt durch die zweite Karriere:
die Fotografinnen

Frauen, auch wenn man oft über sie lachte, waren schon immer beeindruckend in der Kunst vertreten. Genaue Recherchen bringen immer mehr Frauen ans Licht, die auf dem Gebiet der Musik, der Malerei, Bildhauerei und Architektur Großes geleistet haben, und in Vergessenheit geraten sind. Ähnlich ist es mit der Fotografie. Nur sind diese Frauen noch heute bekannt. Die Fotografie ist nämlich eine relativ junge Kunstgattung, in der es noch nicht gelungen ist, den großen Anteil wichtiger Frauen zu verschweigen.
Bereits im neunzehnten Jahrhundert, als die Meinung herrschte, daß eine anständige Frau außerhalb von Haus und Familie nichts verloren habe, gab es bekannte Fotografinnen. In ihrer ersten Karriere waren sie Hausfrauen und Mütter, manchmal auch Journalistinnen, Malerinnen oder einfach höhere Töchter, und niemand hatte bis dahin von ihnen gehört. Durch ihre zweite Karriere hinter der Kamera aber wurden sie weltberühmt. Ohne die Überzeugung, die Ausdauer und das Talent dieser Frauen wäre aus der Fotografie nicht das geworden, was sie heute ist.

Man kann sich kaum vorstellen, wie man anfangs über diese »unweiblichen Geschöpfe« lachte, die sich auf einem derart technischen Gebiet mit den Männern messen wollten. Die Fotografie steckte damals noch in den Kinderschuhen, die Kameras waren zentnerschwer, wer Aufnahmen machen wollte, mußte Geräte schleppen, sehr lange Belichtungszeiten und mühselige Entwicklungsverfahren in Kauf nehmen. Natürlich traute man keiner Frau zu,

etwas Brauchbares hervorzubringen. Aber da hatte man sich geirrt.
Einen Prototyp, ein Musterbeispiel für eine erfolgreiche zweite Karriere stellt die Engländerin Julia Margaret Cameron dar. Sie wurde 1815 in Kalkutta geboren. Ihr Vater war ein hoher schottischer Offizier, der in Indien stationiert war. Die Cameron war in ihrer Jugend völlig unbekannt. In ihrem »ersten Leben« war sie pflichtbewußte Tochter, später brave Hausfrau. Als sie 1848 Indien verließ und mit ihrem Mann nach England übersiedelte, dachte keiner, daß man noch einmal stolz darauf sein würde, die Cameron gekannt zu haben. Zu fotografieren begann sie erst mit achtundvierzig Jahren. Und sie bewies, daß dies jung genug war, um es zu Weltruhm zu bringen.
Die Cameron entwickelte eine ganz neue Porträttechnik. Sie belichtete wesentlich länger, als »die Umwelt« vorschrieb, sie ließ die anderen lachen und erzielte ganz leicht verschwommene, unglaublich ausdrucksvolle Bilder. Kein Wunder, daß sich bald der gesamte englische Hochadel von ihr fotografieren ließ. Ihre Aufnahmen gehören zu den schönsten in der Geschichte der Fotografie. Sie sind auch in fast allen Fotobüchern enthalten. Und wenn man ihr Porträt von der Mutter Virginia Woolfs betrachtet, dann weiß man auch, warum.
Auch der Engländerin Lady Clementine Hawarden war es gleichgültig, ob man über sie lachte oder nicht. Sie wollte nicht wie damals üblich in einem Atelier vor gemalter Kulisse fotografieren. Sie war die erste, die dem häuslichen Alltag ihr Interesse schenkte. Sie nahm Freunde, Bekannte, Verwandte auf: im Treppenhaus, auf der Terrasse oder beim Ankleiden. Anfangs fand man diese Idee absurd. Später imitierte man Lady Clementine, wo man nur konn-

te. Als man merkte, welch ausgezeichnete Fotografin sie war, nahm man sie in die begehrte Royal Photographic-Society auf.

Frances Johnston, die erste Journalistin mit Kamera

Nun folgt eine interessante Geschichte, ein faszinierendes Schicksal. Frances Johnston war ursprünglich nur zum Heiraten erzogen worden. Sie war Amerikanerin, Südstaatlerin, und kam aus einer wohlhabenden Familie. Als junge Dame wurde sie nach Europa geschickt, um sich ein bißchen Kultur anzueignen und um anschließend eine standesgemäße Partie zu machen.
Aber Frances sah Europa, und sie blieb. Zuerst nahm sie Zeichen- und Malstunden. Sie war talentiert, beschaffte sich Aufträge für Zeitschriften und Magazine und illustrierte Artikel. Als sie entdeckte, daß sie auch schreiben konnte, lieferte sie beides: die Bilder und die Story. Aber als sie schließlich George Eastman kennenlernte, den Erfinder der Kodak-Kamera, kam sie auf eine ganz neue Idee. Warum sollte man nicht anstelle von Illustrationen Fotos verwenden?
Natürlich lachten viele über diesen Vorschlag. Man hatte immer nur Illustrationen verwendet, warum sollte man dies ändern? Aber Frances setzte sich durch und wurde damit die Begründerin des modernen Fotojournalismus und unserer heutigen Illustrierten.
Als sie in die Vereinigten Staaten zurückgekehrt war, erhielt sie einen Riesenauftrag. Für die Weltausstellung in Paris sollte sie siebenhundert Bilder über amerikanische Schulen und Schulkinder liefern. Es war eine ungeheure

Arbeit, nicht zuletzt, weil die Kinder dazu gebracht werden mußten, für ein einziges Bild bis zu zwanzig Sekunden stillzusitzen. So lange dauerte damals noch die Belichtungszeit. Weite Reisen, die Ausrüstung schleppen, Bilder entwickeln – die Johnston schaffte es. Sie war rechtzeitig in Paris und erhielt für ihre Arbeit eine Goldmedaille.
Wirklich berühmt aber wurde sie erst mit vierzig. Da übersiedelte sie nach Washington, und von dort aus eroberte sie Amerika. Lebenslustig, umschwärmt, von keiner falschen Prüderie behindert, wurde sie bald zum Stadtgespräch, unter anderem, weil sie es wagte, öffentlich Bier zu trinken, ihre Fesseln zu zeigen und zu rauchen. Man tuschelte über sie, aber die beste Gesellschaft der Stadt kam, um sich von ihr fotografieren zu lassen.
Ein Künstlerleben, Ruhm, Ansehen, Geld, das alles genügte ihr nicht. Und so begann sie mit dreiundsechzig Jahren eine neue Karriere. Sie fand, daß sie nun genug Menschen abgebildet hatte. Also wollte sie etwas anderes darstellen. Was? Sie spezialisierte sich auf Gebäude. Und wieder hatte sie Glück: Sie wurde zur Erfinderin der sozialdokumentarischen Fotografie.
Angefangen hat es mit einem Landsitz in Virginia. Es war eines dieser wunderbaren großen, mit Säulen verzierten Herrenhäuser, wie sie die reichen Familien des Südens bewohnten. Die Besitzer hatten gerade viel Geld ausgegeben, um es zu renovieren, und wollten nun ihre Anstrengungen verewigt sehen. Also ließen sie sich die teuerste Fotografin kommen – und das war Frances Johnston.
Die Johnston sah das Haus und war verliebt. Schlagartig wurde ihr klar, wie wunderbar im Süden gebaut worden war und wie wichtig es war, diese herrliche Architektur für die Nachwelt zu erhalten. Auf ihrer Reise entdeckte sie

noch mehrere alte Kirchen und andere Gebäude, die ihr Herz höher schlagen ließen, und sofort begann sie, auf eigene Kosten zu fotografieren, solange ihr Material reichte.
Die Fotos, die sie nach Washington zurückbrachte, erregten Aufsehen. Bald hatte sie die Regierung davon überzeugt, eine fotografische Bestandaufnahme fördern zu müssen, und man griff Frances Johnston mit einer großzügigen Summe unter die Arme. Sieben Jahre lang reiste diese unermüdliche Frau durch Amerika, machte achttausend Aufnahmen von historischen Bauten und entwickelte einen solchen Spürsinn, daß es bald von ihr hieß, sie könne eine alte Kirche zehn Kilometer gegen den Wind riechen.
Erst mit sechsundsiebzig gönnte sie sich Ruhe. Sie übersiedelte nach New Orleans und lebte zufrieden bis zu ihrem neunundachtzigsten Lebensjahr. Ihre Fotos vermachte sie der Regierung. Jeder, der nach Washington kommt, kann sie in der Library of Congress bewundern.

Gertrud Käsebier, nach einer schlechten Ehe weltberühmt

Im Jahre 1852 wurde in Iowa Gertrud Stanton geboren. Sie wollte eigentlich Malerin werden, aber dann heiratete sie viel zu jung und zog ihre Kinder groß. Ihr Mann, von Beruf Vertreter, war aus Wiesbaden nach Amerika ausgewandert und hieß Käsebier. Gertrud, eine pflichtbewußte Ehefrau, konnte nicht vergessen, daß sie in jungen Jahren, nur weil sie ein Mädchen war, nicht in die Cooper Union, die beste Kunstschule New Yorks, aufgenommen worden war.
Als die Kinder größer waren, hatten sich die Zeiten geän-

dert. Verschiedene Akademien akzeptierten nun auch weibliche Studenten, und so versuchte Gertrud mit etwa fünfunddreißig Jahren eine zweite Karriere. Sie wollte malen lernen, und sie wurde auch prompt in eine Kunstschule aufgenommen. Sie spezialisierte sich auf Porträtmalerei und war die talentierteste Schülerin ihrer Klasse.
Man braucht es kaum extra zu erwähnen – aber Gertruds Mann war dagegen. Als er merkte, daß Verbote nichts nutzten, machte er seine Frau in der ganzen Nachbarschaft lächerlich und hetzte schließlich auch die Kinder gegen sie auf. Er half ihr in keiner Weise bei ihrem Studium, belastete sie ständig durch Klagen, behauptete, daß sie ihn vernachlässige und seinen Ruf ruiniere. Erst Jahre später ließ sich die Familie von Gertruds Begabung überzeugen.
Während sie Malerei studierte, erhielt Gertrud Käsebier eine Kamera zum Geschenk. Von Anfang an war sie von diesem neuen Medium fasziniert, besonders von der gleichsam magischen Art, in der die Bilder auf den Platten sichtbar wurden. Als sie mit dem neuen Gerät umgehen konnte, beteiligte sie sich an einem Wettbewerb – und gewann eine stattliche Summe. Natürlich war die Freude groß. Aber ihre Professoren und Kollegen hörten nicht auf, sich über die Fotografie lustig zu machen und zu behaupten, daß sie einer Malerin nicht würdig sei. Sie solle endlich aufhören, kostbare Zeit mit diesem dummen Spielzeug zu verschwenden. Kunst sei dies ohnehin keine. Also stellte Gertrud das Gerät in eine Ecke, und dort stand es fünf Jahre lang.
Mit einundvierzig machte Gertrud Käsebier eine Europareise. Die Familie fuhr öfter nach Deutschland, um Verwandte zu besuchen. Gertrud war diesmal allein mit ihren Töchtern unterwegs und hatte aus unerfindlichen Grün-

den darauf bestanden, die schwere Kamera mitzunehmen. Nach dem Besuch in Deutschland – die Kinder wollten noch nicht weg – entschloß sich Gertrud, allein einen Abstecher nach Frankreich in die Provence zu machen. Und dort hatte sie ihr Schlüsselerlebnis.
Folgendes geschah: Nachdem es tagelang sonnig gewesen war, begann es plötzlich zu regnen, und es schien, als wollte es nicht mehr aufhören. Gertrud, die jeden Morgen draußen im Garten gemalt hatte, saß schlecht gelaunt in ihrem Zimmer, als ihr die Kamera einfiel. Irgend etwas wollte sie tun, also packte sie das unhandliche Gerät aus, stellte es auf und begann, im Zimmer Aufnahmen zu machen. Sie experimentierte mit Belichtung und Winkel und war bald so begeistert, daß sie nicht mehr aufhören konnte. Als Malerin hätte sie es leichter gehabt. Die Fotoplatten mußte sie nämlich selbst entwickeln, und das war nicht einfach. »Im Haus«, schreibt Gertrud, »war nichts, was diese Arbeit erleichtert hätte. Es gab keine Dunkelkammer und kein Zimmer mit fließendem Wasser. Ich mußte die Platten zum Fluß schleppen, um sie zu waschen, und da die Dämmerung hier sehr spät einsetzt, konnte ich das nie vor 10 Uhr abends tun. Dann, wenn es stockfinster war, stolperte ich über einen unwegsamen Pfad durch Gestrüpp und Äste, ohne auch nur einen Schritt weit zu sehen. Am Fluß angelangt, wusch ich die Platten und das dauerte oft bis 2 Uhr früh. Mit kalten Füßen und durchnäßten Kleidern kam ich nach Hause. Meine Bekannten waren entsetzt. Sie prophezeiten mir, daß ich mir den baldigen Tod holen würde.«
Aber Gertrud hatte ihr Medium gefunden. Und nun ging's los. Als sie von Frankreich zurückkehrte, spürte sie in Deutschland einen Apotheker auf, der leidenschaftlicher

Fotograf war. Von diesem ließ sie sich alles Technische erklären, und von nun an konnte sie keiner mehr bewegen, die Kamera wieder aus der Hand zu legen. Als sie nach New York zurückkam, ging die erwachsene Frau als Lehrling zu einem Fotografen. Porträtaufnahmen interessierten sie besonders, und als sie genug gelernt hatte, eröffnete sie, knapp siebenundvierzig Jahre alt, ihr eigenes Studio.

Der höchste Preis für ein Foto

Gertrud Käsebier hatte ihre eigene Vorstellung von der Fotografie. Sie konnte sich mit den damals üblichen Säulen, Gartenlauben und Kulissen aus Papiermaché nicht anfreunden und verbannte sie rigoros aus ihrem Atelier. Es war auch Sitte, Porträts bei flacher, indirekter Beleuchtung aufzunehmen. Gertrud aber fotografierte mit starkem, dramatischem Licht.

Wie zu erwarten, erregten ihre ersten Bilder in der Branche nichts anderes als Heiterkeit. Aber die Käsebier ließ sich nicht beirren, und ein Jahr später, sie war achtundvierzig Jahre alt, erzielte eines ihrer Bilder den höchsten Preis, der je für ein Foto bezahlt worden war. »Die Krippe«, (*The Manger*) brachte ihr einhundert Dollar ein. Im Jahre 1900 war das sehr viel Geld.

Von da an war es mit dem Hohngelächter der Kollegen vorbei. Man begann sofort, ihre Technik nachzuahmen, und sie wurde die Mitbegründerin der modernen Fotografie. Sie beeinflußte eine ganze Generation von jungen Fotografen, darunter auch Imogen Cunningham, die das Medium noch einen Schritt weiter brachte. Einer ihrer größten Bewunderer war Alfred Stieglitz. Er war jünger als sie und Herausgeber der ersten Fotozeitschrift »Camera Notes«, später der »Camera Work«. Er besaß eine berühmte Galerie in New York, das Studio 291. Dort stellte er Bilder und Fotos aus, darunter auch die Werke Gertrud Käsebiers. Zusammen gründeten die beiden im Jahre 1902 die Photo-Secession. 1910 trennten sie sich, und Gertrud gründete die rivalisierende Gruppe *Pictorial Photographers of America*. Bis zu ihrem siebenundsiebzigsten Lebensjahr war Gertrud Käsebier aktiv. Dann erst schloß sie ihr New Yorker Studio, um sich ins Privatleben zurückzuziehen. Sie wurde zweiundachtzig Jahre alt.

Man sieht, es ist heute genau wie damals. Wer eine neue Idee hat, auch wenn sie noch so einleuchtend und fortschrittlich ist, der wird zuerst einmal von den anderen belächelt und kritisiert. Es ist ganz gleich, in welchem Beruf man arbeitet. Verdient man wenig, so ist der Konkurrenzkampf noch erträglich. Verdient man viel, so wird er unangenehm. Verdient man sehr viel, so wird er gefährlich. Präsent ist er immer. Man muß sich mit dieser Tatsache abfinden.

Um ihn zu überstehen, muß man lernen, die Dinge andersherum zu betrachten. Die Reaktion der Umwelt nehme man als gegeben an. Man sage sich folgendes: »Wenn ich gut bin, werden die anderen neidisch.« Und zeigen sich die ersten Unmutserscheinungen, so freue man sich darüber; sie sind der Beweis, daß man auf dem richtigen Weg ist.

Hat man mit dem, was man tut, Erfolg, sollte man sich um die, welche lachen oder kritisieren, gar nicht kümmern. Man kann es einfach nicht allen Menschen recht machen. Es gibt kein Medikament, auf das jeder Patient anspricht, kein Musikstück, das jeden beglückt, kein Buch, das jeden Leser verzaubert. Das, was man tut, wird immer irgend jemandem *nicht* gefallen. Habe ich aber einen gewissen Anhängerkreis erworben, der mich als Lehrer, Arzt, Musiker, Dichter, Sänger, Politiker oder was immer ich auch bin schätzen gelernt hat, dann werde ich doch nicht so ungeschickt sein, diese Leute zu vergrämen, um es jemandem, der mich vielleicht gar nicht mag und daher schreit, recht zu machen.

Auch die ersten Fotografinnen haben sich nicht um die Kritiker gekümmert. Und keiner hat dies geschadet. Die nächste, von der die Rede sein soll, hatte viele Probleme, aber sie überwand sie und erreichte darüber hinaus noch das gesegnete Alter von vierundneunzig Jahren.

Aktiv bis vierundneunzig: Imogen Cunningham

Der Hauptunterschied zwischen Imogen Cunningham und jenen Fotografinnen, von denen bisher die Rede war, ist, daß sie weder aus einer wohlhabenden noch aus einer intellektuellen Familie stammte. Ihr Vater war ein kleiner Bauer in Oregon. Dort wurde Imogen im Jahre 1883 geboren. Die Familie war so groß, daß das Land sie kaum ernähren konnte. Es konnte also keine Rede davon sein, eines der insgesamt zehn Kinder in eine teure Privatschule zu schicken.

Imogen ging deshalb in die öffentliche Hauptschule nach Seattle. Mit siebzehn sah sie zufällig eine Fotoausstellung. Sie war so von den Bildern beeindruckt, besonders von denen, die Gertrud Käsebier gemacht hatte, daß sie beschloß, Fotografin zu werden. Die Familie hatte nichts einzuwenden. Man war zwar arm, aber das hieß noch lange nicht, daß man auch borniert sein mußte, und so sandte

Imogen fünfzehn Dollar an die Internationale Korrespondenzschule in Scranton, Pennsylvania, ein, erhielt eine Kamera zugeschickt, dazu Platten und Instruktionen. Der Vater war sehr interessiert. Er verlangte zwar von seiner Tochter, daß sie Lehrerin werden sollte, aber er hatte nichts gegen das neue Hobby und den Fernkurs einzuwenden. Er war ein aufgeschlossener Mann, der noch mit siebzig Jahren ein Mathematikstudium begann. Für seine Imogen baute er eine Dunkelkammer in der Holzhütte. Dort entstanden die ersten Versuche der Cunningham, es der großen Käsebier gleichzutun.
Aber bis zur Fotografin war es noch ein langer Weg. Zuerst einmal erfüllte Imogen ihre Verpflichtungen der Familie gegenüber: Sie wurde Lehrerin. Anschließend bewarb sie sich um ein Europastipendium, das sie auch prompt bekam. Stolz reiste sie nach Deutschland und studierte in Dresden; zu ihren Fächern gehörte auch die fotografische Chemie. Die Liebe zur Kamera wurde dadurch neu geweckt, und als Imogen nach Amerika zurückkehrte, beschloß sie, den Schuldienst an den Nagel zu hängen und ein neues, ein selbständiges Leben als Fotografin anzufangen.

Skandal um einen nackten Mann

Imogen Cunningham eröffnete in Seattle in einem Gartenhaus, das ganz von Efeu überwuchert und von Kirschbäumen eingeschlossen war, ihr Fotoatelier. Dort war sie glücklich. Bis zu ihrem zweiunddreißigsten Lebensjahr war sie unabhängig, erfolgreich und lebenslustig. Dann heiratete sie, und schon sah alles anders aus. Mit ihrem

Mann war sie jahrelang befreundet gewesen. Nicht einmal sein Studium in Paris hatte das Verhältnis zerstören können. Anfangs war er Künstler, später wurde er Universitätsprofessor. Als die beiden im Jahre 1915 heirateten, hatte Imogen eine verwegene Idee. Warum sollten Männer immer nur Frauen nackt fotografieren? Warum nicht auch umgekehrt? Ihr Gatte, fand sie, sei gut genug gebaut, um als Aktmodell zu dienen. Also fotografierte sie ihn und verkaufte anschließend die Serie an eine Illustrierte in Seattle. Die Bilder erschienen – und der Skandal war perfekt. Imogen wurde zum Stadtgespräch. Ihre »Schamlosigkeit« wurde so vehement kritisiert, daß sie an sich selbst zu zweifeln begann, die Negative versteckte und fünfzig Jahre lang nicht mehr hervorholte.
Kurze Zeit später übersiedelte das Ehepaar nach San Francisco. Dort unterrichtete Imogens Mann an der Universität. Imogen hatte ihren Beruf aufgegeben, bekam innerhalb kürzester Zeit drei Kinder und machte die bittere Erfahrung, daß es für eine Künstlerin, die sich jahrelang selbst erhalten und einen eigenen Freundeskreis besessen hatte, nicht leicht ist, nur noch Ehefrau und Mutter zu sein.
Anfangs hatte sie gedacht, daß sie zumindest in ihrer freien Zeit fotografieren könne. Aber bald merkte sie, daß es keine freie Zeit gab. Die Kinder waren klein, der Haushalt mußte erledigt werden und ihr Mann brauchte sie, um seine Karriere machen zu können. Also gab sie wie die anderen Ehefrauen von Universitätsprofessoren auch Dinnerparties, Cocktails und Picknicks. Das gesellschaftliche Leben, all die Verpflichtungen – sie konnte sie nicht vernachlässigen. Wenn sie bei ihrem Mann blieb, war sie gefangen.

Je länger die Ehe dauerte, desto unglücklicher wurde sie. Imogen hatte das Gefühl, ihr Leben zu versäumen. Sie liebte ihre Kinder, sie wollte ihnen eine glückliche Jugend bereiten. Solange sie klein waren, wollte sie bleiben. Kaum waren sie jedoch erwachsen, ließ sie sich scheiden.
Imogen hatte während ihrer Ehe, als die Kinder schon etwas größer waren, viel in ihrem Garten gearbeitet. Der Garten war zeitweise ihre größte Freude gewesen. Sie pflanzte Blumen und Sträucher, sie beobachtete sie, wie ein Psychiater Menschen beobachtet, und manchmal fotografierte sie sie auch. Einige dieser Aufnahmen, das weiß man heute, die »Magnolienblüte« oder die »Zwei Callas« etwa, gehören zu den besten Bildern, die sie je gemacht hatte.
Kaum war Imogen frei, begann sie wieder als Fotografin zu arbeiten. Sie begann zu reisen, fuhr nach New York und fotografierte dort auch Alfred Stieglitz. Ihr neues Leben machte ihr Spaß. Sie beschloß, Menschen aufzunehmen, die sie interessierten. Die berühmte Schriftstellerin Gertrude Stein erwischte sie bei einem Kurzbesuch in San Francisco. In Hollywood fotografierte sie Cary Grant und Spencer Tracy. Alle diese Aufnahmen haben Geschichte gemacht.
Imogen Cunningham wurde eine unverwüstliche alte Dame. Mit siebenundsiebzig machte sie ihre zweite Europareise. Mit Bergen vom Filmen im Gepäck besuchte sie Dresden, das sie seit ihrer Studienzeit nicht mehr gesehen hatte. Mit vierundachtzig wurde sie in die National Academy of Arts and Sciences aufgenommen. Bis zu ihrem neunzigsten Lebensjahr hielt sie Vorträge. Und was tat sie dann? Dann nahm sie ihre weltberühmte Serie über sehr alte Menschen auf, betitelt »After Ninety«. Imogen Cun-

ningham starb im vierundneunzigsten Lebensjahr in ihrem malerischen Haus an der Green Street in San Francisco. Sie starb berühmt, geachtet, wohlhabend und mit dem Bewußtsein, wirklich nichts im Leben versäumt zu haben.

Fasziniert von »der Maschine«

Die ersten Fotografinnen hatten sich nicht nur mit dem Gelächter ihrer Umwelt auseinanderzusetzen, sie litten auch unter unsachlicher Kritik. Frauen, hieß es anfangs, würden nur liebliche Bilder fertigbringen. Ihnen fehle die Stärke. Im Haus sind sie okay, aber in der harten Welt, im Bergwerk oder gar im Krieg, da haben sie nichts zu vermelden.

Dabei vergaß man, daß die ersten Aufnahmen über das Leben von Bergarbeitern von Frances Johnston stammen, die eine Bildreportage über die Kohlenbergwerke in Pennsylvanien verfertigte. Zu den stärksten Aufnahmen, die wir kennen, zählen auch die Bilder der Amerikanerin Dorothea Lange. Dorothea arbeitete mit großem Einsatz. Sie wollte, daß den heimatlosen Bauern geholfen würde, die in den dreißiger Jahren durch jahrelange Dürre, durch Sandstürme und Mißernten von ihrem Land vertrieben wurden.

Zehntausende strömten nach Kalifornien, lebten in Zelten und verdingten sich als Erntearbeiter, die auf Suppenküchen und öffentliche Speisungen angewiesen waren. Dorothea ging in die Lager und fotografierte. Ihr Bild »White Angel Breadline« ging um die ganze Welt. Es half, das Mitleid der Öffentlichkeit wachzurütteln. Bessere

Lager wurden gebaut und eine Institution ins Leben gerufen, die den Bauern Kredite gab und ihnen ermöglichte, ein neues Leben zu beginnen.
Die fotografierenden Frauen ließen sich von Anfang an auf kein Interessengebiet festnageln. Genau wie ihre männlichen Kollegen waren auch sie von der industriellen Entwicklung, von der Gewalt »der Maschine« fasziniert, und Frauen aller Nationalitäten haben sich auf dem Gebiet der Industriefotografie einen Namen gemacht.
Eine von ihnen war die Deutsche Ruth Hallersleben (1898 – 1977), die auf dem Gebiet der Schwerindustrie, des Hoch- und Tiefbaus nicht zu schlagen war. Auch sie ließ es sich nicht nehmen, in Arbeitskleidung in Bergwerke einzufahren, obwohl dies damals gerade in Deutschland für eine Dame als ganz ungehörig galt.
Als Industriefotografin angefangen hat auch eine der berühmtesten Fotografinnen unserer Zeit, nämlich die elegante, hochtalentierte Amerikanerin Margaret Bourke White, die später eine der wichtigsten Kriegsberichterstatterinnen wurde. In Cleveland hatte sie in ihrer Jugend nicht wenige Fabrikbesitzer verblüfft, als sie darum bat, in den Werkshallen fotografieren zu dürfen. »Machine Art« war in den zwanziger und dreißiger Jahren modern. Aber Margarets Bilder waren nicht die Produkte eines Mitläufers. Sie wirkten ästhetisch selbständig und kraftvoll, und die Zeitungen rissen sich um sie.

Eine Einladung nach Rußland

Da sie von Anfang an erfolgreich war, hatte Margaret Bourke White schwer mit ihren Kollegen zu kämpfen. Erst

lachte man über sie, dann intrigierte man gegen sie, wo man nur konnte. Aber es nützte nichts. Die besten Aufträge erhielt immer sie. Sie war die erste Vertreterin westlicher Medien, die nach der russischen Revolution die UdSSR betreten durfte. Die neue sowjetische Regierung war stolz auf den Fortschritt, stolz auf die neuen Maschinen, die man gekauft hatte, und man wollte den Westen darüber aufklären. Also brauchte man auch einen Fotografen. Der Auftrag bedeutete, Staudämme, Fabrikhallen, Turbinen und Maschinen zu fotografieren – und an wen wandte man sich? An eine Frau. Kein Wunder, daß die Branche vor Neid schäumte.
Aber die Bilder, die sie aus Rußland mitbrachte, ließen alle verstummen. In ihren beiden Fotobänden »Eyes on Russia« und »UdSSR Photographs« kann man diese Aufnahmen bewundern. Und was sie mit ihrer Kamera aus einem Staudamm machen konnte, das sieht man auf dem Titelblatt des ersten »Life«-Heftes aus dem Jahre 1936.
Seit der Gründung dieser Illustrierten ist der Name Bourke White unzertrennlich mit »Life« verbunden. Die Bildreportagen, die sie zwischen 1936 und 1957 zustande brachte, gehören zu den wichtigsten Zeitdokumenten, die wir besitzen.
Margaret Bourke White war, wie gesagt, eine unerschrockene Kriegsberichterstatterin. Für ihre ausgezeichneten Fotos riskierte sie mehrere Male ihr Leben. Sie war an den Fronten des Zweiten Weltkrieges und in Korea. Sie hatte unwahrscheinliches Glück. Sie überlebte Bombenangriffe ohne Deckung, einen Hubschrauberabsturz, die Torpedierung eines Schiffs, Straßenschlachten und das Schlafen in schlammigen Schützengräben. Sie war in Rußland, als die Deutschen angriffen, und stand neben General Patton, als

er Buchenwald befreite. Die bedrückende Wucht ihrer Fotos aus dem Konzentrationslager hat bis heute nichts von ihrer Wirkung verloren.

Auf Umwegen zum Ziel

Was kann man aus den Lebensgeschichten dieser berühmten Fotografinnen lernen? Daß weder die lachenden anderen noch aufgehetzte Nachbarn oder das Großziehen der Kinder den Weg zum Erfolg auf Dauer blockieren können. Sicher, verständnislose Ehemänner, böswillige Kritik und der schlechte Rat angeblicher Freunde können Zweifel und Depressionen auslösen, ja sogar den Entschluß, ein neues Leben zu beginnen, um Jahre verzögern. Aber abwürgen können sie ihn nicht. Wer wirklich will, der schafft es auch. Und wenn es geradeaus nicht geht, dann muß man lernen, auf Umwegen zum Ziel zu kommen. Dazu ein Beispiel aus unseren Tagen.
Ursula Berger wuchs in einem kleinen Dorf auf, in dem es eine Schuhfabrik gibt. Ihre Eltern sind nicht reich, und es war für Vater und Mutter selbstverständlich, daß Ursula nach der Schule in der Fabrik arbeiten würde. Ursula aber wollte Fotografin werden, und das sagte sie auch. Ihre Eltern waren entsetzt. Das sei ein brotloser Beruf, für Frauen sei er nicht geeignet – sie würde die ganze Familie lächerlich machen. Ursula mußte versprechen, niemandem im Dorf etwas davon zu erzählen.
Mit sechzehn verließ Ursula die Schule und ging als Akkordarbeiterin in die Fabrik. Sie war sehr geschickt und verdiente überdurchschnittlich gut. Sie wohnte zu Hause, zahlte für Kost und Logis und legte den Rest ihres Lohnes

auf zwei Sparbücher. Mit ihrem Leben war sie nicht unzufrieden. Über das selbstverdiente Geld freute sie sich und auch darüber, daß sie sich hübsche Kleider und sogar eine Kamera leisten konnte.

Jede Woche fuhr sie einmal in die Stadt. Dort kaufte sie zwei Fotozeitschriften, setzte sich in eine Konditorei, las und vergaß darüber die Welt. Bei einem dieser Ausflüge lernte sie die Besitzerin des dortigen Fotoateliers kennen. Von da an fuhr sie öfter in die Stadt und sah ihrer neuen Bekannten bei der Arbeit zu.

Der Wunsch, Fotografin zu werden, hatte Ursula nie losgelassen. Jetzt war er stärker als je zuvor. Und als sie erfuhr, daß das Lehrmädchen des Ateliers im kommenden Herbst mit der Ausbildung fertig sein würde, beschloß sie, ihre Bekannte zu bitten, ob sie die freie Stelle einnehmen dürfe.

Die Eltern waren gar nicht begeistert, daß Ursula ihre gut bezahlte Arbeit aufgeben wollte. »Drei Jahre Hungerlohn«, sagte der Vater, »und nebenbei noch die Berufsschule. Die Leute werden glauben, du bist verrückt.« Aber da er es nicht grundsätzlich verbot, konnte Ursula im Herbst beginnen. Den Beitrag zum elterlichen Haushalt zahlte sie von ihren Ersparnissen.

Die Zeit verging schnell. Als Ursula ausgelernt hatte, blieb sie noch drei Jahre bei ihrer Bekannten im Atelier, verdiente und sparte. »Wenigstens hast du eine Aussteuer, wenn du heiratest«, sagte der Vater. Aber Ursula hatte andere Pläne. Sie wollte das Geld für eine bessere Ausbildung verwenden. Sie wollte in die Hauptstadt gehen und dort ein Jahr lang an der Kunstakademie die fotografische Meisterklasse besuchen.

Als dies ihre Eltern erfuhren, gab es einen großen Krach.

Man fürchtete, die Tochter zu verlieren. Man hatte sie schon glücklich mit ihrem Freund verheiratet gesehen, hatte sich auf Enkelkinder gefreut, und nun sollte wieder nichts daraus werden? Dazu kam die Angst, daß Ursulas Freund nicht so lange warten würde. »Glaubst du, der sitzt hier noch ein Jahr und schaut in die Luft?« brüllte der Vater. »Bis du fertig bist, bist du siebenundzwanzig. Und hast nicht einmal eine Anstellung. Mit siebenundzwanzig haben wir schon zwei Kinder gehabt.«

Startversuch bei der Zeitung

Aber Ursula wollte in die Hauptstadt. Sie nahm ein billiges Untermietzimmer und stürzte sich in die Arbeit. Alles, was man ihr an der Akademie auftrug, führte sie mit Freuden aus. Sie hatte fast kein Geld, aber sie war ausgefüllt und zufrieden. Zweimal im Monat kam ihr Freund übers Wochenende zu Besuch. Das Jahr verging wie im Flug. Als es vorüber war, weigerte sich Ursula, ins Dorf zurückzukehren. Sie hatte interessante Leute kennengelernt, sie begann Hochdeutsch zu sprechen, sie wollte weiterkommen. Ihr größter Wunsch war, Pressefotografin zu werden.

Ihre Fühler hatte sie bereits ausgestreckt. Bei keiner Zeitung war etwas frei. Überall gab es einen Hausfotografen oder freie Mitarbeiter, die man regelmäßig verpflichtete. Aber bei einer Zeitung wurde ein anderer Posten offeriert: als Sekretärin im Kulturressort.

Ursula überlegte nicht lange. Rechtschreiben war ihr nie schwergefallen, und in der Berufsschule hatte sie Maschinenschreiben gelernt. Die Sekretärinnenstelle war gut bezahlt. Außerdem würde sie einen Zeitungsverlag von

innen kennenlernen. Vielleicht würde sich später etwas mit dem Fotografieren ergeben. Sie bewarb sich um die Stelle, und sie wurde engagiert.
Ursula ist eine gewissenhafte Person. Wenn sie etwas macht, dann macht sie es ordentlich. Kein Wunder, daß man ihre Leistungen im Kulturressort sehr zu schätzen begann. Sie wurde eine so tüchtige Sekretärin, daß man sie nicht mehr weglassen wollte. Man wußte zwar, daß sie gelernte Fotografin war, aber man wollte davon nichts hören.
Als der Hausfotograf in Urlaub ging, durfte ihn Ursula einmal zwei Tage lang vertreten. Ihre Fotos wurden gelobt, aber sie wurde nicht ermutigt, weiterzumachen. Man zahlte ihr auch kein Extrahonorar, obwohl sie für die Aufnahmen, das Entwickeln und Vergrößern ihre freie Zeit verwendet hatte. Mit Müh und Not erreichte sie, daß man ihren Namen unter die Bilder setzte.
Aber Ursula war trotzdem zufrieden. Sie hatte bewiesen, daß sie einsatzfähig war. Man hatte ihre Fotos verwendet und mit dreiunddreißig Jahren hatte sie zum erstenmal ihren Namen in der Zeitung gesehen. Sie schickte das Blatt in fünffacher Ausführung an ihre Eltern, und als sie das nächste Mal nach Hause kam, wurde sie vom Bürgermeister gebeten, die Eröffnung des neuen Gemeindehauses zu fotografieren. Auch diese Bilder erschienen – im Bezirksjournal. Über Nacht wurde Ursula eine lokale Berühmtheit.
Als Ursula in die Hauptstadt zurückkehrte, beschloß sie, mit dem Chefredakteur zu sprechen. Die Zeitung, das wußte sie, konnte ohne weiteres zwei Fotografen gebrauchen. Sie bat also um einen neuen Vertrag als Fotografin. Aber was bekam sie zu hören? »Sie sind eine so tüchtige

Sekretärin, Fräulein Berger, so eine wie sie finden wir nie wieder. Wir wären dumm, sie weggehen zu lassen. Es gibt viel mehr gute Fotografen als gute Sekretärinnen.« Und man bot ihr statt eines neuen Vertrages eine kleine Gehaltserhöhung an.

Babyflaschen, Hochzeiten und Schuhschachteln

Das Geld konnte Ursula nicht locken. Sie wollte nicht länger Termine arrangieren, Opernkarten besorgen, Radio- und Fernsehprogramme tippen, Gespräche vermitteln und Briefe schreiben. Sie wollte fotografieren. Einen Monat geduldete sie sich noch. Sie wußte, daß der Hausfotograf ein besseres Angebot erhalten hatte und weggehen wollte. Sie wartete, ob man ihr eine Chance geben würde. Aber man tat es nicht. Als die Stelle frei wurde, stellte man einen Fremden ein.
Da wußte Ursula, daß sie es anders versuchen mußte. Während der Meisterklasse hatte sie bereits Werbeaufträge angenommen. Sie hatte Möbel fotografiert, Kosmetika, Babyflaschen und Schuhschachteln. Sie hatte Modeschauen abgelichtet und Hochzeiten. Sie hatte anfangs nur sehr wenig verlangt und die Arbeit als Übung betrachtet. Während ihrer Sekretärinnenzeit hatte sie diese Kontakte nicht abgebrochen.
Jetzt rief sie alle an, für die sie je gearbeitet hatte, und sie ließ verlauten, daß sie jederzeit wieder zur Verfügung stehe. Dann nahm sie sechs Wochen Resturlaub. Aufträge kamen herein, obwohl Ursula jetzt mehr Geld verlangte. Im Kollegenkreis war sie bekannt. Der Fotograf, der von der Zeitung weggegangen war, überließ ihr ab und zu einen sei-

ner Termine. Andere riefen sie an, wenn sie Aushilfe brauchten. Nach ihrem Urlaub stand für Ursula fest, daß sie sich als freie Fotografin durchbringen würde. Sie sprach noch einmal mit dem Chefredakteur. Als er wiederholte, daß er sie nur an der Schreibmaschine, nicht aber hinter der Kamera zu sehen wünsche, kündigte sie.
Zwei Jahre lang arbeitete Ursula wie besessen. Sie war bereits vor einiger Zeit in eine größere Wohnung übersiedelt und richtete nun in ihrem Badezimmer eine Dunkelkammer ein. Jeden Abend lernte sie Englisch und Französisch, denn sie wußte: Wenn sie wirklich etwas werden wollte, dann mußte sie für einige Zeit ins Ausland gehen. Als sie das Gefühl hatte, daß sie sich in beiden Sprachen ganz gut verständigen konnte, fuhr sie nach Paris und nach London. Dort rief sie Illustrierte und Fotomagazine an, stellte sich vor und zeigte ihre Arbeiten.
Sie hatte Glück. In London kaufte man ihr Fotos ab, in Paris sogar eine ganze Serie. Außerdem bekam sie mehrere Aufträge. Mit einem Mal wurde Ursula klar, daß man als freie Fotografin nicht nur gut, sondern sogar ausgezeichnet verdienen konnte. Wo sie jetzt ist? In Thailand. Dort macht sie ihre erste Fotoreportage über Urwalddörfer.
Ursulas Freund ist längst verheiratet. Sie aber hat sich in einen Franzosen verliebt. Sie hat ihren Wohnsitz gewechselt und lebt in Paris. Sie hat sich so verändert, daß man sie kaum wiedererkennt. Aus dem schüchternen Mädchen vom Lande, aus der etwas unsicheren Sekretärin ist eine weltoffene Frau geworden, eine ernstzunehmende Künstlerin. Und die Eltern? Die sind jetzt natürlich stolz auf sie. Der Vater will nicht mehr daran erinnert werden, daß es eine Zeit gab, da er sagte: »Was, du willst Fotografin werden? Du wirst uns alle nur lächerlich machen...«

8. Tausche Bequemlichkeit gegen Glück – ein neuer Anfang auf dem Lande

Vor gar nicht so langer Zeit erregte folgende Geschichte die Gemüter in Österreich: Zwei junge Männer, zwanzig und fünfundzwanzig Jahre alt, überfielen auf dem Lande eine Tankstelle. Der Besitzer war draußen bei den Zapfsäulen, eine zweiundsechzigjährige Rentnerin stand zufällig neben der Kasse. Kaum schrien die beiden Räuber: »Her mit dem Geld«, stürzte sich die Frau mit einem »Euch werde ich's zeigen« auf die maskierten und bewaffneten Männer, schleuderte einen von ihnen an die Wand und verängstigte dadurch den anderen so sehr, daß ihm der Tankstellenbesitzer das Gewehr entreißen konnte. Die beiden flüchteten in Panik, konnten aber am nächsten Tag verhaftet werden.

Alt ist noch lange nicht gebrechlich

Geschichten wie diese lassen Zweifel an der Mär von den starken Jungen und den schwachen Alten aufkommen. Und geht man mit offenen Augen durchs Leben, so erhält man bald die Bestätigung, daß in vielen Fällen die Alten auch die Starken sind. Sogar in Amerika hat man dies begriffen. Dort spricht man nicht einmal mehr von »Abnüt-

zungserscheinungen«, die im Pensionsalter auftreten können, sondern von einem »Verrosten« des Organismus, dem man durch ein gesundes, aktives Leben vorbeugen könne. Eine gute körperliche Kondition, erzählten amerikanische Altersforscher einem »Time«-Reporter, hänge in erster Linie von einem starken Selbstbewußtsein ab. Hat man es, so wird man auch seine Körperkraft bis ins hohe Alter bewahren.
Zur Untermauerung dieser These wurden verschiedene Leistungssportler angeführt, welche die »vorgeschriebene« Altersgrenze längst hinter sich gelassen haben und weiterhin aktiv sind. Warum? Weil sie sich nicht einreden ließen, daß »man« mit vierzig nicht mehr Baseball und mit fünfzig nicht mehr Football spielen könne. Jeder, der Football kennt, weiß, wie brutal diese Sportart ist, welch totalen Einsatz sie fordert und wie unglaublich es erscheint, daß nach dem Kampf ein Großteil der Spieler mit heilen Knochen das Feld verläßt.
Football galt lange Zeit nur als Sport für sehr junge, harte Burschen. Seit man aber herausgefunden hat, daß verminderte Leistung ebenso viele geistige wie körperliche Ursachen haben kann, beginnt sich dies zu ändern. Konkret verwiesen die Forscher auf den Footballspieler George Blanda, der mit achtundvierzig und auch noch mit zweiundfünfzig Jahren hervorragende Leistungen erbrachte, oder auf den Sportler Gordie Howe, der im selben Hockeyteam spielt wie seine beiden Söhne.
Dies ist in der Tat erfreulich. Wenn sogar im Leistungssport, einer Hochburg des Jugendkultes, die Barrieren zwischen den Generationen zu fallen beginnen, dann wird sich in absehbarer Zeit niemand mehr falschen Vorurteilen oder dem Diktat seiner eigenen Kinder beugen.

In jungen Jahren hat man zwar viel Energie, aber sie manifestiert sich oft in sinnlosen Kraftausbrüchen, gefolgt von langen Perioden großer Faulheit. Jeder, der Halbwüchsige im Haus hat, weiß, wie schwer es ist, sie für eine längerandauernde Arbeit zu motivieren. Ja, sie überhaupt für etwas zu begeistern, das nicht nur Vergnügen, sondern auch Überwindung verlangt. Erst mit den Jahren lernt man, sich an der Arbeit zu freuen, sie nicht nur anzufangen, sondern auch mit Ausdauer und Energie zu Ende zu führen. Und langsam wird dies Allgemeinwissen.
Alles im Leben ist eine Sache der Einteilung. Wer vernünftig lebt und seine Kräfte nicht vergeudet, wird bis ins Alter zu körperlichen Höchstleistungen fähig sein. Dazu ein Beispiel aus Japan. In der Umgebung von Toba leben rund dreitausend Frauen, die ihren Lebensunterhalt durch das Tauchen nach Seeigeln, Schwämmen und Perlen verdienen. Aber dies sind nicht nur junge Frauen. Auch Mütter und Großmütter sind aktiv. Und die ältere Generation ist die, die am meisten leistet.
Eine Perlentaucherin, die mit zehn Jahren zu arbeiten beginnt, ist erst mit vierzig imstande, drei Minuten unter Wasser zu bleiben. Ein englischer Reporter interviewte kürzlich eine sechsundvierzigjährige Mutter, deren Familie seit elf Generationen vom Tauchen lebte. Die Frau, die wie ihre Kolleginnen im Sommer pro Tag sechs Stunden und im Winter täglich zwei unter Wasser verbringt, erzählte, daß sie noch nie in ihrem Leben krank gewesen sei. Was eine Erkältung ist, wußte sie nur vom Hörensagen. Auch ihre Mutter sei noch nie mit Fieber im Bett gelegen, sagte sie stolz. Die Mutter ist jetzt achtundsiebzig Jahre alt und taucht noch immer.
Es ist also höchste Zeit, daß wir mit dem Umdenken begin-

nen. Wäre der Mensch nur in seiner Jugend stark und kräftig, so könnte keine zweiundsechzigjährige Rentnerin einen jungen Räuber in die Flucht schlagen und keine achtundsiebzigjährige Großmutter nach Perlen tauchen. Dann würden auch nicht so viele Leute in reiferen Jahren nach einem bequemen Stadtleben aufs Land ziehen und dort eine zweite Karriere beginnen, die oft mit großen körperlichen Strapazen verbunden ist. Gerade das aber ist immer häufiger der Fall.

Ländliche Idylle mit Ziegen und Traumhaus

Eines ist mir während der Recherchen zu diesem Buch klargeworden: Nichts ist besser für eine kränkelnde Ehe, als sein Leben zu ändern und gemeinsam etwas aufzubauen. In neuer Umgebung, beschäftigt mit etwas, das man aus Überzeugung tut, körperlich und geistig gefordert, ohne viel Zeit zum Grübeln und Problemewälzen, haben schon viele ihre Liebe zueinander wiederentdeckt. Auch Werner und Elli Gilbert haben diese Erfahrung gemacht. Sie gehören zu den vielen Ehepaaren, die in jüngster Zeit mit Freude alles hinter sich gelassen haben: die gemütliche Wohnung, das Kino und die Konditorei an der Ecke, das Stammcafé und den Tennisclub. Sie gehören zu denen, die sich nicht scheuen, mit vierzig, fünfzig oder sechzig ihren Lebensrhythmus völlig zu ändern, auf Urlaube zu verzichten und tagtäglich um fünf Uhr früh aufzustehen.

Aber sie wissen, warum sie das tun: um zu sich selbst und wieder zueinander zu finden, um in Schwung zu bleiben und das Abenteuer wieder zu entdecken; um endlich das

zu tun, was Freude macht. Um auszubrechen aus »der Gesellschaft«, die oft nicht von Freundschaft, sondern von Rivalität und Neid zusammengehalten wird; um endlich zu verwirklichen, wovon man jahrzehntelang geträumt hat; um einen Sinn im Leben zu finden. Und den haben Elli und Werner gefunden.
Werner Gilbert ist Abteilungsleiter bei einer großen Versicherungsgesellschaft. Elli hat drei Kinder großgezogen. Heute züchtet sie Ziegen. Sie steht bei Tagesanbruch auf, zieht feste Hosen, Arbeitsjacke und Stiefel an, führt ihre zwei Pferde und die Eseldame Smokey auf die Koppel und widmet sich dann ihren zwanzig Ziegen. Sie beginnt zu füttern, zu melken und neues Stroh aufzuschütten.
Sind die Tiere versorgt, geht sie ins Haus zurück, macht das Frühstück und trinkt mit ihrem Mann Kaffee. Werner Gilbert hat noch zehn Jahre bis zur Pensionierung, und er denkt nicht daran, auf seine wohlverdiente Rente zu verzichten. Er wird die Jahre, die ihm noch bleiben, abarbeiten. Wenn das, was er derzeit mit seiner Frau auf dem Land aufbaut, einmal Gewinn abwerfen sollte, um so besser. Aber verlassen will er sich nicht darauf.
Wenn Elli ihren Mann zur Bahn gebracht hat (wo sie ihn am Abend wieder abholt), geht sie mit ihren Ziegen auf die Weide. Anschließend bringt sie das Haus in Ordnung und schaut nach dem Käse, den sie herstellt und verkauft. Abends wiederholt sich die Prozedur: melken, füttern, Stall ausmisten, kochen und gemeinsam mit ihrem Mann, der sich nach dem Essen in Windeseile von einem Büromenschen mit Anzug in einen Landarbeiter im Overall verwandelt, Reparaturen und Ausbauarbeiten vornehmen. Im Haus und im Stall gibt es noch viel zu tun, denn Elli und Werner haben beides selbst gebaut.

Besucht man die Gilberts, so erlebt man immer wieder Überraschungen. Ich selbst fuhr an einem wunderschönen Frühlingstag, an dem alles blühte, zu ihnen hinaus und was mich als erstes verblüffte, war ihr Haus. Es ist erstaunlich groß und hat nichts mit dem gewöhnlichen, selbstgebauten Eigenheim gemein. Es erinnert vielmehr an ein Landhaus, das von einem sündteuren Architekten entworfen wurde. Aber Elli und Werner Gilbert haben die Pläne selbst gezeichnet und zehn Jahre intensiv an ihrem Haus gebaut.

»Dort drüben«, sagt Elli aufgeregt und zeigt auf die Fensterwand des riesigen Wohnraumes, der bis zum Dach reicht und von einer hölzernen Balustrade umgeben ist, »dort bin ich gestanden, auf einer Art Schwebebalken, und habe den Söhnen die Kübel mit Mörtel gereicht. Und den Kamin habe ich zusammen mit meinem Mann gebaut.« Auch die Regale für die Bibliothek im ersten Stock, die Holzdecken für die Schlafzimmer, alles ist im Hause Gilbert entstanden, und was das beste ist: Die Kredite, die sie vor zehn Jahren aufgenommen haben, sind fast zurückgezahlt. Das Haus ist schuldenfrei, nur für den Stall sind noch Zahlungen fällig.

»Ich hätte nie gedacht, daß ich je so schön wohnen würde«, erzählt Elli und berichtet, daß alles mit einem Stück Land begonnen hat, das man kaufte, um am Wochenende auf eigenem Grund und Boden frische Luft schnappen zu können. Aber aufs Land zu ziehen, war nur Werners Wunsch gewesen. Elli liebte die Stadt, und als die Kinder erwachsen und aus dem Haus waren, beschäftigte sie sich mit Einkäufen, Kinobesuchen und Kaffeekränzchen im Kreise ihrer Freundinnen. In ihrer Ehe und im Haushalt langweilte sie sich gründlich. Als Werner vom Hausbau zu

sprechen begann, wehrte sie sich verbissen. Ihr Lebensinhalt war die Zerstreuung, welche die Stadt offerierte. Sie wollte sie nicht verlieren.
Erst nach zwei Jahren ließ sie sich vom Baufieber ihrer Familie anstecken. Aber nun um so intensiver. »Ich mußte im wahrsten Sinne des Wortes zu meinem Glück gezwungen werden«, sagt Elli heute, »in der Stadt war ich oft deprimiert und vor allem in den letzten Jahren ständig krank. Aber kaum hatte ich mich entschlossen, ein neues Leben zu beginnen, hat sich alles zum Positiven gewandelt. Heute, mit dreiundfünfzig, habe ich mehr Kraft als mit fünfundzwanzig. Dabei habe ich damals nichts getan. Ich lag mit meinen Kindern oft den ganzen Tag im Schwimmbad und war abends trotzdem vollkommen erschöpft.«
Elli und Werner, die sich in der Stadt nichts mehr zu sagen hatten, haben durch den Hausbau und dank ihrer Liebe zu Tieren wieder zueinander gefunden. Als sie vor drei Jahren ihre Wohnung aufgaben und ganz aufs Land zogen, schlug Werner vor, Tiere anzuschaffen. Zuerst kam eine Schäferhündin ins Haus, dann folgten zwei Ziegen. Eine von ihnen war trächtig. Den gesunden kleinen Bock, den sie zur Welt brachte, zogen Werner und Elli mit der Flasche auf. Heute ist er erwachsen, übermütig und zärtlichkeitsbedürftig wie ein Schoßhund. Werner ist sein erklärter Liebling. Kaum sieht er ihn, hüpft er ihm x-beinig entgegen und will schmusen. Aber so drollig er ist, so stark ist er auch. Er hat zwar keine Hörner, aber den Bergziegenbock Ferdinand, der inzwischen dazugekommen ist und der ihn mit seinen zwei Riesenhörnern siegessicher zum Zweikampf herausforderte, den hat er geschlagen.

Ein Plan, der funktionierte

Da Werner tagsüber nicht zu Hause ist, sind die Ziegen Ellis Aufgabe geworden. Bereits im Vorjahr waren sie kein Verlustgeschäft mehr. Die Milch, die sie lieferten, war ausgezeichnet, Elli erzeugte zehn Kilo Käse pro Woche und konnte mit dem Geld vom Verkauf desselben das Futter finanzieren. Heuer hofft sie auf bedeutend mehr Milch, Käse – und Geld. Sie ist optimistisch und freut sich über ihren Erfolg.

Ziegen zu züchten, ist nicht leicht. Im gesamten deutschsprachigen Raum hat man vergessen, wie man es macht. Ziegen sind nicht modern, und es gibt keine Fachbücher zu diesem Thema. Was tat Elli? Sie fuhr dorthin, woher wir für teures Geld Ziegenkäse importieren, nämlich nach Frankreich, und lernte an Ort und Stelle, wie man das alles macht.

Sie trat dem französischen Ziegenzüchterverband bei, besuchte Bauernhöfe, sah bei der Käseerzeugung zu und abonnierte die Zeitschrift »La Chèvre«, die sechsmal im Jahr erscheint. Ihr Vorbild ist ein französisches Ehepaar, das südlich von Paris auf einem wunderschönen Hof lebt, fünfzig Ziegen besitzt und vom Käseverkauf leben kann. »Fünfzig Ziegen«, sagt Elli mit hoffnungsvoller Stimme, »wenn es bei uns mit der Zucht so gut weitergeht, dann bin ich in zwei Jahren auch so weit.«

Aber Werner und Elli würden nie aus Geldgründen ihre Tiere quälen, vernachlässigen, in enge Boxen pferchen und dies, wie es bei Hühnern, Schweinen und Kälbern oft der Fall ist, mit dem Profitdenken rechtfertigen. »Unsere Ziegen geben ausgezeichnete Milch, gerade weil wir sie so gut behandeln«, erklärt Werner, dem alles zuläuft, was vier

Beine hat. »Wenn es uns nur ums Geld gegangen wäre, hätten wir gleich in der Stadt bleiben können.«
Den Tieren geht es gut, und den Gilberts geht es gut. Beim täglichen Nachmittagsspaziergang trotten die Ziegen wie brave Kinder hinter Elli her, und die Schäferhündin Olga, die überall mit dabei sein muß, verteidigt die, welche trächtig sind, gegen die Zudringlichkeit der Böcke. Zwischendurch apportiert sie Stöcke und bellt so lange, bis man sie wieder weit weg wirft.
Elli ist eine geduldige Tiermutter. Das zeigt sich auch bei einem Gang durchs Haus. Im Eßzimmer, auf dem Tischtuch liegt zwischen zwei Silberleuchtern lang und wohlig ausgestreckt Heidi, die Tigerkatze. Elli läßt sie schlafen. »Ich lebe nicht mehr für die Nachbarn«, ist ihr Kommentar dazu. »Die Katze auf dem Tisch stört mich nicht, daher darf sie dort bleiben.«
Nun könnte man zwar einwenden, daß das, was Elli und Werner Gilbert tun, nicht im eigentlichen Sinn als zweite Karriere zu betrachten sei. Immerhin hat Werner beruflich nichts riskiert und die beiden leben weiterhin überwiegend von dem, was er in der Stadt verdient. Aber das ist es nicht, worauf es ankommt. Es geht doch darum, glücklich zu leben und eine neue Einstellung zu sich selbst und der Umwelt zu finden.
Daß ihr dies gelungen ist, kann Elli gar nicht oft genug betonen. Was »man« tut, ist für sie nicht mehr ausschlaggebend. Sie hat endlich die Kraft gefunden, sich zu ihrem eigenen Lebensstil zu bekennen. Stolz zeigt sie im Wohnzimmer auf die vielen verschiedenen Fauteuils, die vor dem Kamin stehen. Früher, in der Stadtwohnung, gab es eine Sitzgarnitur und eine Einbauwand nach Schema F, obwohl sich keiner der Gilberts dafür begeisterte. Die

Nachbarn aber waren so eingerichtet und die Leute, bei denen sie verkehrten. Elli aber hatte damals nicht genug Selbstvertrauen, das zu kaufen, was ihr gefiel.
Diese Zeiten sind vorbei. Elli hat nur die Dinge mitgenommen, die ihr etwas bedeuten. Dazu gehören auch das Klavier, das sie von ihrer Mutter geerbt hat, und ein schöner seidener Wandteppich. Sie hat sich angewöhnt, bei Auktionen spontan zu kaufen, ohne Rücksicht auf das, was gerade Mode ist, und sie hat guten Instinkt bewiesen, denn alles im Haus paßt zusammen.
Noch etwas hat sich geändert. Ellis Einstellung zur Gesundheit. In der Stadt war sie immer die erste, die sich erkältete und die letzte, die das Kopfweh loswurde. Wenn die Familie Pläne machte, so immer nur mit dem Nachsatz: »Wenn Mutter dazu in der Lage ist.« Elli hatte hundertmal den Satz gesagt: »Ich fahre gerne mit, wenn ich bis dahin mein Fieber (Kopfweh, Rückenstechen, Nervenzittern, Rheuma, Halsweh) losgeworden bin.«
Davon kann keine Rede mehr sein. Seit ihrem fünfzigsten Lebensjahr ist Elli geradezu aufgeblüht. Die körperliche Arbeit hat sie nicht schwächer, sondern stärker gemacht. Sie hat ihr Übergewicht verloren und ihre Jungmädchenfigur wiedergewonnen. Sie hat keinen Grund mehr, in die Krankheit zu flüchten, ja, sie hat gar keine Zeit, kleinere Wehwehchen zu beachten, und deshalb bleibt sie gesund. Und das beste: Elli hat keine Angst mehr vor dem Älterwerden. Sie weiß, daß das, was sie leistet, keine Zwanzigjährige schaffen könnte. Und obwohl sie abends oft völlig erschöpft ins Bett sinkt, freut sie sich über jeden neuen Tag. Sie freut sich über das gute Verhältnis zu ihrem Mann, über die Söhne, die oft zu Besuch kommen, über die Tiere, denen sie ein angenehmes Leben bietet. Und

wenn ihr etwas leid tut, dann nur die Tatsache, daß sie nicht schon viel früher ihr neues Leben angefangen hat.

Renate Ross schafft einen Wald

Die Mär von den starken Jungen und den schwachen Alten hat heutzutage wahrhaftig keine Bedeutung mehr. Urgroßväter besteigen Berggipfel und segeln um die Welt. Großmütter ändern ihr Leben, entwickeln Energien, die sie selbst und ihre Familien aufs äußerste erstaunen, und Pensionistinnen benützen den »Ruhestand«, um die Welt zu verändern.

Zu letzteren gehört Renate Ross-Rahte, die ihr Leben lang als Tierärztin gearbeitet hat und sich mit fünfundfünfzig Jahren auf dem Hof niederließ, den sie von ihrem Großvater in der Nähe von Wien geerbt hat. Nachdem sie mit Hilfe ihres Mannes das Anwesen bewohnbar gemacht hatte, ging sie, anstatt sich auszuruhen daran, einen Wald aufzuforsten.

Dieser Wald ist etwas Besonderes. Er ist ein Mischwald, bestehend aus Laub- und Nadelbäumen, aus Lärchen und Ahorn. Es ist jener Wald, der jahrhundertelang auf diesem Boden gewachsen war, ehe man zur Zeit Maria Theresias mit dem großen Bäumefällen begann, um die Großstadt Wien mit Brennholz zu versorgen.

Ans Aufforsten hat man zwar auch damals schon gedacht, aber um möglichst rasch Erträge zu erzielen, pflanzte man nicht das, was man abholzte, sondern in erster Linie das, was schnell nachwuchs, nämlich: Föhren und Fichten. Es entstand der typische, heute überall verbreitete Einheitswald, der nur den einen Zweck hat: Geld zu bringen.

Auch auf dem Grund, der zu Frau Doktor Ross-Rahtes Hof gehörte, standen vor allem Fichten. Um einen Teil des Geländes war es jedoch noch schlechter bestellt. Hier hatte man vor vielen Jahren abgeholzt, und der Boden war mit undefinierbarem Gestrüpp bedeckt. Mit ihrem Mann pflanzte Renate Ross-Rahte innerhalb von drei Jahren fünftausend Lärchen und eintausendfünfhundert Ahornbäume, um der Welt zu zeigen, daß ein gesunder Mischwald durch nichts ersetzt werden kann.

Sie ist sich der Tatsache bewußt, daß alle Monokulturen, also auch der Einheitswald, krankheitsanfällig sind und heute in erster Linie durch das Streuen und Versprühen von Gift »gesund« gehalten werden. Gift aber gibt es schon genug in dieser Welt und Frau Doktor Ross wollte beweisen, daß ein Mischwald auch auf andere Art durchgebracht werden kann.

Die viele Arbeit, die manchen Jüngeren abschrecken würde, konnte sie nicht abhalten. Um die jungen Bäume vor dem Wild zu schützen, bestrich sie die Stämme Jahr für Jahr mit Teerpräparaten, umwickelte sie mit Kunststoffwatte, oder sie zäunte die Bäume ein. Als die Wurzelstöcke der frischgepflanzten Lärchen im ersten Jahr stark von Mäusen befallen wurden, dachte sie keine Sekunde daran, Gift zu streuen. Auf ihrem Grund lebte noch ein Bussardpärchen, weil sie die immer seltener werdenden Vögel nie gefährdete, Bussarde aber fressen Mäuse.

Heute, fast zehn Jahre später, ist der Wald über Kinderkrankheiten erhaben. Die Bäume sind gesund und kräftig, und sie kommen von alleine durch. Hat sich Renate Ross-Rahte nun endlich zur Ruhe gesetzt? Natürlich nicht. Sie hat begonnen, Bücher zu schreiben. Kinderbücher über das Leben mit Tieren, Bücher für Erwachsene über Haustierhaltung und Fachveröffentlichungen über verschiedene Tierkrankheiten.

Ich habe nicht von Renate Ross erzählt, um allen denen, die ihren Ruhestand genießen wollen, ein schlechtes Gewissen aufzuzwingen. Es ist bestimmt nicht meine Absicht, nach endlosen Diskussionen über den Schul- und Berufsstreß auch noch den Pensionistenstreß zu erfinden. Wer müde ist, soll sich ausruhen. Niemand wird einen Menschen verachten, der nach Jahrzehnten im Beruf seine Zeit mit Reisen, Kuraufenthalten, Lesen oder Fernsehen verbringt. Jeder soll tun, was er will, und zwar *nur* das, was er will.

Aber es ist höchste Zeit, nicht alle älteren Menschen in einen Topf zu werfen und denen, die aktiv sein wollen, die Freude an einem neuen Anfang zu verleiden. Man kann auch dem tüchtigsten Menschen so lange einreden, daß er unfähig ist, bis er es schließlich selbst glaubt und zu keinem Handgriff mehr imstande sein wird. Wer überzeugt davon ist, daß man im Alter krank und schwach zu sein hat, der wird viel schneller dahin kommen als ein anderer, der über diese Behauptung lacht. Wer sich entmutigen läßt, der resigniert, der fordert seine Kräfte nicht mehr, der wird alt vor seiner Zeit. Wer aber an sich glaubt, kann siebzig, achtzig oder neunzig werden und dennoch jung bleiben.

Carla Rettenbach, ein unvergeßliches Schicksal

Und nun folgt das wichtigste Erlebnis jener Kanadareise, von der ich schon zu Anfang dieses Buches erzählt habe. Es ist eine Geschichte mit gutem Ausgang, obwohl sie

eigentlich nie ganz abgeschlossen sein wird. Sie handelt von einer deutschen Gutsbesitzerstochter, die trotz eines furchtbaren Schicksalsschlages den Mut hatte, noch einmal ganz von vorne anzufangen. Diese Geschichte ist der Beweis dafür, daß der Mensch über ungeheure Kraftreserven verfügt und daß es sich lohnt, dieses Reservoir nutzen zu lernen.
Eigentlich wollte ich Carla Rettenbach gar nicht interviewen. Ich hatte eine Fahrt zu einer kanadischen Farm im tiefsten Manitoba hinter mir, die so unbequem und anstrengend gewesen war, daß sie mir die Lust an sämtlichen Landwirten verdorben hatte. Wenn es nach mir gegangen wäre, hätte ich das Interview gestrichen. Aber der freundliche Regierungsbeamte, der mich in Montreal vom Flugplatz abholte, erklärte, daß dies ganz unmöglich sei. Der Termin sei fixiert, Frau Rettenbach erwarte uns und hätte für das Gespräch mit mir andere Verpflichtungen abgesagt.
Also fuhren wir los. Ich hatte schlechte Vorahnungen, denn ich erinnerte mich nur zu gut an besagte Manitoba-Fahrt, an den peitschenden Regen, die kahle Erde, die endlosen Felder mit Überresten von schwarzen, vor Nässe triefenden Sonnenblumen, an die windverwehten Dörfer mit Aluminiumkirchtürmen und vor allem an den Schlamm, der das Auto über und über vollspritzte, so daß die Seitenfenster zu einer undurchsichtigen, braunen Wand geworden waren. Ich dachte an die unendliche Ebene und an die wackelige Eisenbrücke über den Rat-River, den Rattenfluß, den wir überquert hatten, und nicht zuletzt an meine schlammbespritzten Strümpfe, in denen ich abends ins Hotel zurückkehrte. Ich hatte das Vorurteil, daß Kanada im Oktober zu meiden sei.

Aber auch in Quebec war Herbst, und widerwillig mußte ich zugeben, daß ich mich geirrt hatte. Das Wetter war hervorragend. Die Sonne strahlte von einem dunkelblauen Himmel. Die Bäume standen noch voll Laub, das in allen Farben leuchtete, und wir fuhren durch den berühmten, goldenen kanadischen Herbst, den man als Europäer gewöhnlich nur auf den Plakaten der Reisebüros bewundern kann.

Alle meine Befürchtungen, das Land betreffend, erwiesen sich als hinfällig. Wir fuhren nach Süden in Richtung der amerikanischen Grenze, durch hübsche, kleine Dörfer mit weißen Häusern und gepflegten Gärten. Hier, das merkte man sofort, war Rinderland. Mächtige rote Ställe vervollständigten die Anwesen und sie waren im wahrsten Sinn des Wortes architektonische Kunstwerke mit lustigem, tonnenförmigem Dach und langen Reihen hoher, weißgestrichener Fenster. Zufriedene, schwarz-weiße Kühe standen und lagen in der Sonne, die Wohnhäuser waren von schönen alten Bäumen umgeben. Kein Vergleich mit den bescheidenen Fertigteilhäusern Manitobas. Hier boten sogar die Futtersilos einen erfreulichen Anblick. Sie waren nicht zu hoch, hatten Kuppeldächer und waren oben mit fröhlichen, rot-weißen Mustern geschmückt.

Während der Fahrt überlegte ich, was ich von Carla Rettenbach wußte. Sie kam aus Norddeutschland, war achtunddreißig Jahre alt und mit ihrem zweiten Mann und einer kleinen Tochter vor drei Jahren nach Kanada ausgewandert. Sie hatte genug Geld mitgebracht, um eine Farm von zweihundert Hektar zu kaufen, und sie züchtete Kühe.

Was kann eine Gutsbesitzerstochter dazu bewegen, alles hinzuwerfen und die Heimat zu verlassen, dachte ich. Sie

hatte doch sicher zu Hause ein schönes Leben, kommt aus einem gutsituierten Elternhaus, besitzt genug Geld, um auch in Europa etwas aufzubauen. Was hat es da gegeben? Während ich noch grübelte, bogen wir in eine kleine, asphaltierte Straße ein, fuhren über eine hübsche Brücke und standen plötzlich vor einem riesigen Baum, an dem ein Briefkasten mit dem Namen »Rettenbach« befestigt war. Wir waren da.
Vor uns lag eine Bilderbuchfarm. Ein mächtiger, freundlicher, roter Stall, ein weißes Wohnhaus im Kolonialstil, hohe alte Bäume, schwarz-weiße Kühe auf der Weide. Dahinter eine bewaldete Hügelkette in wunderbaren Herbstfarben. »Ist das nicht ein schönes Zuhause?« fragte mein Begleiter voll Nationalstolz, und gutgelaunt stiegen wir aus dem Wagen.
Aber die große Überraschung war Frau Rettenbach. Sie hatte das Auto gehört und kam uns entgegen: eine junge Frau in Bluejeans und weißem, handgestricktem Pullover. Sie war blond, hatte blaue Augen und war so hübsch, daß man sie eher auf der Terrasse eines Pariser Luxushotels erwartet hätte als auf einem Bauernhof in Quebec. Hinter ihr kam der Hofhund, von undefinierbarer Rasse und behindert von einem seiner Jungen, das ihm tolpatschig zwischen die Beine stolperte.
Im Haus tranken wir Kaffee. Alles war heiter und freundlich. Aber ich konnte meine Augen nicht von Frau Rettenbach abwenden. Sie war schön, das stimmte. Aber sie war sehr blaß, ja fast durchsichtig. Sie sah aus, als hätte sie sich soeben von einer tödlichen Krankheit erholt.

Sterben auf Zeit

Carla Rettenbach ist die einzige Tochter wohlhabender Eltern. Sie hatte eine glückliche Kindheit, wuchs in einem schloßähnlichen Herrenhaus auf, besaß ein eigenes Reitpferd und nahm an internationalen Turnieren teil. In der Schule war sie keine Leuchte, dafür interessierte sie sich für Tiere, Blumen und alles, was mit der Landwirtschaft zusammenhing. Als Carla achtzehn Jahre alt war, verlor sie ihre Mutter durch einen Autounfall. Der Vater, der seine Frau sehr geliebt hatte, starb zehn Monate später an Krebs. Carla brauchte sechs Monate, um sich von diesem Schock zu erholen. Sie hatte keine Verwandten. Um nicht alleine zu sein, heiratete sie einen Verehrer aus Belgien, den sie vor Jahren bei einem Reitturnier kennengelernt hatte. Er war zehn Jahre älter als sie, geschieden und von Beruf Atomphysiker.
Nachdem sie das Gut ihrer Eltern verpachtet hatte, zog sie nach Brüssel. Die Ehe war nicht das, was sie erhofft hatte, aber sie liebte ihre zwei Söhne, die sie kurz nach der Heirat im Abstand von nur neun Monaten geboren hatte. Acht Jahre lebte sie als Hausfrau und Mutter, nicht gerade glücklich, aber auch nicht unglücklich. Als die Kinder in die erste und zweite Klasse der Grundschule gingen, wurde mit einem Schlag alles anders.
Zuerst stellte der Arzt bei dem älteren, dann bei dem jüngeren Sohn Seh-, Hör- und Bewegungsstörungen fest. Niemand kannte die Ursache. Alle möglichen Vermutungen wurden aufgestellt: Kinderlähmung, multiple Sklerose, Virenerkrankungen, aber es blieb stets nur beim Verdacht. Niemand konnte eine Diagnose stellen, die Kinder sprachen auf keine Behandlung an.

Carla war verzweifelt. In ihrer Familie gab es keinerlei Erbkrankheiten, in der ihres Mannes auch nicht. Sie hatte keine Ahnung, woher diese Heimsuchung kommen könnte, geschweige denn, was es war. Nur eines war klar: daß es mit den Kindern rapide bergab ging. Als ihre Söhne neun und zehn Jahre alt waren, mußte sie beide aus der Schule nehmen. Sie litten unter Gedächtnisstörungen und hatten Sprechschwierigkeiten. Carla konsultierte in ihrer Verzweiflung einen Arzt nach dem anderen, bis sie einen Gehirnspezialisten fand, der schon einmal einen ähnlichen Fall erlebt hatte. Es handelte sich, erzählte er, um die Tochter eines Kollegen. Dieser war Zahnarzt und während der Zeugungsphase wegen eines defekten Röntgenapparats einer Überdosis Strahlen ausgesetzt gewesen. Das Kind habe im Volksschulalter dieselben Symptome entwickelt und sei mit vierzehn Jahren gestorben. Todesursache: langsames Absterben des Gehirns.
Carla rechnete nach. Die ersten fünf Jahre ihrer Ehe hatte ihr Mann an einem nicht ungefährlichen Forschungsprojekt mitgearbeitet. Durchaus möglich, daß er Strahlenschäden abbekommen hatte. Schweren Herzens fuhr sie nach Hause. Aber sie hatte keine Ahnung, welche Reaktion die Vermutung des Arztes bei ihrem Mann auslösen würde. Er ließ sie kaum aussprechen und machte ihr eine furchtbare Szene. Jetzt sei alles klar, schrie er, sie sei so lange herumgelaufen, bis sie ihm die Schuld an dem ganzen Unglück in die Schuhe schieben könne. Aber da habe sie sich geirrt. Für die Krankheit sei einzig und allein sie verantwortlich. Die Kinder aus seiner ersten Ehe seien gesund. Nach dieser Beleidigung könne sie nicht verlangen, daß er noch bei ihr bleibe. Er habe bereits eine Wohnung gesucht. In vierzehn Tagen werde er ausziehen.

Mit den Kindern zurück in die Heimat

Carla war nicht überrascht. Die Ehe hatte wegen der kranken Kinder sehr gelitten, ihr Mann war in letzter Zeit immer seltener nach Hause gekommen, eine Dienstreise hatte die andere gejagt, im letzten halben Jahr hatte man einander vielleicht fünfmal längere Zeit gesehen. Sie willigte in die Trennung ein. Glücklicherweise stand ihrer Rückkehr nach Hause nichts im Wege. Der Pachtvertrag war abgelaufen. Sie nahm ihre kranken Kinder und fuhr nach Deutschland.

Zu Hause angekommen, machte sie eine weitere böse Erfahrung. Ihr Unglück hatte sich im Dorf herumgesprochen, und ihre Schulkolleginnen wollten jetzt, da es ihr schlecht ging, nichts mehr von ihr wissen. Die Jugendfreundin, eine Tochter ihrer ehemaligen Haushälterin, ging an ihr vorbei und grüßte sie kaum. Carla war zutiefst getroffen. Sie brauchte Wochen, um darüber hinweg zu kommen. Schließlich fand sie sich mit den Tatsachen ab. Sie nahm einen Verwalter, der nicht aus der Gegend stammte, vermietete ihm auch einen Teil des Hauses und widmete sich ihren kranken Kindern.

Abgesehen von der Gewißheit, daß sie ihre Söhne nicht retten konnte, empfand sie es als Segen, wieder auf dem Land zu leben. Sie hatte ihre Heimat immer vermißt, hatte unter dem Lärm, dem Gedränge und der schlechten Luft in der Großstadt gelitten. Es hatte sie deprimiert, daß sie bei einem Blick aus dem Fenster nicht sofort erkennen konnte, ob Winter war oder Sommer. Am meisten hatte sie jedoch einen Garten vermißt.

Das war jetzt anders. Wann immer sie eine freie Minute hatte, buddelte sie in der Erde. Sie brachte die verwilderten

Blumenbeete, die noch ihre Mutter angelegt hatte, in Schwung. Sie ließ die Hecken stutzen und das Spalierobst neu aufbinden. Die Terrasse auf der Südseite des Hauses wurde gegen den Wind abgeschirmt, und sie setzte ihre kranken Kinder in die Sonne. Am liebsten aber hielt sie sich im Stall auf.
Übersensibel für das Leid jeder lebenden Kreatur, konnte sie es bald nicht mehr ertragen, den Lebensraum ihrer Tiere auf eine einzige, kleine Box beschränkt zu sehen. Sie wußte, daß die Kühe litten, wenn sie den ganzen Winter über fest stehen mußten. Das Unbehagen manifestierte sich in Krankheiten. Im Winter mußte ständig der Tierarzt gerufen werden. Im Sommer, wenn die Kühe auf die Weide durften, waren sie gesund.
Unter den skeptischen Augen ihres Verwalters begann Carla die Boxen zu entfernen und einen Laufstall zu bauen. Ohne die Trennwände wirkte der Raum freundlich und gemütlich. Jedes Tier hatte seinen Schlafplatz, an dem es frei, ohne von Ketten behindert zu sein, liegen konnte. Hatte es Hunger, konnte es aufstehen und sich selbst versorgen. Wann immer es möglich war, durften die Tiere ins Freie. Auch im Winter, an klaren, sonnigen Tagen, ließ sie sie ein bis zwei Stunden lang hinaus in die frische Luft.
Je schlechter es den Kindern ging, um so mehr hatte Carla das Verlangen, Leben um sich zu spüren. Sie hatte sich schon immer für Viehzucht interessiert und viel über die verschiedenen Zuchtmethoden gelesen. Sie entschied sich für die liebevollste und gesündeste Art der Tierhaltung: ohne Ketten, ohne Zwang, so natürlich und lebensnah wie möglich.
Carla kaufte, um ihren Bestand aufzufrischen, vier wunderschöne, sündteure Kühe und einen gesunden, stolzen

Stier. Die neugeborenen Kälber ließ sie entgegen mancher Zuchtvorschriften bei den Müttern. Sie durften sofort trinken und Euterentzündungen, die bei den Muttertieren vorkommen, wenn man das Kalb entfernt, traten nicht auf. Carla liebte und verwöhnte ihre Tiere. Wollte eine trächtige Kuh nicht fressen, so versorgte sie diese mit Leckerbissen. »Auch mir ist es oft schlecht gegangen, als ich meine Kinder erwartet habe«, rechtfertigte sie sich, »und ich war dankbar für jede Sonderbehandlung.« Der Verwalter lachte nur am Anfang. Denn im Winter waren die Tiere der Nachbarn krank. Die auf dem Rettenbachschen Gut aber waren gesund und bald die schönsten in der ganzen Gegend.

Ein neuer Anfang zu zweit

Wer Carla von Beginn an unterstützt und an sie geglaubt hatte, war Hans Georg, der Sohn des Verwalters. Er war hilfsbereit und sensibel. Er half, die kranken Kinder zu versorgen. Er half im Stall und war gut zu den Tieren. Er war zwölf Jahre jünger als Carla und sehr in sie verliebt.
Hans Georgs Eltern waren gegen diese Verbindung und auch Carla hatte ihre Zweifel. Daß sie älter war, störte sie nicht zu sehr, aber der Bildungsunterschied zwischen ihnen war gewaltig. Trotzdem fühlte sie sich zu Hans Georg hingezogen, und ohne seine Hilfe hätte sie vielleicht nicht überlebt.
Als ihre Söhne dreizehn und vierzehn Jahre alt waren, starben sie ganz plötzlich innerhalb von zwei Wochen im Krankenhaus der nächstgrößeren Stadt. Obwohl Carla versucht hatte, sich auf diesen Tag vorzubereiten, war es

doch ein furchtbarer Schlag für sie. Tagelang konnte sie kein Wort sprechen, es schien, als ob die treibende Kraft, die sie die ganzen schweren Jahre hindurch aufrechterhalten hatte, verloschen sei.
Wochenlang hatte sie keinen anderen Wunsch, als ebenfalls zu sterben. Sie war so schwach, daß sie überzeugt davon war, nicht mehr lange durchhalten zu können. Als sie merkte, daß ihr Körper wieder zu Kräften kam, begann sie, obwohl sie gläubig war und an Gottes Hilfe glaubte, an Selbstmord zu denken. Der einzige Mensch, mit dem sie darüber sprach, war Hans Georg. Er verstand sie und gab ihr Mut. Er wich nicht von ihrer Seite. Als nach Monaten der Wunsch zu sterben abklang, entdeckte Carla, daß sie schwanger war.
Nun folgte eine neue Krise. Angst, das gleiche furchtbare Schicksal noch einmal durchmachen zu müssen, die Versuchung, eine Überdosis Schlaftabletten zu nehmen, um für immer von allen Zweifeln, Sorgen und Ängsten befreit zu sein. Aber nach einer schrecklichen Nacht, zwei Wochen nach der Gewißheit, daß sie ein Kind erwartete, entschied sie sich zu leben.
Sie hat den Entschluß nicht bereut. Sie heiratete Hans Georg und brachte eine gesunde kleine Tochter zur Welt. Kaum aber war das Kind geboren, wußte sie, daß sie hier nicht bleiben konnte. Sie wollte weg aus Deutschland, möglichst weit weg, in eine ganz neue Umgebung, in ein Land mit einer anderen Sprache, einer anderen Mentalität, zu Leuten, die nichts von ihrem Schicksal wußten und nicht imstande sein würden, sie daran zu erinnern.
Das Verhältnis zu ihren Schwiegereltern war nicht gut. Sie vergötterten zwar ihr Enkelkind, behandelten es aber auf eine Art, die Carla nicht zusagte. Außerdem versuchten sie

ihren Sohn gegen sie auszuspielen. Als sie erfuhren, daß die beiden auswandern wollten, wurde es ganz schlimm. Kaum eine Begegnung, die nicht im Streit endete, und keine Aussicht auf Versöhnung.
Aber Carla ließ sich nicht entmutigen. Zum erstenmal seit Jahren wagte sie wieder an die Zukunft zu denken. Zum erstenmal spürte sie wieder einen Anflug von Optimismus. Zukunft, Optimismus, die beiden Begriffe hatten für sie lange Zeit nicht existiert. Die Hoffnung gab ihr Kraft. Sie suchte und fand einen Käufer für das Gut. Dann flog sie nach Kanada und besichtigte Farmen. Sie ließ sich beraten, verglich Preise, ließ sich Zeit. Sie suchte nichts Vorübergehendes, kein Land, um Geld zu verdienen, indem man es später mit Profit wieder verkauft. Sie wollte ein neues Zuhause, einen Besitz fürs Leben, für sich, ihren Mann und ihr Kind.
Die Rettenbachs haben sich in Kanada sofort wohlgefühlt. Sie haben ein neues Leben angefangen und führen eine glückliche Ehe. Streit gibt es kaum mehr, seit der Einfluß der Schwiegereltern weggefallen ist. Hans Georg hat mehr Selbstbewußtsein als früher und lernt mit Begeisterung Englisch und Französisch. Er hat sich mit den Nachbarn angefreundet, mit einem jungen holländischen Ehepaar, das auf der Seite zu den Bergen hin wohnt, und mit den Leuten von nebenan, die ebenfalls Kühe züchten. Letztere, eine Engländerin und ihr Mann, ein Kanadier indianischer Abstammung, kümmern sich besonders um die Rettenbachs.
Carla vermutet, daß sie sie mit dem Fernglas beobachtet haben, denn wann immer Probleme auftauchten, waren sie da. Einmal fiel der Generator aus, und zwei Minuten später kamen sie angefahren, um zu helfen. Seit Hans

Georg zum Dank einen defekten Traktor repariert hat, ist die Freundschaft besiegelt.
Aber das schönste sind Carlas Besuche in der Schule. Zum erstenmal wird sie als gewöhnliche Mutter behandelt. Auf dem Gesicht der Lehrerin ist kein furchtbares, mitleidsvolles Lächeln zu sehen, wenn sie ihr Kind abholt, und die anderen Mütter tuscheln nicht hinter ihrem Rücken. Sie ist eine von vielen, eine ganz gewöhnliche junge Frau, die stolz darauf ist, daß ihre Tochter zu den besten Schülern gehört, obwohl sie sich in zwei neuen, fremden Sprachen behaupten muß.
Carla, die sich jahrelang von Menschen fernhielt, geht wieder unter die Leute. Im Nachbardorf hat sich eine Künstlerin niedergelassen. Diese hat eine Boutique eröffnet, in der sie selbstentworfene Kleider verkauft. Carla besucht sie oft und hat seit Jahren zum erstenmal wieder ein Kleid erworben. Sie holt es aus dem Schrank, um es vorzuzeigen. Es ist lang, hellblau und elegant. Carla hat sich in Kanada zum erstenmal wieder ausgiebig im Spiegel betrachtet. Sie hat das Kleid angezogen und sich schön gefunden. Es war ein umwerfendes Gefühl, das sie schon fast vergessen hatte. Sie beschloß, ihre schönen, dichten Haare wieder wachsen zu lassen.

Ein Brief als Beweis

Soweit die Geschichte von Carla Rettenbach. Aber sie hat noch ein Nachspiel. Als ich mich nämlich in Kanada von ihr verabschiedete, erzählte sie mir, daß sie sich zwar stark und gesund fühle, aber immer noch zu anfällig sei, um Briefe zu schreiben. »Kaum setze ich mich vor das leere

Papier«, sagte sie, »kommen mir meine toten Kinder zu Bewußtsein, und ich kann nur mehr weinen. Falls Sie mir schreiben wollen, freue ich mich sehr. Aber Sie dürfen nicht böse sein, wenn ich nicht antworte. Ich glaube, ich werde nie wieder Briefe schreiben können.«
Als ich nach Europa zurückkam, habe ich mich brieflich bei ihr gemeldet, ohne auf Antwort zu hoffen. Um so größer war die Freude, als vier Monate später ein Brief von ihr eintraf. Er war handgeschrieben, drei Seiten lang, die Schrift noch etwas unsicher, aber es war ein Brief von Carla, ein Lebenszeichen, der Beweis, daß sie es wirklich geschafft hat, daß es aufwärts geht, daß die Krise endgültig überwunden ist.
Was sie schrieb? Nun, daß das Kind wohlauf sei, daß die Tiere in ihrem Laufstall den kalten Winter gut überstanden hätten, daß der Frühling prachtvoll gewesen sei, voller Schwärme zierlicher, schwarzer Vögelchen mit orangen Flügelfedern, daß der Ahornbaum vor dem Haus soviel Saft geliefert hätte, daß man mit dem Trinken nicht nachgekommen sei und literweise Sirup eingekocht habe. Sie berichtete weiter, daß die Milch ihrer Kühe soviel Geld eingebracht habe, daß sie der Tochter ein Pony kaufen konnte. Daß die Schwiegereltern zu Besuch gekommen seien und man sich versöhnt habe. »Es geht uns gut«, schloß sie, »ich freue mich jeden Tag darüber, daß wir hierhergekommen sind.«
Ich habe diesen Brief aufgehoben. Für mich ist er der Beweis, daß es auch nach schrecklichen Prüfungen im Leben wieder aufwärts gehen kann, wenn man dem Schicksal die Chance gibt, das, was es angerichtet hat, wiedergutzumachen. Carla hätte jeden Grund gehabt, alles hinzuwerfen. Aber sie hat nicht resigniert. Anstatt sich gehen zu las-

sen, hat sie etwas Neues aufgebaut. Sie hat bewiesen, daß Tierzucht auch auf lebensfreundliche Art und Weise betrieben werden kann. Sie ist mit gutem Beispiel vorangegangen, und sie weiß, daß das, was sie macht, Zukunft hat.

Carla Rettenbach, Renate Ross, Werner und Elli Gilbert – sie alle haben eines gemeinsam: die Liebe zur Natur, das Verständnis für alles, was lebt, Güte und Wohlwollen gegenüber Tieren, Pflanzen und damit verbunden erst recht für den Mitmenschen. Es ist diese positive Einstellung zum Leben, der Wunsch, jede lebende Kreatur zu hegen und zu schützen, der ihnen die Kraft verleiht, sich Tag für Tag halbtot zu arbeiten und dennoch jünger und frischer zu wirken als andere, die nur halb so viel leisten.

Diese Menschen werden nicht untergehen. Sie werden, falls es nötig sein sollte, immer wieder die Kraft finden, neu anzufangen und etwas Vorbildliches aufzubauen. Und noch etwas: Die besten Chancen, glücklich zu werden, haben sie obendrein.

9. Wer noch einmal liebt, lebt besser

Man kann kein Buch über einen neuen Anfang schreiben, ohne nicht zumindest ein Kapitel der Liebe zu widmen. Jeder Mensch hat sich irgendwann einmal unglücklich verliebt, wurde enttäuscht, vielleicht auch verlassen und weiß, wie schwer es ist, das, was geschehen ist, zu vergessen. Sicher, es gibt Leute, die vorgeben, über solche Dinge erhaben zu sein. Erzählt man ihnen vom eigenen Kummer, so lächeln sie mit Nachsicht und meinen dann: »Mir ist so etwas noch nie passiert. Ich habe noch um keinen Mann (um keine Frau) eine Träne geweint.« Und sie behaupten dies, auch wenn man ihnen ansieht, daß sie frustriert, unzufrieden und unglücklich sind.

Unglückliche Liebe ist keine Schande

Warum gerade auf diesem Gebiet soviel gelogen wird, ist ein Rätsel. Wer glaubt, seine gefühlsmäßigen Probleme geheimhalten zu müssen, der hat eines noch nicht begriffen: daß auf dieser Welt nichts, aber auch gar nichts wirklich privat ist. In der menschlichen Existenz ist zwar Platz für kleine individuelle Abweichungen, aber im großen und ganzen erlebt jeder dasselbe. Jeder wird geboren, jeder muß sterben, jeder verliebt sich und will geliebt werden, jeder bekommt aber auch sein Maß an Zurückweisung. Und jeder muß lernen, sich selbst nicht allzu wichtig zu nehmen.

Es ist dumm zu glauben, daß alle rundherum glücklich sind, perfekte Ehen führen, von ihren Männern, ihren Frauen verwöhnt und verhätschelt werden und daß man nur selbst als einziger schlecht behandelt wird. Es ist außerdem Kraft- und Zeitverschwendung, die wenige Energie, die einem eine schlechte Beziehung übrig läßt, in Täuschungsmanöver zu investieren. Angeben ist Schwäche. Dem Bekanntenkreis eine heile Welt vorzuspielen, hat noch kein einziges Problem gelöst.

Gehört man zu denen, die gerade schwer zu kämpfen haben, so vergesse man nie, daß unglückliche Liebe nichts ist, worüber man sich genieren muß. Wer das Bedürfnis dazu hat, der rede sich getrost den Kummer von der Seele. Reden ist besser als Alkohol und Beruhigungsmittel und bedeutend billiger als eine psychiatrische Behandlung.

Auch wenn im Moment alles noch so verfahren scheint, wenn wir glauben, nie wieder lieben zu können, so ist es doch eine Tatsache, daß jeder, der über ein normales Maß an Lebenswillen verfügt, eine gescheiterte Beziehung ohne weiteres überwinden wird. Die Natur ist auf unserer Seite. Der Mensch hätte nicht Millionen Jahre überstanden, wenn er nicht ein Meister im Überleben wäre. Die menschliche Rasse ist stark, zäh, widerstands- und anpassungsfähig. Der Mensch ist nicht dafür gemacht, um sich von der Liebe zerbrechen zu lassen.

Altes Unrecht überwinden lernen

Wer nach einer unglücklichen Ehe, nach einer gescheiterten Verlobung oder einer problematischen Liebesgeschichte neu anfangen will, der muß verschiedene Regeln beachten, um in Zukunft Erfolg zu haben. Die wichtigste heißt: vergessen. Auch wenn es noch so schwer fallen sollte, wer neu anfangen will, der muß sich dazu zwingen, altes Unglück zu begraben.

Immer wieder trifft man Leute, die einfach nicht vergessen wollen, was ihnen ein Mann oder eine Frau vor zehn, zwanzig Jahren angetan hat. Immer wieder steigern sie sich in den Kummer von damals hinein, ersticken in Selbstmitleid und verbauen sich dadurch die Chancen, die sie in der Gegenwart haben.

Dabei ist alles so einfach. Will man eine neue Beziehung, die funktioniert, so muß man sich für den neuen Partner interessieren, und zwar mehr, als für den verflossenen. Nichts ist deprimierender, als ständig nur von der Vorgängerin oder vom Vorgänger zu hören. Selbst wenn nur über die Untreue, Schlampigkeit, Bosheit und Nervosität des früheren Partners geklagt wird, durch das ständige Erwähnen seines Namens ist er in der neuen Beziehung immer präsent, und gerade da hat er nichts verloren.

Kurz nach meiner gescheiterten Ehe lernte ich einen Rechtsanwalt kennen. Er war ebenfalls geschieden und seit Monaten auf Partnersuche. Er war sympathisch, verdiente gut, sah aus wie Hardy Krüger, aber er hatte Probleme. Die Frauen wollten und wollten nicht anbeißen.

»Ich bin so froh, daß ich dich kennengelernt habe«, sagte er am ersten Abend zu mir. »Du bist so tolerant. Weißt du, meine Frau hat ständig an mir herumgenörgelt. Alles hat

sie besser gewußt. Ich bin überzeugt davon, daß sie mich systematisch zerstören wollte. Habe ich sie um etwas gebeten, so hat sie prinzipiell das Gegenteil getan. Wollte ich um 7 Uhr zu Abend essen, so hat sie erst um 9 Uhr zu kochen begonnen. Du kannst dir nicht vorstellen, was sie sich alles ausgedacht hat, um mich zu demütigen.«
Und dann zählte er die Liste ihrer echten und vermeintlichen Vergehen auf, die von ihrer Gewohnheit, nackt zu schlafen, bis zu ihrem Seitensprung mit einem Hotelbesitzer in Venedig reichte. Da ich die Geschichten zum erstenmal hörte, fand ich sie interessant. Trotzdem aber war ich mir bewußt, daß wir während des Abends fünf Stunden über *sie* und vielleicht zwei Minuten über uns gesprochen hatten. Auch beim nächsten Treffen war es nicht anders. Die Exfrau beherrschte die Konversation, und wir kamen zu kurz. Als sich nach einer Woche noch immer nichts geändert hatte, weigerte ich mich, ihn wiederzusehen.
Wem selbst schon ähnliches passiert ist, wer feststellen muß, daß er unfähig ist, den Namen der Exfrau oder des Exmannes einen Abend lang nicht in den Mund zu nehmen, der muß sich eingestehen, daß entweder der neue Partner nicht der richtige ist oder daß man selbst für eine neue Beziehung noch nicht reif ist. Ist letzteres der Fall, so hilft nur eines: warten.
Warten ist nicht populär. Keiner will heutzutage warten. Zeit ist Geld, heißt die Devise, und alles, was nicht sofort reibungslos funktioniert, stürzt uns in tiefste Depressionen. In der Liebe aber gibt es keine Abkürzungen. Ob wir wollen oder nicht, wir brauchen nach jeder Enttäuschung eine Regenerationspause. Akzeptieren wir das nicht, so hängen wir uns mit Sicherheit an den ersten besten und das ist garantiert der Falsche.

Bitte mit
Postkarten-
Porto
freimachen

Werbeantwort

**An die
Droemersche Verlagsanstalt
Th. Knaur Nachf.**

**Postfach 80 04 80
8000 München 80**

Bitte in Druckschrift ausfüllen:

VOR- UND ZUNAME

STRASSE

PLZ

ORT

BERUF

DATUM

Diese Spalten werden vom Verlag ausgefüllt.

BERUF	DAT	TITEL	ANR	INF	G	

Knaurs Rechtschreibung
Über 360.000 Angaben zur Rechtschreibung, über Fremdwörter u. Grammatik!

Rechtschreibung
Fremdwörter
Grammatik

Entspricht den amtlichen Richtlinien und dem Schulgebrauch

Mit über 360.000 Angaben
Neu bearbeitete Auflage

**Josef Kirschner
Die Kunst, ohne Überfluß glücklich zu leben**

Das große Abenteuer unserer Zeit

Droemer

Die Kunst, ohne Überfluß glücklich zu leben
Das große Abenteuer unserer Zeit

Knaurs Kulturführer in Farbe
Deutschland

Knaurs Kulturführer in Farbe Deutschland
Der farbenprächtige Geschenkband!

Liefern Sie bitte über die Buchhandlung:

— Expl. **Knaurs Rechtschreibung**
— Expl. **Die Kunst, ohne Überfluß glücklich zu leben**
— Expl. **Knaurs Kulturführer — Deutschland**

Datum: Unterschrift:

---

kostenlos und unverbindlich über Neuerscheinungen des Droemer Knaur Verlages.

Ich interessiere mich besonders für:

1. **Nachschlagewerke**
2. **Kunst- und Bildbände**
3. **Verständliche Wissenschaft**
4. **Romane**
5. **Jugendbücher**
6. **Taschenbücher**
7. **Unterhaltungsliteratur**
8. **Sachbücher**

(Zutreffendes bitte ankreuzen!)

Diese Karte entnahm ich dem Buch:

Urlaub mit dem falschen Mann

Eine Bekannte, frisch geschieden und wild entschlossen, der Welt zu zeigen, daß sie an Männern keinen Mangel leidet, tat genau das, was man nicht tun sollte. Sie bestand darauf, eine flüchtige Bekanntschaft mit in den Urlaub nach Kreta zu nehmen. Sie hatte den Mann in einem Lokal kennengelernt, hatte ihn vielleicht fünfmal gesehen und fühlte sich weder geistig noch körperlich sonderlich zu ihm hingezogen. Unter normalen Umständen hätte sie diesen Typ nicht einmal beachtet. Aber sie befand sich in einer Notsituation und versuchte verbissen, ihr Glück zu erzwingen. Es kam, wie es kommen mußte. Bereits in der ersten Nacht wurde ihr klar, daß sie besser alleine gefahren wäre. Aber nicht sie war es, die sich am nächsten Morgen beschwerte, sondern er. »Ich weiß nicht«, sagte er beim Frühstück, »du bist zwar nett und zärtlich und du hast einen schönen Körper, aber deiner Liebe fehlt etwas Handfestes.« Was er meinte, begriff sie, als er beim Mittagessen mit dem Kellner zu flirten begann und am Abend in dessen Zimmer verschwand, wo er auch die restlichen Urlaubsnächte verbrachte.

Genau solche Erfahrungen aber sind nicht dazu angetan, einem angeschlagenen Selbstbewußtsein neues Leben einzuflößen. Aus diesem Grunde ist Vorsicht geboten. Lieber keinen Partner, als einen, der mich verletzen kann. Hände weg von allen Männern und Frauen, die der Instinkt nicht rückhaltlos bejaht. Solange die Wunden nicht verheilt sind, muß man sich gedulden. Keine Angst! Man versäumt nichts. Das Leben reicht für mehrere Versuche. Eines Tages scheint die Sonne, das Herz wird leicht und man wird für alles, was man durchgemacht hat, belohnt.

Die Mutigen haben bessere Chancen

Einen neuen Anfang in der Liebe zu machen, ist heute leichter denn je zuvor. Früher haben Ehen, die zerbrachen, auch Leben zerstört – und meistens das der Frau. Heute ist das nicht mehr der Fall. Die Welt steht allen offen. Wer einen guten Beruf hat, wirtschaftlich unabhängig ist, wer keinen Prestigemann zum Herzeigen, sondern einen Menschen zum Lieben sucht, der wird ihn auch finden, ob man nun dreißig, vierzig, sechzig oder darüber ist. Außerdem: Wenn man wirklich einen Partner braucht, dann kriegt man ihn auch – allein schon deshalb, weil man so lange suchen wird, bis man ihn gefunden hat.

Das Suchen, wie gesagt, ist einfacher geworden. Immer mehr Menschen befreien sich aus unglücklichen Beziehungen, und die Zahl derer, die auf Partnersuche sind, war noch nie so groß wie heute. Auch die Übergangszeit, während der man alleine lebt, braucht man nicht mehr zu fürchten. Die Einstellung zum Mitmenschen hat sich geändert. Man braucht nicht mehr paarweise herumzulaufen, um in Gesellschaft etwas zu gelten. Der Einzelmensch ist stärker geworden. Es wird allgemein akzeptiert, wenn er eine Zeitlang ein Einsiedlerdasein führen will, und niemand versucht mehr krampfhaft, ihn zu »verkuppeln«.

Früher nahm man automatisch an, daß ein Mensch, der nicht gebunden lebte, keinen Partner bekommen hat. Heute weiß man, daß solche Leute zwar heiraten könnten, aber nicht wollen. Von bemitleidenswerten Junggesellen und Junggesellinnen hört man kaum noch. Im Gegenteil, man beneidet oft jene, die ungebunden und *single* sind, weil sie meist weniger Verantwortung haben und sich mehr leisten können.

Auch das Alter ist kein Hindernis für einen neuen Anfang in der Liebe. Die Einstellung zum reifen Menschen hat sich gebessert, vor allem die zur reifen Frau, was man zum Beispiel im Flugzeug beobachten kann. Vor einigen Monaten saß ich in einem Jumbo-Jet und flog von New York nach San Francisco. Es war ein prachtvoller Tag mit ganz klarer Sicht, und es dauerte eine gute Stunde, bis ich meine Augen von der Erde lösen und auf die Mitreisenden richten konnte.

In der ersten Klasse saßen zwei elegante Damen mittleren Alters – und die fielen mir zuerst auf. Dann bemerkte ich, wie die Stewards um sie herumschwänzelten, wie sie diese beiden anlächelten und die Augen aufschlugen, noch einen Drink brachten und noch ein Kissen, wie einer im Gang stehenblieb und über die Schulter zurücklächelte. Dieses Verhalten war ganz eindeutig ein Flirten. »Schaut mich an«, sagten diese Augen, »ich bin ein fescher junger Kerl.«

Ich hatte dergleichen bisher nur bei Stewardessen bemerkt, und es war immer auf Männer gerichtet. Sieh an, dachte ich gut gelaunt, die Zeiten haben sich geändert. Graue Schläfen rufen nicht nur Mutter-Sohn-Assoziationen hervor. Und selbst wenn die Aufmerksamkeit nicht nur der Person, sondern auch der Position dahinter gilt – wer fliegt schon erster Klasse –, so ist es trotzdem eine erfreuliche Tendenz. Viele Menschen interessieren sich anfangs in erster Linie für das Geld und das Prestige des anderen, und doch kann später daraus Freundschaft oder gar Liebe werden. Die Hauptsache ist, man wird beachtet. Der Rest ergibt sich von allein.

Nie wieder ohne Grund verletzen

Noch etwas ist zum Dasein in reiferen Jahren zu sagen: Die Voraussetzungen, einen Partner fürs Leben zu finden und ihn auch zu behalten, sind besser als in der Jugend. Man ist nicht mehr so rücksichtslos und verletzt den anderen nicht mehr ohne Grund. Man glaubt nicht mehr, daß alle besser sind als der, mit dem man gerade zusammen ist. Man lebt nicht mehr in dem Wahn, »etwas zu versäumen«, wenn man die Treue hält. Man läßt sich auch gerne »etwas entgehen«, um dafür das, wofür man sich entschieden hat, um so mehr zu genießen.

Man hat auch gelernt, daß aus nichts nichts werden kann und verlangt keine Liebe, wenn man selbst keine Gefühle investieren will. Man ist viel eher als in der Jugend dazu bereit, sich selbst hintanzustellen und dem anderen etwas zu vergönnen. Man ist menschlicher geworden. Man weiß, daß man alles zurückbekommt, was man anderen antut.

Natürlich hat man auch ein gewisses Maß an Selbstschutz erworben. Man weiß, wer zu einem paßt und wer nicht. Man geht mit schlafwandlerischer Sicherheit jenen Männern und Frauen aus dem Weg, auf die man mit zwanzig blind hereingefallen wäre. Man hat begriffen, daß Männer ebenso labil, unsicher, schutz- und zärtlichkeitsbedürftig sind wie Frauen, und man wird sich hüten, den Partner zu überfordern und für das eigene irdische Glück voll verantwortlich zu machen.

Was hat man, besonders als Frau, in der Jugend nicht alles gelitten – und oft nur aufgrund von Mißverständnissen. Junge Männer, das weiß man heute, haben oft gar keine Ahnung, was Frauen von ihnen erwarten. Sie stellen sich das Leben so vor, wie es in den Zeitschriften, Heften und

Büchern, die sie lesen, beschrieben wird. Ein Vergleich der Jungmänner- mit der Mädchenliteratur öffnet einem in der Tat die Augen. Kein Wunder, daß so viel schiefgeht. Während sich nämlich das Mädchen in romantische, von heldenhafter Selbstaufopferung strotzende Liebesgeschichten vertieft und von dem edlen Anbeter träumt, liest der junge Mann von Dschungelfahrten, Rennautos, Millionengeschäften und erotischen Abenteuern. Von dem demütigen Liebhaber, der Tag und Nacht von seiner Frau schwärmt und Rosen anschleppt, steht in seinen Büchern nichts.

Probleme über Probleme: Sie reagiert anders als die Frauen in seiner Lieblingslektüre, er aber hat mit den Helden in ihren Büchern kaum etwas gemein. Anstatt herauszufinden, wie der andere wirklich ist, verkrallt man sich in der Jugend in seine Idealvorstellungen und beginnt mit der unheilvollen Tätigkeit, den anderen zu »ändern«.

Ein reifer Mann, eine reife Frau werden diesen Fehler nicht mehr machen. Spätestens mit vierzig weiß man, woher der Wind weht, wenn der Partner ständig etwas an einem auszusetzen hat. Verlangt er mehr Einsatz im Bett, einen neuen Lippenstift, anderes Make-up, nettere Freunde und vorteilhaftere Brillen, will er, daß man sich anders bewegt und überdies noch zehn Kilo abnimmt, so weiß man aus Erfahrung, daß in der Beziehung etwas Fundamentales nicht in Ordnung ist. Man weiß, daß die ganze Kosmetik nichts nützt, daß man nie so werden wird, wie es dem anderen vorschwebt, und man trennt sich, ehe das Selbstbewußtsein zerstört ist.

Nur in der Jugend glaubt man, daß man sich bis zur totalen Selbstaufgabe anpassen und dabei noch glücklich werden kann. Nur mit zwanzig meint man, mit einer neuen Frisur und einer raffinierteren Brille Liebe erzwingen zu können. Aber wenn der Mann auf einen anderen Typ Frau fixiert ist, nützt das alles nichts. Ein reifer Mensch verschwendet keine Zeit mehr mit Theaterspielen. Er weiß, wie man glücklich wird: mit einem Partner, der einen so akzeptiert, wie man ist.

Erfolg im Beruf, bis der Richtige kommt

Bis man einen Menschen findet, der wirklich zu einem paßt, kann viel Zeit vergehen. Aber das ist kein Grund zur Trauer. Alles im Leben hat zwei Seiten, und der Mensch ist auch imstande, aus privatem Kummer etwas Positives zu machen. Eigentlich kann man für eine unglückliche Liebe auch dankbar sein. Unzählige Männer und Frauen wurden durch sie gezwungen, aus sich selbst etwas zu machen, denn die größte Hilfe im Überwinden von Enttäuschungen ist der Erfolg im Beruf.

Viele Ehefrauen wissen, wie schwer es ist, nur im Haushalt zu arbeiten. Abgesehen davon, daß man kein Geld verdient und dies zu spüren bekommt, nimmt man sich auch Streitereien zu Herzen, über die andere nur lachen können. Hat man nichts, was den Geist beschäftigt, so wird die Laune des Ehemannes zum tagesfüllenden Denkstoff. Hat er das Haus im Zorn verlassen, vielleicht sogar die Tür zugeworfen, so grübelt man stundenlang darüber nach, was man denn falsch gemacht haben könnte. Man fürchtet sich vor dem Abend, und der Tag ist verdorben.

Ganz anders die berufstätige Frau. Sie hat nicht die Zeit, über Lappalien zu grübeln. Er wirft die Tür zu? Soll er nur. In Kürze geht sie ins Büro, und dort gibt es Wichtigeres zu denken. Bis zum Abend hat sie das ganze längst vergessen. Es ist eine alte Weisheit: Wenn man einen Beruf hat, den man gerne ausübt, so ist man gegen Liebeskummer zwar nicht gefeit, man wird aber viel rascher mit ihm fertig. Auch die Kollegen verteilen Streicheleinheiten. Und ein Lob des Chefs läßt den Streit vom Vorabend weniger dramatisch erscheinen.

Arbeit, interessante Arbeit hilft fast über alles hinweg. Auch über menschliche Tragödien wie den Verlust eines geliebten Partners. Diese Erfahrung machte auch Veronika Reiner, die eine äußerst glückliche Ehe führte, bis sie mit vierzig ohne Vorwarnung von einem Tag zum anderen Witwe wurde. Anfangs glaubte sie, daran zu Grunde gehen zu müssen. Aber Geldmangel und zwei unversorgte Kinder zwangen sie, einen Beruf zu ergreifen. Die Arbeit hat sie gerettet.

Was Veronikas Fall besonders tragisch machte, war die Tatsache, daß sie eine ausgesprochene Liebesehe eingegangen war. Sie hatte erst mit dreißig geheiratet, sie wußte, was sie wollte, und ihr Mann war körperlich und geistig ihr Ideal gewesen. Er hatte eine seltene Kombination von Humor, Intelligenz und Güte verkörpert. Sie hatte sich bei ihm vollkommen geborgen gefühlt.

Ihr Mann war Journalist gewesen. Auch Veronika hatte vor ihrer Heirat bei einer Tageszeitung gearbeitet. Als die Kinder kamen, schrieb sie ab und zu Artikel in ihrer Freizeit. An eine Rückkehr in die Redaktion dachte sie nicht. Aber das Unglück – ein Herzinfarkt am Heiligen Abend – änderte alles. Der erste klare Gedanke, den sie wieder fassen konnte, war, daß sie dringend Geld brauchte.

Sie überlegte nicht lange. Sie ging zum Chefredakteur ihres verstorbenen Mannes und fragte, ob sie bei der Zei-

tung unterkommen könne. Die Antwort war: »Gut, wir geben Ihnen eine Chance. Aber das ist kein Winterhilfswerk. Hier müssen sie ran. Hier wird gearbeitet.« Und genau das wollte Veronika hören.
Plötzlich entwickelte sie ungeahnte Kräfte. In Windeseile fand sie ein Mädchen, das kochte, aufräumte und sich um die kleine Tochter kümmerte. Sie selbst führte morgens den Sohn zur Schule, eilte mittags nach Hause und aß mit den Kindern. Abends brachte sie sie zu Bett und fuhr zurück in die Redaktion, wo sie oft bis vier Uhr früh beschäftigt war. Sie richtete Manuskripte ein, beantwortete das Telefon, machte Schlußkorrekturen und war da, solange man sie brauchte. Sie wollte sich nützlich machen. Sie wollte, daß alle wußten, daß auf sie hundertprozentig Verlaß ist.
Arbeitsmäßig ging es Veronika gut. Aber zu Hause gab es Probleme. Sie erlebte zum erstenmal die Misere mit Angestellten. Die erste schlug ihre kleine Tochter, die zweite sperrte sie stundenlang ein, die dritte überließ sie ihrer Freundin, während sie in der Wohnung Männer empfing, die auf ihre Zeitungsannoncen geantwortet hatten. Da das Kind noch nicht sprechen konnte, dauerte es Wochen, bis die Wahrheit ans Licht kam. Als sie endlich eine verläßliche Kraft gefunden hatte, ging es mit Kinderkrankheiten weiter.
Und nun lernte Veronika die Männer kennen. Schnell wurde ihr klar, daß Fieber und Masern in der Redaktion unerwünscht waren. »Ich komme zu spät, weil ich meine kranke Tochter versorgt habe«, ließen die Kollegen nicht gelten, aber: »Ich habe die ganze Nacht durchgesoffen und verschlafen«, das akzeptierte man.

Veronika macht Karriere

Dank Arbeit, Arbeit und nochmals Arbeit kam Veronika über die Runden. Die ersten vier Jahre hatte sie große Geldsorgen. Haushaltshilfe, Kinder, Urlaub, Miete, Strom, Kleidung, Essen – sie konnte dies alles kaum bewältigen und war glücklich, wenn sie im Sommer auf zwei Wochen in ein Ferienhaus von Bekannten eingeladen wurde. Nach vier Jahren aber wurde es besser.
Veronika hatte ihr Selbstvertrauen wiedergefunden und dem Chef vorgeschlagen, ein Ressort für Familienfragen einzurichten. Der Vorschlag wurde angenommen, und sie machte sich ans Werk. Sie organisierte sechs Mitarbeiter, Männer sowie Frauen, und begann ihren Kampf gegen das Männerdenken.
»Die Kollegen«, erinnert sie sich, »waren sich ihrer Einseitigkeit gar nicht bewußt. Sie waren zwar selbst gute Familienväter, aber sie wollten nicht begreifen, daß Ehe, Kinder, Schule und alles, was dazugehört, auch den Leser interessieren. Frauen wurden prinzipiell vergessen. Ein Kollege war vier Wochen in Japan und in seiner Artikelserie kam keine einzige Frau vor. Als ich wissen wollte, wie denn die Japanerinnen mit ihren Problemen zu Rande kämen, antwortete er erstaunt: »Japanerinnen? Hab' ich gar keine gesehen.«
Unterstützt vom Chefredakteur verschaffte Veronika Frauenfragen und allem, was diese berührt, mehr Platz in der Zeitung. Eine Flut von begeisterten Leserbriefen zeigte, daß sie sich nicht umsonst bemühte. Veronika erhielt mehr Geld und wäre sicher in der Redaktion geblieben, wenn nicht politische Intrigen begonnen und das Blatt seine Linie geändert hätte. Als sie fand, daß sie sich mit den

meisten Artikeln, die erschienen, nicht mehr identifizieren konnte, ging sie zum Chef und kündigte.
Die Kollegen hielten sie für verrückt. »Du bist doch über fünfzig«, sagten sie und konnten es nicht glauben. »Bleib doch in deinem Ressort. Da tut dir keiner was. Da kannst du häkeln bis zur Pensionierung.« Aber gerade das wollte Veronika nicht. Sie wollte einfach eine gute Zeitung machen, und sie fühlte sich der Welt gewachsen. Die Kinder waren größer geworden, sie selbst hatte einen sehr lieben Freund gefunden, und sie bekam auch gleich ein Angebot, das sie akzeptierte.
Aber das war erst der Anfang. Auf Umwegen über zwei weitere Zeitungen offerierte man ihr schließlich das, was sie sich jahrelang gewünscht hatte: einen Posten als Chefredakteurin bei einer Illustrierten, die es noch gar nicht gab. Es sollte etwas ganz Neues werden, eine Zeitschrift für lebensfrohe, tüchtige, gebildete Frauen, und die erste Nummer sollte in vier Monaten erscheinen.
Veronika war begeistert. Endlich konnte sie wirklich selbständig arbeiten. Sie nahm alles in Kauf, auch eine Übersiedlung ans andere Ende von Deutschland. Sie fand eine Wohnung, obwohl man ihr das Gegenteil prophezeit hatte, und sie hatte Erfolg. Die Zeitschrift erschien programmgemäß, und die Auflage ist ständig im Steigen.
Wie geht es Veronika heute? »Ausgezeichnet«, sagte sie und lacht, denn auch ihren Freund hat sie behalten. Das Verhältnis zu ihm ist seit der räumlichen Trennung sogar interessanter geworden. Die beiden sind nun seit fünfzehn Jahren zusammen, und gewisse Abnützungserscheinungen, die in der Beziehung auftauchten, sind heute wie weggeblasen. Wenn Veronika ihn besuchen fliegt, was sie zweimal im Monat tut, holt er sie ab, kocht für sie und ver-

wöhnt sie. Wenn er zu ihr kommt, tut sie für ihn dasselbe. Den Urlaub verbringen sie gemeinsam.
Was beweist das Beispiel von Veronika Reiner? Daß man auch als Frau von vierzig nach einem furchtbaren Schicksalsschlag in einen Beruf einsteigen kann, in dem angeblich nur ganz junge Leute Chancen haben; daß man sich auch mit siebenundfünfzig sehr teuer verkaufen kann; daß das, was man in diesem Alter aufbaut, Chancen hat, erfolgreich zu sein; daß man auch als reife, berufstätige Frau mit sehr wenig Zeit für das Privatleben einen Mann finden kann, der einem über große Entfernungen hinweg die Treue hält.
Wer hat da noch Angst vor dem Leben? Wer neu anfangen will, der findet auch die Kraft dazu. Und dann ist die Liebe nicht mehr weit. Nur nicht verbittert werden! Schlechte Zeiten bleiben keinem erspart. Aber dann – und das ist ein Naturgesetz –, dann geht es wieder aufwärts. Kämpfen wir! Freuen wir uns auch über den kleinsten Erfolg! Alles, was mit Liebe und Gefühl zusammenhängt, ist die Anstrengung wert.

Applaus für die Sängerin

Was wäre ein Kapitel über die Liebe ohne die Liebe als Inhalt der zweiten Karriere? Viele Frauen gehen den Weg Veronikas, andere machen es genau umgekehrt und beginnen nach Rampenlicht, Ovationen, Verehrern, Blumen, Luxushotels und Welterfolgen ein neues Leben als glückliche Ehefrauen und Mütter.
Eine von diesen ist die amerikanische Sängerin Olive Moorfield, berühmt durch ihre Glanzrollen in den Musi-

cals »Porgy and Bess« und »Kiss me Kate« sowie in vielen Filmen. Sie hat sich mit vierzig ins Privatleben zurückgezogen, einen bekannten Wiener Arzt geheiratet und einem Sohn das Leben geschenkt. Sie ist mit Begeisterung daheim.
Ich traf sie an einem sonnigen Frühlingstag in ihrer eleganten Wiener Wohnung, die sie nach eigenem Geschmack eingerichtet und ausgestattet hat. Schwere Samtvorhänge, ein Konzertflügel, Bücher, Bilder, bequeme, weiche Sofas und überall Blumen, welche die Gäste vom Vorabend mitgebracht hatten. Frau Moorfield lädt gerne ein. Nach einer Premiere trifft sich fast immer ein kleiner Kreis echter Theaterfreunde bei ihr im Salon.
Es ist 11 Uhr morgens und Olive Moorfield trägt ein rotes Hauskleid mit Blumenmuster und dazu einen roten Turban. Sie ist jetzt Anfang fünfzig und ihr hübsches, jugendliches, schokoladenfarbenes Gesicht ist entspannt und fröhlich. Sie lacht viel, besonders, wenn sie von den Nachteilen einer Bühnenkarriere berichtet.
»Oh, der Horror, einen Schnupfen zu bekommen«, ruft sie in gespielter Verzweiflung, »die Angst, wenn beim Friseur jemand niest. Sie haben keine Ahnung von den Zuständen, die man hat. Wird man am Abend singen können? Muß man absagen? Es ist schrecklich! Jetzt ist dagegen alles anders.« Sie lehnt sich zurück und lächelt wohlig. »Ich fühle ein Kitzeln im Rachen, ein Kratzen im Hals? Oh, herrlich, denke ich, ich bekomme einen Schnupfen. Da kann ich mich in mein schönes, weiches Bett legen und pflegen lassen.«
Später erzählt sie von dem Luxus, Bluejeans tragen zu können und erinnert an den Kleiderzwang von früher. Immer tadellos angezogen und perfekt geschminkt sein zu müs-

sen – auch das war Tyrannei. Natürlich kam auch die Liebe zu kurz. Auf dem Höhepunkt ihrer Karriere, sagt sie, sei sie am einsamsten gewesen. Sie habe Verehrer und Freunde gehabt, aber der, den sie am liebsten mochte, der sei meist in einer anderen Stadt gewesen.
Viele berühmte Leute machen ähnliche Erfahrungen. Elisabeth Schwarzkopf erzählte mir in Wien an ihrem sechzigsten Geburtstag, daß sie aufgrund ihrer Opernkarriere nie genug Zeit gehabt habe, eine Wohnung oder ein Haus einzurichten, obwohl sie das liebend gerne getan hätte. Nicht einmal ihren Garten konnte sie genießen. »Mein Mann hat um unser Haus in Südfrankreich wunderbare Blumen gepflanzt«, erinnerte sie sich, »da bin ich begeistert herumgelaufen und habe sie fotografiert, zu mehr hat die Zeit nicht gereicht.« In den Hotelzimmern in Paris, London, New York oder wo immer sie sang, hat sie diese Bilder dann mit Wehmut betrachtet.
Hatte man in seinem ersten Leben nur Zeit für den Beruf, so ist es ganz normal, sich später nach einem ruhigen, ausgefüllten Privatleben zu sehnen und dieses als zweite Karriere zu betrachten. Olive Moorfield fühlt sich in der Ehe glücklich und geborgen. Sie lebt genau nach Plan: Die Vormittage gehören ihr, die Nachmittage dem Sohn, die Abende ihrem Mann. Sie weiß, daß sie nichts versäumt. Sie hat als reife Frau geheiratet, und ihr Einsatz ist total. Sie weiß, was sie will, und sie hat es auch bekommen.

Wer Liebe braucht, wird Liebe finden

Was ist zusammenfassend zu sagen? Daß es für Liebe nie zu spät ist; daß sich Hoffnung und Einsatz lohnen, daß es

möglich ist, ein glückliches Leben zu führen. Noch nie hatten wir es so leicht wie heute. Die Zeiten sind toleranter geworden, niemand wird gezwungen, sein persönliches Glück irgendwelchen Gesellschaftsnormen zu opfern.
Wir können endlich tun, was wir wollen. Wir können heiraten, wir können alleine leben. Solange ich das Glück der anderen nicht untergrabe, hat mir niemand etwas zu sagen. Alle meine Freunde sind *singles*? Gut. Aber ich will einen Mann zum Lieben, und wenn ich ihn gefunden habe, werde ich ihn behalten und gut behandeln. Alle meine Bekannten sind verheiratet? In Ordnung. Aber ich breche aus, ich versuche jetzt einmal eine Zeitlang alleine durchzukommen.
Pech in der Liebe ist nicht das Ende der Welt. Nur nicht verbittert werden, nur nicht zu Hause sitzen und sich selbst bemitleiden. Liebeskummer bleibt niemandem erspart. Und wenn ich weiß, warum es schief gegangen ist, wenn ich mich bemüht habe, es herauszufinden, dann wird es das nächste Mal besser klappen.
Wichtig ist, ein Optimist zu werden. Nur nicht den Fehler machen, aufgrund einiger schlechter Erfahrungen die Männer oder Frauen im Kollektiv zu hassen. Es gibt viel mehr gute als schlechte Menschen, und wenn ich bisher wirklich nur mit letzteren Kontakt hatte, so ist es höchste Zeit, den Versuch zu machen, die richtigen zu finden.
Die Welt ist voller Menschen, und solange es Menschen gibt, gibt es Hoffnung. Hunderttausende haben neu angefangen. Warum soll gerade ich kein Glück haben? Das ist doch lächerlich! Zeigen wir, was wir können! Gehen wir aufs Ganze. Weg mit dem tierischen Ernst. Das Leben hat auch eine zärtliche, heitere Seite. Und wer sie sucht, der wird sie auch finden.

Ausblick

Worum ging es in diesem Buch? In erster Linie um ein neues, positives Weltbild, denn dies ist die Voraussetzung für ein glückliches Leben. Erst wenn ich weiß, was alles möglich ist, erst dann kann ich handeln und erfolgreich sein. Leider kommen zur Zeit von außen wenig positive Impulse. Wir leben in einer Zeit, in der in erster Linie gejammert wird. Probleme werden zerredet, keiner wagt mehr, Schlüsse zu ziehen, und das eigene Versagen wird auf die Umwelt abgeschoben. Resultat: Niemand fordert uns auf, unsere Kräfte zu nutzen, ja, nicht einmal sie kennenzulernen.
Aber der Mensch hat genug Energie, um sich selbst zu helfen. Wer sich ehrlich bemüht, der wird etwas erreichen. Nur jene, die für ihr langweiliges Leben die anderen zur Verantwortung ziehen, die keinem etwas vergönnen, sich für nichts interessieren und sich weigern, etwas dazuzulernen, die haben schlechte Chancen. »Ich habe es immer so gemacht, warum soll ich das ändern?« Diese Haltung hat noch keinen weitergebracht. Für den Moment ist es vielleicht eine bequeme Lösung, aber in Wirklichkeit bringt uns diese Einstellung um sehr viel Schönes. Sie schränkt den Horizont ein und reduziert die Möglichkeiten, die wir alle haben, auf ein Minimum.

Verfallen wir nicht dem Trugschluß, daß Trägheit glücklich macht. Es ist nicht wahr, daß der, der nichts tut, zufrieden ist. Jeder Mensch braucht ein Erfolgserlebnis, jeder will auf sich stolz sein. Es ist daher wichtig, sich selbst zu fordern, freilich in vernünftigen Grenzen, denn Streß ist nicht der Sinn einer zweiten Karriere, schon gar nicht aber der Verlust der Lebensfreude.

Im Gegenteil: Lebensfreude ist Pflicht. Wer sein Leben umkrempelt, sollte nur mehr das tun, was Freude macht. Was hat es sonst für einen Sinn, sich zu verändern? Suchen wir also etwas, wovon wir überzeugt sind, und setzen wir uns dafür ein! Geben wir unser Bestes, ganz gleich, ob es sich um einen neuen Anfang wirtschaftlicher, künstlerischer oder gefühlsmäßiger Art handelt.

Das Leben ist ein Abenteuer und der Pioniergeist ist noch nicht aus der Welt verschwunden. Soviel Aufregendes, Interessantes, Neues gibt es kennenzulernen. Strecken wir die Hand aus, machen wir einen Versuch! Lassen wir uns nie mehr aufgrund unseres Alters entmutigen! Es geht um *unser* Leben. Nehmen wir allen Mut zusammen, und erobern wir die Welt!